北京理工大学 法学文库

风险规制中的环境标准制定

张 晏 著

法律出版社
LAW PRESS

作者简介

张晏，女，1983年9月出生于安徽淮南，祖籍江苏苏州，北京大学法学学士、理学学士（心理学双学位）、法学硕士、法学博士，美国加州大学伯克利分校访问学者（2018年9月至2019年9月），现为北京理工大学法学院讲师，硕士生导师，主要研究领域：环境法、自然资源法、环境风险规制。

目录

导　论

第一节　研究缘起

日益进步的科学技术、快速增长的经济以及工业化、城市化进程，在给人类创造出更为优越的工作和生活条件的同时，也带来了更大的风险。随着人类社会发展而出现的全球气候变暖、核泄漏危机、大气和水污染事件、食品安全问题等，都表明人类正在进入被德国社会学家乌尔里希·贝克称为“风险社会”的时代。“是风险，而不是物质的贫乏，成为当今时代的主要烦恼，当代风险变得越来越明显，也更令人担忧。”〔1〕中国正在经历“压缩的现代化”（compressed modernization），“既加强了风险的生产，又没有给风险的制度化预期和管理留下时间”，〔2〕在风险社会全球化的背景下，面临着更为严峻的局面。

在风险涉及的诸多领域中，环境风险无疑最受关注，环境风险及其造成的损害已经成为威胁公众健康和安全，制约经济社会发展的重要因素。有学者指出，“有证据证明，最可怕的危险来自自然环境质量的持续

---

〔1〕［美］弗兰克·费舍尔：《乌尔里希·贝克和风险社会政治学评析》，孟庆艳编译，载《马克思主义与现实》2005 年第 3 期。

〔2〕［德］乌尔里希·贝克、邓正来、沈国麟：《风险社会与中国——与德国社会学家乌尔里希·贝克的对话》，载《社会学研究》2010 年第 5 期。

下降。人类对不可再生资源的肆意开发,对空气和水造成的污染,对影响生物物种生存的自然环境的草率管理,对有毒物质和核废料的处理,食物中的杀虫剂残留问题,以及臭氧层变薄问题等等,都清楚地表明环境问题蕴含着风险”。〔1〕随着我国经济的迅速发展,环境污染与破坏事故也随之进入高发阶段。水污染、灰霾现象、重金属等有毒污染物污染事件频繁发生。有学者指出,我国已经进入了以环境风险为标志的风险社会,环境风险及其损害已经成为制约经济社会发展和人民健康发展的一个重要因素,〔2〕控制人类危害环境的行为已经刻不容缓。如何将经济发展和未来条件下的生态承受力间的不协调降至最低限度,在对人类健康及环境质量没有构成直接威胁的情况下,决定怎样最大限度地确保利润,保持在持续增长中风险仅仅是一个小角色,这已经成为风险规制者面临的重要任务。〔3〕

要想控制人类危害环境的行为首先就需要预测、判断环境的负荷,因为环境破坏是由于人类活动造成的环境负荷超过了环境可以容纳的限度、不能通过环境的自净作用予以降解或消除所导致的。一般认为,环境标准通过客观科学的数据对相关领域的人类活动及其产生的环境负荷进行定量分析,以量化的方法来预测、判断和说明环境承载能力,从而判断人类行为是否符合环境要求,约束人类的环境利用行为,间接实现了对环境污染和生态破坏行为的“事前管制”。〔4〕具有事前管制功能的环境标准法律制度显然应当构成环境风险战略的重要组成部分,环境标准的制定和实施是环境风险规制的重要手段。

环境标准的制定应当以控制和预防环境风险及其负面影响为目标,这一目标看起来是相当明确的,但是环境标准的制定背后所隐含的却不仅如此。表面看来,环境标准是一种科学上的判断,通过长期的观察、监测,建

---

〔1〕[加拿大]迈尔克·梅赫塔:《风险决策:科技冲突环境下的公共参与》,汤涛编译,载薛晓源、周战超主编:《全球化与风险社会》,社会科学文献出版社2005年版,第256页。

〔2〕参见蔡守秋:《针对“有组织的不负责任”健全防治环境风险的法律机制》,载《人民政协报》2013年2月18日,B04版。

〔3〕参见[加拿大]迈尔克·梅赫塔:《风险决策:科技冲突环境下的公共参与》,汤涛编译,载薛晓源、周战超主编:《全球化与风险社会》,社会科学文献出版社2005年版,第267页。

〔4〕参见汪劲:《环境法学》(第4版),北京大学出版社2018年版,第116页。

立数据模型,确定环境介质的消纳能力,然后根据环境介质的消纳能力制定出来,需要依赖科学技术专家,并借助于环境科学、环境经济学等多个学科,应当是客观合理的。然而,环境标准并没有预设的那么科学和客观,环境标准的制定并不是一个客观可确证的分析过程。这是因为,风险规制是寻求安全的活动,但是,追求安全必然会对个人和企业的行为产生限制,限制必然就会产生经济上的成本和支出。例如,更严格的环境标准会要求企业对污水进行更严格的治理或者提高产品的安全水平,这会导致经营成本的上升甚至影响产业的发展和社会经济效益。因此,与其他规制一样,作为风险规制方式的环境标准制定也是一种政治过程,它必须妥善地平衡安全、发展、繁荣等不同价值。[1] 但问题是环境标准在这种平衡之后还能否切实保障安全、控制和预防环境风险?如果说在环境标准的制定中,科学判断和政策考量都必然发挥相应的作用,那么就需要法律进行审慎和妥善的制度安排,确保环境标准的合理正当,限制行政机关的自由裁量权,保障公众权益不受到损害。

国外的实践表明,制定标准以确保公众和环境不暴露于不可接受的风险之下已经成为对规制者来说最为困难和最具有争议性的领域之一。公众包括规制者日益对标准制定的法律和行政框架予以关注,不断寻求透明、连贯、一致、有效率以及更符合公共利益的标准制定方式。如何建立正当的决策过程和责任机制,以确保风险规制中的标准制定能够以更为透明和负责任的方式展开,成为法学研究者日益关注的议题。[2] 同时,作为风险分析框架的三个基本组成,风险评估(risk assessment)、风险管理(risk management)以及风险沟通(risk communication,或译为风险交流),[3]开始被多国纳入立法和决策程序,作为增强环境标准的理性(rationality),判

---

〔1〕 有学者认为所有的规制都是一种政治,它在不同的群体间分配利益。See Richard J. Pierce. Jr., Sidney A. Shapiro, Paul R. Verkuil, *Administrative Law and Process*, Westbury, New York, The Foundation Press, 1985, p. 17.

〔2〕 See Elizabeth Fisher, "Drowning by Numbers: Standard Setting in Risk Regulation and the Pursuit of Accountable Public Administration", *Oxford Journal of Legal Studies* 20, 2000, p. 109.

〔3〕 参见张涛:《食品安全法律规制研究》,厦门大学出版社 2006 年版,第 99 页。

断环境标准制定的合法性(legitimacy),[1]缓解公众信任危机,以及法院判断行政机关的行为能否通过司法审查的依据。

相较之下,我国环境标准的制定虽然已经引发了公众的广泛关注与质疑,近年来将细微颗粒物($PM_{2.5}$)纳入环境空气质量标准的艰难历程也已经显示出标准制定背后巨大的利益冲突,但是现有的法律框架却难以为这种冲突的解决提供适当的机制。对此,本书首先试图借助上述风险分析框架来观察环境标准制定的过程。在这一过程中存在大量的疑问。例如,环境标准的制定在风险规制中的功能和作用是什么? 环境标准的制定在多大程度上是一个科学技术进程? 如何看待环境标准制定的风险评估和风险管理过程中法律、科学技术、事实、价值、政策、政治等诸多因素之间的关系? 在环境标准制定的过程中,立法机关、行政机关、法院、专家、公众、企业等主体的角色是怎样的? 法律应当作出怎样的制度安排,设计出让多元角色和利益得到有效代表的标准制定模式,更好地促成风险沟通,同时规制隐含在科学背后的价值判断? 通过对这些问题的描述、分析和解答,本书试图揭示标准制定背后存在的争议,厘清其中存在的法律问题,并为建构和完善我国环境标准制定的法律规制提供有益的思路和正确的方向。

第二节 研究现状

目前,国内很多学者尤其在环境科学技术领域开始从制定环境标准的方法、原则与策略入手研究环境标准的制定,并且在环境科学类期刊上发表了不少论文。但是从法律制度和环境政策的角度研究环境标准制定的论文和著述仍然较为有限,系统性开展环境标准制定相关法律理论问题的研究更是较为罕见,法学理论研究的深度和广度还很欠缺。现有的国内外相关的法学研究主要集中于以下几个方面:

第一,涉及环境标准的教科书、环境法学专著和论文。几乎所有的教科书或者讨论环境法基本制度的专著都对环境标准进行了系统的介绍和

[1] 这里将"legality"和"legitimacy"进行区分,前者的合法性意指符合法律,后者则具有正当性的含义,也有学者将"legitimacy"直接翻译为正当性。参见王锡锌:《公众参与和行政过程——一个理念和制度分析的框架》,中国民主法制出版社2007年版,第170页。

分析。例如金瑞林主编的《环境与资源保护法学》,汪劲的《环境法学》,韩德培主编的《环境保护法教程》,吕忠梅主编的《环境法学概要》,王灿发的《环境法学教程》,曹明德主编的《环境与资源保护法》,陈慈阳的《环境法总论》,韩广、杨兴、陈伟春的《中国环境保护法的基本制度研究》等。由于环境标准在环境规制中的重要意义,作为各国环境法律制度的重要组成部分,多数的环境法学专著以及比较环境法的著作也都有所涉及,如叶俊荣的《环境政策与法律》,蔡守秋主编的《欧盟环境政策法律研究》,高家伟的《欧洲环境法》,王曦的《美国环境法》,唐双娥的《环境法风险防范原则研究——法律与科学的对话》等。也有从国际贸易和全球治理的角度涉及环境标准的,如徐淑萍的《贸易与环境法律问题研究》,张小平的《全球环境治理的法律框架》等。这些著作多是从不同角度对环境标准的概念、特征、性质、意义进行了介绍和分析,涉及环境标准制定的论述相对比较少见,多是对相关法律规定和实践的介绍。关于环境标准的法学论文则主要集中于对环境标准法律性质和效力的探讨,代表性的论文包括陈伟的《环境质量标准的侵权法适用研究》,载《中国法学》2017 年第 1 期;周骁然的《环境标准在环境污染责任中的效力重塑——基于环境物理学定律的类型化分析》,载《中国地质大学学报(社会科学版)》2017 年第 1 期;王春磊的《环境标准的法律效力:问题梳理及实践动向》,载《中州学刊》2016 年第 11 期等。近年来,随着环境管理逐渐从传统污染治理转向环境质量改善和风险防控,学界开始关注环境法的转型问题,如吕忠梅的《从后果控制到风险预防:中国环境法的重要转型》,载《中国生态文明》2019 年第 1 期;郑石明、吴桃龙的《中国环境风险治理转型:动力机制与推进策略》,载《中国地质大学学报(社会科学版)》2019 年第 1 期;张宝的《从危害防止到风险预防:环境治理的风险转身与制度调适》,载《法学论坛》2020 年第 1 期等。基于这一背景,环境风险治理和环境健康风险规制成为前沿热点议题,例如杜建勋的《论环境风险治理转型》,载《中国人口 · 资源与环境》2019 年第 10 期;朱炳成的《环境健康风险的公法规制路径》,载《学习与探索》2020 年第 4 期等。关于环境标准的论文也开始引入风险视角,并开始关注环境标准制定中的利益衡量问题。例如,刘卫先的《环境风险类型化视角下环境标准的差异化研究》,载《中国人口 · 资源与环境》2019 年第 7 期;刘卫先的《科学与民主在环境标准制定中的功能定位》,载《中州学刊》2019 年第 1

期;李智卓、刘卫先的《美国环境标准制定中的利益衡量——以美国〈清洁空气法〉为例》,载《环境保护》2019年第6期等。但是,除此之外,从风险规制的视角来看待环境标准及其制定的论文仍然屈指可数。

第二,涉及环境标准的译著。由于国外并不讨论笼统的环境标准概念,大多译著都不直接讨论环境标准,而是在讨论环境政策、风险规制、命令控制型规制方式、规则制定过程中涉及环境标准制定的问题,或者是在单行法当中,结合《美国清洁空气法》和《美国清洁水法》等立法对环境标准制度进行介绍和讨论,如[美]保罗·R.伯特尼、[美]罗伯特·N.史蒂文斯主编,穆贤清、方志伟译,黄祖辉校审的《环境保护的公共政策》;[美]罗杰·W.芬德利和丹尼尔·A.法伯著,杨广俊等译的《环境法概要》;[美]凯斯·R.孙斯坦著、师帅译的《风险与理性——安全、法律及环境》;[美]史蒂芬·布雷耶著,李洪雷、宋华琳等译的《规制及其改革》;[美]史蒂芬·布雷耶著,宋华琳译的《打破恶性循环——政府如何有效规制风险》等。值得注意的是,无论环境标准的法律性质如何,环境标准应当属于行政规则的一种,关于行政规则的一般性理论或者原则同样可以适用于环境标准。部分行政法学译著从不同视角对环境标准制定中的相关问题例如规制、专家治理、协商民主、正当程序等进行了讨论。例如,[美]杰瑞·L.马肖著,沈岿译的《行政国的正当程序》;[美]理查德·B.斯图亚特著,沈岿译的《美国行政法的重构》;[美]肯尼思·F.沃伦著,王丛虎等译的《政治体制中的行政法》;[美]卡洛尔·哈洛,理查德·罗林斯著,杨伟东等译的《法律与行政》等。

第三,国内近年来关于风险规制的研究。以"风险"为基础概念的知识体系源起于域外,我国的研究全面萌芽于21世纪初。[1] 随着"非典"等突发事件的发生,食品、药品安全问题的凸显,国内有关风险规制研究的不断兴起,出现了大量相关论文和部分专著,突出体现在北京大学宪法与行政法研究中心"风险管制与行政法新发展研究"课题组的相关研究成果上,主要包括沈岿主编的《风险规制与行政法新发展》、沈岿译的《风险规制与行政宪政主义》、金自宁的《风险中的行政法》、刘刚编译的《风险规制:德国

---

[1] 参见沈岿:《食品安全、风险治理与行政法》,北京大学出版社2018年版,第78~79页。

的理论与实践》等。作为风险规制研究成果最为突出和丰富的领域，食品安全风险治理相关研究多基于风险分析框架，也给本书提供了参考，主要包括张涛的《食品安全法律规制研究》、戚建刚的《共治型食品安全风险规制研究》、沈岿的《食品安全、风险治理与行政法》《食品安全风险交流的法律制度研究》等。还有一些博士论文，例如宋华琳的《行政法视野中的技术标准》，作为第一篇专门以技术标准为论题的行政法学博士论文，深入探讨了技术标准的历史发展、技术标准的法律性质、技术标准的制定、技术标准的司法审查等问题。赵鹏的《风险规制的行政法问题——以突发事件预防为中心》的博士论文从《突发事件应对法》出发，广泛探讨了风险规制所涉及的行政法问题，例如讨论了风险规制的理论基础、风险规制的原则，风险规制法治化的要义等问题。这些研究成果都为本书提供了大量的研究素材。

第四，目前可得的英文文献。其中直接指向环境标准的著作并不多，代表性著作为 K. Pinkau 和 O. Renn 编辑的 *Environmental standards：scientific foundations and rational procedures of regulation with emphasis on radiological risk management*（1998）。该著作从环境标准的必要性和功能出发，探讨了环境标准的科学和医学基础，分析了个人、社会和政府对于风险的评估和认知，并提出了改善决策程序的标准和工具。国外的著作更多是在涉及环境法和环境规制的著作中，在空气、水等污染控制部分，对各类标准进行了介绍和讨论。例如 Roger W. Findley 和 Daniel A. Farber 合著的 *Cases and Materials on Environmental Law*（2010）、Robert V. Percival 等人合著的 *Environmental Regulation：Law，Science，and Policy*（2009）、Robert L. Glicksman 等所著的 *Environmental Protection：Law and Policy*（2007）等。其中，David M. Driesen 和 Rovert W. Adler 合著的 *Environmental Law：A Conceptual and Pragmatic Approach*（2007）一书，将环境标准的制定看作实现环境立法目的的重要手段，认为环境标准的制定能够为行政机关确定规制的严格程度以及减少污染的具体要求提供指南，并专门分章讨论了美国语境下的各种标准，对本书思路的形成产生了重要影响。

此外，涉及标准及环境标准制定的英文论文较为丰富。其中使本书受益匪浅的主要包括：David M. Driesen，“Distributing the Costs of Environmental, Health and Safety Protection：The Feasibility Principle，Cost-Benefit Analysis，and Regulatory Reform”，32 *Boston College Environmental Affairs*

Law Review (2005)、Cary Coglianese 和 Gary E. Marchant, "Shifting Sands: The Limits on Science in Setting Risk Standards", 152 *University of Pennsylvania Law Review* (2004)、Adam Babich, "Too Much Science in Environmental Law", 28 *Columbia Journal of Environmental Law* (2003)、Elizabeth Fisher, "Drowning by Numbers: Standard Setting in Risk Regulation and the Pursuit of Accountable Public Administration", 20 (1) *Oxford Journal of Legal Studies* (2000)、Celia Campbell-Mohn, John S. Applegate, "Learning from NEPA: Guidelines for Responsible Risk Legislation", 23 *Harvard Environmental Law Review*(1999)以及 Wendy E. Wagner, "The Science Charade in Toxic Risk Regulation", 95 *Columbia Law Review* (1995)等。这些论文从各自角度探讨了风险规制中的标准制定及其存在的问题,对现行制度提出了疑问,并提供了可资借鉴的完善建议与方案。

第五,环境标准的制定研究需要综合环境科学、环境经济学、环境管理学、环境政治学、环境心理学等相关学科的研究成果。本书参考的相关文献主要包括:[美]恩格、史密斯、博凯里著,王建龙等译的《环境科学:交叉关系学科》(第10版);蓝文艺的《环境行政管理学》;美国医学研究所、美国不确定性决策委员会、美国人口健康与公共卫生实践委员会著,许振成、胡习邦、曾东等译的《环境风险——面向不确定性的环境决策》;[英]费尔曼、米德、威廉姆斯主编,寇文、赵文喜译的《环境风险评价:方法、经验和信息来源》;[美]雷吉娜·E.朗格林、安德莉亚·H.麦克马金著,黄河、蒲信竹、刘琳琳译的《风险沟通:环境、安全和健康风险沟通指南》(第5版);[美]珍妮·X.卡斯帕森、罗杰·E.卡斯帕森编著,童蕴芝译的《风险的社会视野:公众、风险沟通及风险的社会放大》;刘金平的《理解·沟通·控制:公众的风险认知》;[美]保罗·贝尔、托马斯·格林、杰弗瑞·费希尔、安德鲁·鲍姆著,朱建军、吴建平译的《环境心理学》(第5版)等。特别是其中有关科学的限度、公众和专家的风险认知差异、风险沟通的相关理论等内容,为本书相关内容的展开提供了基础。

第三节　研究思路和方法

环境标准的制定问题常常被法学研究所忽略。这主要是因为,一方面,环境标准制度是根据环境容量理论〔1〕建立起来的一项具有事前预防性质的制度,受限于环境标准数值量化的表象,容易被误认为环境标准的科学合理性命题属于科学研究而非法学研究的范畴;另一方面,我国现有的法律规制不足,立法授予标准制定机关广泛的裁量权使目前很少产生法律问题与争议,即使产生法律争议,也因为环境标准的制定属于抽象法律行为,不具有可诉性而无法构成实质性挑战,学界还缺乏对于环境标准制定背后的正当决策和责任机制的关注。而在有限的讨论环境标准制定的研究中,多在总结现有问题和提出简单对策上做文章,由于没有理解环境标准的本质,解决的方式无非是提倡公众参与或者是加强行政监督,对公众参与的基础、时机、范围则很少展开研究,忽视了问题的复杂程度和真实情境。

本书试图打破现有研究就环境标准谈环境标准的局限,以风险规制为视角,动态地观察和理解环境标准的制定与运行。本书并不关心环境标准的具体数值如何确定,而是从环境标准目的和功能的定位出发,通过对风险分析框架的观察,分析风险规制中的环境标准制定的特征和面临的困境,更多关注环境标准制定的具体过程,以及在制定环境标准的过程中,政府、企业、专家、公众、法院等多元主体之间的博弈与互动。从某种程度上说,环境标准的制定正是多元主体参与、对抗、协商的过程。在分析目前环境标准制定中存在的问题之后,本书试图为我国建立健全环境标准制定的法律规制提供建设性的框架和环境标准制定的模式,通过必要的实体和程序规则,构筑一个可供公众、专家和行政机关参与和对话协商的空间。在这样的规则中尽可能地避免导致混乱和专断的不妥协态度,〔2〕促进环境行政更趋灵活合理,从整体上增进环境利益。

---

〔1〕 环境容量,是指在人体健康、人类生存和生态系统不致受损害的前提下,一定地域环境中能容纳环境有害物质的最大负荷量。它是适应环境管理中实施污染物总量控制或浓度控制而提出的概念。环境容量包括绝对容量和年容量。绝对容量,是指某一环境所能容纳某种污染物的最大负荷量,与年限无关。年容量,是指某一环境在污染物的积累浓度不超过环境标准规定的最大容许值的情况下,每年所能容纳的某污染物的最大负荷量。

〔2〕 参见[美]史蒂芬·霍尔姆斯、凯斯·R. 桑斯坦:《权利的成本——为什么自由依赖于税》,毕竟悦译,北京大学出版社 2004 年版,第 90 页。

在研究方法上，由于“一切认识、知识均可溯源于比较”，〔1〕本书主要采用了比较法的研究进路。可以说，风险规制在各国立法、实践和学理研究中均为热点议题，相关文献不胜枚举。但由于外语水平和文献来源等限制，本书更多考察了美国的相关立法与实践并作为借鉴。同时，本书从环境科学、环境经济学、环境管理学、环境政治学、环境心理学等相关学科的研究成果中汲取了大量素材和方法。对于相关学科的综合研究，也更有助于对环境标准的本质以及环境标准制定的复杂情境的理解。当然，作为一项法学研究，离不开法学的规范分析方法。通过对相关法律概念和法律规范本身的分析，可以发现规定本身存在的漏洞和问题，同时结合相关案例和实践针对这些问题提供完善的思路和方案。

第四节　基本框架

本书正文共分为五章。

第一章从风险社会理论和规制国理念出发，以风险规制的视角看待环境标准。作为环境风险规制的手段和方式之一，环境标准的制定意味着可接受风险水平的界定以及国家规制的开始，这也对应着作为规制目标的环境质量标准和作为行为界限的污染物排放标准。从环境风险到环境标准的量化过程则可以依照风险规制体系的构成划分为风险评估和风险管理过程。

第二章主要考察了环境标准制定中的风险评估过程。通过审视环境标准制定中风险评估的四个步骤，可以发现科学在环境标准制定中的作用是有限度的。不确定性的广泛存在和寻求科学建议中固有的复杂性，使环境标准制定过程即使是原本被认为由科学主导的风险评估过程也充满了价值判断和政策选择空间。基于科学的有限角色和对专家中立性的质疑，同行评审常被作为增强环境标准科学基础的手段。但是同行评审却可能面临着更复杂的信息和更广泛的利益冲突，以及被行政机关利用和操纵的危险。

第三章是对环境标准制定中的风险管理过程的分析与反思。立法可

---

〔1〕［德］K. 茨威格特、H. 克茨：《比较法总论》，潘汉典、米健、高鸿钧、贺卫方译，法律出版社 2003 年版，德文第二版序。

以对风险管理的规则提供实体上的限制。然而,无论是风险预防原则的适用,还是一系列不确定法律概念的限定,都难以为环境标准的制定提供明确的依据。在风险管理的三个进路当中,基于风险的标准表面上的正当性却可能掩盖实际上的成本考虑;基于技术的标准则可能脱离环境风险的考量并更有利于产业的利益;成本—收益进路虽然从表面上提供了简单和明确的制定依据,但困难的是量化成本和收益,并且可能存在环境正义与平等保护方面的争议。环境标准制定中的风险管理始终很难满足明确、统一、透明的要求。

第四章首先对风险沟通的概念和类型进行了介绍,然后分析和总结了环境标准制定过程中,公众和专家之间存在的风险认知差异和价值冲突,以及由于立法机关和司法机关能力的欠缺,几乎没有适当的机制要求行政机关作出合理和前后一致解释的现状。这种现状引发了公众的信任危机和环境标准制定的合法性危机。风险沟通作为风险分析框架的重要组成部分,应当贯穿于风险规制的全过程,以期促成更多事实、信息和价值的融合。这将有助于多元主体通过协商与对话就环境标准的制定达成共识。针对环境标准制定的特殊性,共识会议因其外行公众的参与、多元的专家以及面对面的风险沟通等优势,可以为风险沟通模式的选择提供有益参考。

第五章则立足于我国环境标准制定的现状和存在的问题,试图为完善我国环境标准制定的法律框架提供有益的思路。我国的环境标准表现出来的是环境标准的科学性不强,存在大量空白和滞后,背后却是环境标准制定价值合理性和工具合理性的双重缺失。针对这种现状,不仅需要从立法上明确规制目标及其优先顺位,从实体上明确风险管理应当考虑的要素和需要遵循的规则,更需要细化相关的程序设计,包括建立风险评估程序、完善信息公开和信息共享机制、增强对科学和政策的区分与说理,以及引入多元主体协商和对话机制等。

本书在一定程度上可以填补目前国内环境标准制定法律规制研究的不足,但由于知识水平和资料掌握有限,未必能够完全回答文章开头所提出的种种问题。然而,正如波斯纳在《超越法律》开篇就提到 T. S. 艾略特在《无力的挽救》中的告诫:“不是要划得很好,但要向前划,水手们。”〔1〕

---

〔1〕 [美]理查德·A. 波斯纳:《超越法律》,苏力译,中国政法大学出版社 2001 年版,第 4 页。

第一章　风险规制视角下的环境标准

环境标准是什么？这是一个看似简单但实际复杂的问题。我国1989年和2014年《环境保护法》均未对“环境标准”予以确切定义，而是对环境标准的制定作出了原则性的规定。原国家环境保护总局发布的《环境标准管理办法》（1999年）第3条第1款规定：“为防治环境污染，维护生态平衡，保护人体健康，国务院环境保护行政主管部门和省、自治区、直辖市人民政府依据国家有关法律规定，对环境保护工作中需要统一的各项技术规范和技术要求，制定环境标准。”这成为环境法学界对环境标准定义的主要来源。不同学者的定义虽然表述各有不同，但核心内容却大同小异。一般认为，“环境标准是国家为了维护环境质量、控制污染，从而保护人群健康、社会财富和生态平衡，按照法定程序制定的各种技术规范的总称”。[1]

---

〔1〕 金瑞林主编：《环境与资源保护法学》，高等教育出版社2006年版，第101页。几乎每一本环境法学教科书都对“环境标准”进行了定义。例如，“环境标准是指为了保护人群健康、保护社会财富和维护生态平衡，由法律授权的政府及其主管部门、社会团体和企业按照法定程序和方法就环保工作中需要统一的技术要求制定的规范性技术文件。”[汪劲：《环境法学》（第4版），北京大学出版社2018年版，第115页。]“环境标准，是指为了防治环境污染，维护生态平衡，保护人体健康，对环境保护工作中需要统一的各种技术规范和技术要求，按照法定程序制定的各种标准的总称，亦称环境保护标准。”[韩德培主编：《环境保护法教程》（第8版），法律出版社2018年版，第

只要稍加观察即可发现,虽然有学者指出“没有定义标准的标准途径”,〔1〕但是环境标准的概念总是与标准的制定联系在一起。相关定义通过对标准制定过程的描摹,对制定目的、制定主体、制定依据、制定程序等进行了概括,这揭示出环境标准所具有的规范属性。同时,如果将定义中的所有修饰成分去除,则定义可以简化为环境标准是“技术规范和技术要求”。如何理解环境标准的规范属性和技术性?这种“技术规范”或者“技术要求”的制定怎样才能符合“防治环境污染”“维护生态平衡”“保护人体

---

115 页。]“环境标准是国家根据人体健康、生态平衡和社会经济发展对环境结构、状况的要求,在综合考虑本国自然环境特征、科学技术水平和经济条件的基础上,对环境要素间的配比、布局和各环境要素的组成以及进行环境保护工作的某些技术要求加以限定的规范。”(吕忠梅主编:《环境法学概要》,法律出版社 2016 年版,第 171 页。)“环境标准是国家根据人体健康、生态平衡和社会经济发展对环境结构、状态的要求,在综合考虑本国自然环境特征、科学发展技术水平和经济条件的基础上对环境要素间的配比、布局和各环境要素的组成以及进行环境保护工作的某些技术要求加以限定的规范。”(王灿发:《环境法学教程》,中国政法大学出版社 1997 年版,第 107 页。)“环境资源标准(指环境保护标准)是指为了防治环境污染,维护生态平衡,保护人体健康,对环境资源保护工作中需要统一的各项技术规范和技术要求所作的规定的总称。”(蔡守秋:《环境资源法学》,人民法院出版社、中国人民公安大学出版社 2003 年版,第 172 页。)“环境标准,是指国家为维护环境质量、控制污染,保护人体健康、社会财富和生态平衡,就环境质量以及污染物的排放,环境监测的方法等其他需要的事项,按照国家规定的程序和批准制定的各种技术指标与规范的总称。”[曹明德主编:《环境与资源保护法》(第 3 版),中国人民大学出版社 2016 年版,第 67 页。]“环境标准是国家为防治环境污染,维护生态平衡,保护人体健康,由国务院环境保护行政主管部门和省级人民政府依据国家有关法律规定的技术准则,从而使环境保护工作中需要统一的各项技术规范和技术要求法制化,是环境保护法律体系的组成部分。”(张梓太、吴卫星:《环境与资源法学》,科学出版社 2002 年版,第 102 页。)“环境标准是指由特定的国家机关按照法定的程序,在综合考虑本国自然环境特征、科学技术水平和经济条件的基础上,对环境要素间的配比、布局和各环境要素的组成以及进行环境保护工作的某些技术要求加以限定的技术法规。”(韩广、杨兴、陈维春等:《中国环境保护法的基本制度研究》,中国法制出版社 2007 年版,第 379 页。)“环境标准是依照法定程序,由立法机构或政府环保部门对环境保护领域中需要统一和规范的事项所制定的含有技术要求及相关管理规定的文件的总称。”[朴光洙主编:《环境法与环境执法》(第 2 版),中国环境科学出版社 2008 年版,第 81 页。]台湾地区学者林奇青将环境标准定义为,“乃是依据时、地之差异,人体抵抗力之不同,斟酌社会之需要性与经济发展之类别,采用准确之科技方法,对各种不同环境加以衡量、划分、规定最小限度之基准值,以为防治公害之行政目标”。(林奇青:《行政法学上公害政策之研究》,台北,五南图书出版股份有限公司 1988 年版,第 123~124 页。)

〔1〕 Samuel Krialov, *How Nations Choose Product Standards and Standards Change Nations*, Pittsburgh, University of Pittsburgh Press, 1997, p. 7.

健康”的要求？这需要我们探寻环境标准的本质，以环境标准的目的和功能为研究起点。

第一节 风险社会理论和风险规制的兴起

一、风险社会理论和规制国理念

学者们常常将我们所处的这个社会描述为“信息社会”“知识社会”“网络社会”“后现代化社会”，这些描述从不同维度反映了当前社会的部分特征。20世纪七八十年代以来，面对高度发展工业社会的副作用及其产生的风险，出现了大量有关风险及其管理的研究，贝克、卢曼、吉登斯等学者都对风险展开了系统的研究，其中最广受关注和赞同的就是德国社会学家贝克所提出的“风险社会”(risk society)理论。〔1〕这一理论被认为从特定的角度准确把握了现代社会的本质，本书所探讨的环境标准制定过程中所出现的所有问题也几乎都可以从风险社会理论中找到相应的阐释。

（一）风险社会理论

贝克指出，“风险”本身并不是“危险”或者“灾难”，而是一种相对可能的损失、亏损和伤害的起点，是一种危险和灾难的可能性。〔2〕人类社会对危险和安全的焦虑并不新鲜。事实上，人类历史上各个时期的各种社会形态从一定意义上说都是一种风险社会，因为贫困和其他自然灾害，无论从哪方面来看，都是贯穿于人类历史的基本威胁。但是现代风险不同，它们是社会决策的结果，即关于技术经济优势和机会的制度性决策的结果。〔3〕

贝克提出了“反思现代性理论”(reflexive modernity)，认为风险的出现是现代性的必然产物，因为现代制度的构建虽然提高了人们认识和消除风险的能力，但也产生了新的更大的风险，比如技术风险和制度风险。现代

---

〔1〕参见[德]乌尔里希·贝克：《风险社会》，何博闻译，译林出版社2004年版。该著作1986年以德文发表，1992年被译成英文。

〔2〕薛晓源、刘国良：《全球风险世界：现在与未来——德国著名社会学家、风险社会理论创始人乌尔里希·贝克教授访谈录》，载《马克思主义与现实》2005年第1期。

〔3〕[美]弗兰克·费舍尔：《乌尔里希·贝克和风险社会政治学评析》，孟庆艳编译，载《马克思主义与现实》2005年第3期。

风险在相当程度上是由现代科学技术的负面影响造成的。在"高度现代性"(advanced modernity)下,人类行为和技术产生了需要科学专家运用专门知识去评估和识别负面风险,这些风险是复合性的、全球性的,其损害难以回复,一旦转化为实际的灾难,就可能产生空前规模的灾难性后果。同时,这种风险具有高度的不确定性和不可预测性。人类通过科学技术发展降低了瘟疫、饥荒等风险,却在发现、发明、使用一项新的科学技术的同时,并未完全认识新科学技术为自然环境带来的影响,在限制和控制风险的背后潜伏着"人为的不确定性"(manufactured uncertainty)的风险。因此,当人类试图去控制自然和传统,并试图控制由此产生的种种难以预料的后果时,人类就面临着越来越多的风险。〔1〕

在这样一个风险社会中,社会生活的各个方面都不可避免地受到影响并产生变化。现代风险已经根本地改变了社会的运行逻辑,从而使传统的现代化社会变成了一个新的"风险社会"。〔2〕 例如,在社会制度层面上,不平等机制发生了变化。面对现代风险,尽管财富仍然可以在一定程度上降低风险,但其效果已经大大降低了。现代风险——特别是环境风险、核技术风险、化学污染风险等——对社会成员的影响将是"平均化分布"的,一旦空气或者水受到大面积污染,每一个社会成员都会不可避免地受到不同程度的波及。正如贝克所说:"贫困是分等级的,(化学)烟雾是讲民主的。"〔3〕在社会文化层面上,风险是一个群体对危险的认知。在现代社会中人们所面临的实际风险可能并没有增加,甚至有所降低,但是由于人们

---

〔1〕 参见[德]乌尔里希·贝克:《风险社会》,何博闻译,译林出版社 2004 年版,第 20 页;[德]乌尔里希·贝克:《从工业社会到风险社会(上篇)——关于人类生存、社会结构和生态启蒙等问题的思考》,王武龙编译,载《马克思主义与现实》2003 年第 3 期;[美]弗兰克·费舍尔:《乌尔里希·贝克和风险社会政治学评析》,孟庆艳编译,载《马克思主义与现实》2005 年第 3 期,第 48 页;Christopher Hood, Henry Rothstein, Robert Baldwin, *The Government of Risk: Understanding Risk Regulation Regimes*, Oxford, Oxford University Press, 2001, p. 3.

〔2〕 参见赵延东:《风险社会与风险治理》,载《中国科技论坛》2004 年第 4 期。

〔3〕 [德]乌尔里希·贝克、约翰内斯·威尔姆斯:《自由与资本主义——与著名社会学家乌尔里希·贝克对话》,路国林译,浙江人民出版社 2001 年版,第 138 页。对于这一点,有学者指出,对环境的研究表明许多形式的污染对社会不同阶级的影响是不同的。参见[美]弗兰克·费舍尔:《乌尔里希·贝克和风险社会政治学评析》,孟庆艳编译,载《马克思主义与现实》2005 年第 3 期。下文对于环境标准制定中的环境正义和平等保护问题的论述也将表明所谓的"平均化分布"可能只是相对的和表面上的。

对风险的认知水平和风险意识的不断提高,所认知到或者感受到的风险却大大增加了。随着现代信息技术的不断发展,由风险和灾难所导致的恐惧感和不信任感将通过现代信息手段迅速放大和散播,从而引发社会整体的恐惧与不安。另外,人们虽然需要依赖专家的专门知识,知识和专家的地位被提升到重要的政治地位,但是关于风险,根本不存在什么专家,科学对理性的垄断被打破了。科学理性和社会理性保持着互相交织和依赖的状况,产生了有知识的人和无知识的人之间的紧张状态。[1]

正是因为风险的平均化,对风险认识的不足,以及个人防范风险能力的不足,个人的力量在现代风险面前变得异常微小,人们对安全产生了迫切的需求。在人的所有需求中,安全的需求是首位的。毕竟,"没有安全,人就既不能培养他的各种力量,也不能享受这些力量所创造的果实"。[2]但这种风险已经无法通过个人力量得到有效回避,人们开始寄希望于社会秩序和公共选择来弥补个人风险识别和防范能力的不足。贝克指出,在工业化时期以后,当人们面临巨大风险时,当巨大风险已经转化成巨大灾难时,人们不会去怨责虚无缥缈的神灵上帝,而是可能向作出风险决策的专家组织、经济集团或政治派别倾泻其满腔怨气,并且有可能从政治和法律层面对其提出指控和弹劾。[3] 也就是说,人们的"归咎习惯"发生了转变,危机或危害或不幸的根源不再由天命来负担,不再由神意来担保,而是转而由社会秩序来负担和担保。[4]

虽然保障安全,控制风险,消除或者至少是减少不确定性,提供对秩序和未来的可靠预期,一直是法律制度最基本的价值和目标之一,但是如何有效地防范、规避和应对现代风险却对传统的法律制度提出了挑战。贝克在《风险时代的生态政治学》(*Ecological Politics in an Age of Risk*)一书中指出,风险的产生总是和"责任"密不可分的,也就是说,谁应该对风险

---

〔1〕 参见[德]乌尔里希·贝克:《风险社会》,何博闻译,译林出版社 2004 年版,第 30 页;[美]弗兰克·费舍尔:《乌尔里希·贝克和风险社会政治学评析》,孟庆艳编译,载《马克思主义与现实》2005 年第 3 期。

〔2〕 [德]威廉·冯·洪堡:《论国家的作用》,林荣远、冯兴元译,中国社会科学出版社 1998 年版,第 60 页。

〔3〕 参见[德]乌尔里希·贝克:《从工业社会到风险社会(上篇)——关于人类生存、社会结构和生态启蒙等问题的思考》,王武龙编译,载《马克思主义与现实》2003 年第 3 期。

〔4〕 参见刘小枫:《现代性社会理论》,上海三联书店 1998 年版,第 49 页。

负责？谁应该承担风险造成的损失？我们现在正生活在一个“有组织的不负责任”的社会之中，现代风险的制造者和主管机构都会想方设法为自己开脱，以逃避自己应负的责任。贝克认为，目前风险社会被过时的政治系统所限制，这些系统对处理现代灾难并不合适。结果，当威胁和危害变得更危险和更明显时，运用这些法律和政治系统不能征服它们。〔1〕 的确，现代风险的特征使判断责任归属异常困难，以归责为取向，着眼于事后责任追究的传统法律制度难以提供有力的救济。〔2〕 在这种情况下，国家在事前干预风险成为一种广泛的需求。正如学者指出的那样，“风险社会不仅对专家的分析能力和预测能力，也向承担预防风险职责的行政权力的处理问题能力、采取行动准备和应急措施速度，提出了更高的要求”。〔3〕

（二）规制国理念

我们处于风险社会的同时，也被认为处于“规制国”（regulatory state）当中。〔4〕 英国社会学家吉登斯（Anthony Giddens）指出，现代风险已经彻底改变了现在、过去和未来的关系，不再是过去决定现在，而是未来的风险决定我们今天的选择。〔5〕 因此，国家必须承担起风险规制的责任，并且在一定程度上从保护现状转向计划未来。风险社会对国家事前干预的需求使得政府的角色开始作为规制者（regulator）出现，当风险被视为新出现的，或者是不可接受时，政府将会介入。风险社会常常和规制国理念联系在一

---

〔1〕 参见［美］弗兰克·费舍尔：《乌尔里希·贝克和风险社会政治学评析》，孟庆艳编译，载《马克思主义与现实》2005 年第 3 期。

〔2〕 虽然侵权法中的“严格责任”和刑法中“危险犯”在一定程度上反映了对风险的关注，但仍难以应对现代风险社会提出的挑战。静态的法益范畴无法涵盖新的权益类型、危害难以认定、因果关系难以证明等问题仍然无法得到根本的解决。参见赵鹏：《风险规制的行政法问题——以突发事件预防为中心》，中国政法大学 2009 年博士学位论文，第 55~61 页。

〔3〕 ［德］哈贝马斯：《在事实与规范之间——关于法律和民主法治国的商谈理论》，童世骏译，生活·读书·新知三联书店 2003 年版，第 535 页。

〔4〕 See Giandomenico Majone, *The Rise of the Regulatory State in Europe*, West European Politics 17, 1994, p. 77.

〔5〕 参见［英］安东尼·吉登斯：《现代性与自我认同：现代晚期的自我与社会》，赵旭东、方文译，生活·读书·新知三联书店 1998 年版，第 125 页。

起,是因为风险和安全常常作为现代规制发展的重大动力。[1] 而从总体上来说,规制的目的就是要防止整个社会进入一种不可逆转的风险状态之中。[2]

很多学者使用"规制国"来描述各国政府的管理体系。其中,"规制"代表着体制、实践和表述国家管理特定风险特征的有启发的思想的混合体。[3] "规制"在不同学科当中具有不同的含义,虽然都意味着对行为的控制,但可能采取不同的方法。[4] 法学研究的侧重点则不同。例如,"regulation"在《牛津法律大辞典》中的解释是:在广义上指任何旨在规范行为的法律规定,通常具体是指政府各部门按照法定权力所发布的各种从属性法律。[5] 《布莱克法律词典》则解释为:规则或者限制性条件所控制的行为或者程序。[6] 事实上,所有的法律体系本身就是一种规制,法律创设权力,并以国家机器保障实施,从而对个体行为进行控制。[7]

考虑到行政活动的特点决定了其规制风险的显著优势,"行政在事前,也就是还只不过是抽象的危险、只有被害发生的可能性的阶段即介入,防

---

〔1〕 See The Royal Society, *Risk: Analysis, Perception, and Management*, London, The Royal Sciety, 1992, p. 1.

〔2〕 参见[美]凯斯·R.桑斯坦:《权利革命之后:重塑规制国》,钟瑞华译,李洪雷校,中国人民大学出版社 2008 年版,第 223 页。

〔3〕 参见[德]克里斯托弗·胡德:《风险社会中的规制国家:对风险规制变化的考察》,周战超编译,载薛晓源、周战超主编:《全球化与风险社会》,社会科学文献出版社 2005 年版,第 197 页。

〔4〕 "regulation"的中文翻译目前有四种不同的译法,一般而言,政府管理部门和行政学家多称为"规制",意在强调政府的监督作用而非直接行政命令;经济学家们则偏爱"管制",突出"regulation"对于自由市场经济运行的影响;法学家们则习惯称为"规制",他们更加看重"regulation"必须以法律法规作为其正当性和合法性的来源,我国香港特别行政区和台湾地区则更倾向于使用"规管"。参见刘鹏:《混合型规制:当代中国药品安全规制的机制分析》,载傅蔚冈、宋华琳主编:《规制研究(第 1 辑):转型时期的社会性规制与法治》,格致出版社、上海人民出版社 2008 年版,第 8 页。本书则统一使用"规制"。

〔5〕 参见[英]戴维·M.沃克:《牛津法律大辞典》,李双元等译,法律出版社 2003 年版,第 954 页。

〔6〕 See Bryan A. Garner, *Black's Law Dictionary*, Eagan, West/Thomson Reuters, 2009, p. 1398.

〔7〕 See Stephen G. Breyer, Richard B. Stewart, Cass R. Sunstein, Matthew L. Spitzer, *Administrative Law and Regulatory Policy: Problem, Text, and Cases*, New York, Aspen Publishers, 2002. p. 4.

止被害与纷争于未然。以预防行政事先下手为强之功效。"[1]因此,本书对规制的理解主要限于"政府"规制或者"公共"规制。目前有学者认为,对"规制"一词比较好把握的是塞尔兹尼克(Selznick)在其《集中对规制进行有组织的研究》(Focusing Organizational Research on Regulation)一文中所指出的:规制是指公共机构针对具有社会价值的活动进行的持续、集中控制。强调持续、集中控制,就需要对规制行为有详细的了解并与之保持紧密而持续的联系。在这种情形下,"成熟"的规制被定义为是制定规则、监督与检查、执行与制裁三方面基本元素的结合。[2] 具体而言,在规制活动中,公共机构通过法律的授权而获得了大量的裁量权,可以为了保护公共利益,通过颁布行政规则等方式设定相应的标准,并具体采用指导、发放许可、行政处罚等方式来持续地对某一领域进行监管控制。[3]

根据政策目标以及工具的不同,规制又被分为经济性规制(economic regulation)与社会性规制(social regulation)[4],见表1-1。

表1-1 经济性规制和社会性规制

目标及工具等	经济性规制	社会性规制
理论基础	纠正市场失灵	克服法制过于机械的特点、规避社会风险
政策目标	确保竞争性的市场条件	限制可能直接危害公共健康、公共安全或社会福利的行为
政策工具	市场进入控制、价格调整、产量调控	制度设置、确立标准、奖惩机制、执行系统

---

[1] [日]原田尚彦:《行政法要论》,学阳书房2005年版,第83、98页。转引自王贵松:《行政裁量收缩论——以危险防止行政为中心》,北京大学2007年博士学位论文,第57页。

[2] 参见[英]卡罗尔·哈洛、理查德·罗林斯:《法律与行政》(下卷),杨伟东、李凌波、石红心、晏坤译,商务印书馆2004年版,第556~557页。

[3] 参见[美]肯尼思·F. 沃伦:《政治体制中的行政法》(第3版),王从虎、牛文展、任端平、宋凯利等译,中国人民大学出版社2005年版,第35~37页。

[4] 参见[英]安东尼·奥格斯:《规制:法律形式与经济学理论》,骆梅英译,苏苗罕校,中国人民大学出版社2008年版,第5页;Lester M. Salamon eds., *The Tool of Government: A Guide to the New Governance*, Oxford, Oxford University Press, 2002, p. 117-186。

续表

目标及工具等	经济性规制	社会性规制
政策对象	公司企业行为	个人、公司企业以及低层级地方政府的行为
案例	电信、航空、邮政等网络型产业	药品食品安全、控制环境污染、生产安全

资料来源:刘鹏:《混合型规制:当代中国药品安全规制的机制分析》,载傅蔚冈、宋华琳主编:《规制研究(第1辑):转型时期的社会性规制与法治》,格致出版社、上海人民出版社2008年版,第10页。

显然,与风险社会理论相联系的规制国理念中的规制,指的是社会性规制。20世纪80年代以来在西方各国兴起的"放松规制"(deregulation)运动,主要是针对经济性规制而言的,社会性规制有一种不退反进的发展趋势。[1] 几乎所有国家都试图通过理性设计的正式法规、组织有序的官僚系统来防范、削减社会生活中的风险,从而形成了环境保护、食品药品监督、卫生防疫、自然灾害的预防、交通管理、工程管理等庞大的行政管理领域。[2]

(三)环境国家理念

在风险社会的背景下,德国出现了"环境国家"的理念。国家面对风险社会的特性,在个人承担自己责任(能力)的同时,负有对环境保护及风险的管控责任。[3] 所谓"环境国家",是指将环境保护作为主要任务的国家。作为"社会法治国"的一种形态,在环境国家的理念下,国家必须致力于维持人与自然的生存空间,回应社会对环境和生态的需求,并一定程度地介

---

〔1〕 参见刘鹏:《混合型规制:当代中国药品安全规制的机制分析》,载傅蔚冈、宋华琳主编:《规制研究(第1辑):转型时期的社会性规制与法治》,格致出版社、上海人民出版社2008年版,第10页。

〔2〕 关于风险规制兴起的过程,参见赵鹏:《风险规制的行政法问题——以突发事件预防为中心》,中国政法大学2009年博士学位论文,第64~66页。

〔3〕 参见郭淑珍:《科技领域的风险决策之研究——以德国法为中心》,台湾大学法律学研究所1998年硕士学位论文,第70~78页。

入环境质量的维护和塑造之中。[1] 可见,环境保护不仅成为国家存在的正当性基础,同时也是国家应当担负的主要任务。

在美国,对于国家对核心的环境价值负有的义务这一点也是相当清楚的:这个核心价值就是控制污染,以保护公众的健康,确保健康的工作环境以及保护野地和生物栖息地。[2] 我国《宪法》也明确规定了国家保护和改善生活环境和生态环境的义务。[3] 2000 年 12 月发布的《全国生态环境保护纲要》中明确提出“维护国家生态环境安全”的目标,将国家生态环境安全定义为“一个国家赖以生存和发展的生态环境处于不受或少受破坏与威胁的状态”,并认为生态环境安全是国家安全的重要基础。近年来,我国将生态文明上升到国家战略的高度。2012 年,党的十八大报告指出:“把生态文明建设放在突出地位,融入经济建设、政治建设、文化建设、社会建设各方面和全过程,努力建设美丽中国,实现中华民族永续发展。”2019 年,党的十九大报告指出:“建设生态文明是中华民族永续发展的千年大计。”并进一步提出“统筹推进经济建设、政治建设、文化建设、社会建设、生态文明建设”。此外,2014 年《环境保护法》第 4 条明确规定“保护环境是国家的基本国策”。这些都反映出环境保护的重要性正在不断地得以明确和强化,我国正在向环境国家不断迈进。可以说,对可能发生的环境风险进行有效规制在我国已经上升为国家的重要任务之一。

二、从危险防止到风险防御

规制国理念的出现,与国家类型的变迁紧密相连。近代国家的目的从传统以维护国内和平为主要目的的“警察国”,历经近代以保障人民自由财产为重心的“自由法治国”,再到现代以实现社会正义为目标的“社会法治国”,更为强调国家必须关注“生存照顾”和“安全保障”,要能够在社会、经济、文化等诸多领域提供为人们生活所必需的条件,积极介入社会秩序的

---

〔1〕 参见李建良:《环境议题的形成与国家任务的变迁——“环境国家”理念的初步研究》,载《宪政体制与法治行政:城仲模教授六秩华诞祝寿论文集宪法篇》,三民书局 1998 年版,第 291 页。“环境国家下国家的保护义务”,参见陈慈阳:《环境法总论》,元照出版有限公司 2011 年版,第 167~171 页。

〔2〕 参见[美]戴维·凯瑞斯编:《法律中的政治——一个进步性批评》(原书第 3 版),信春鹰译,中国政法大学出版社 2008 年版,第 138 页。

〔3〕 我国《宪法》第 26 条规定:“国家保护和改善生活环境和生态环境,防治污染和其他公害。国家组织和鼓励植树造林,保护林木。”

形成。[1] 相应地，正如德国行政法学者施托贝尔所认为的那样，公共行政的重心也经历了从秩序行政到给付行政、从直接给付行政到间接给付行政的转变。在风险社会的背景下，如何防范政治、经济、社会等方面的潜在危险，有效应对危机，为公民提供安全的生活条件，成为国家的核心任务，行政的任务也从福利行政向风险行政转变。[2] 所谓风险行政的核心，正是为了实现风险的降低甚至避免，与传统的危险防止相区别的风险防御。

（一）从危险到风险

在"警察国"时代，对威胁生命、健康、财产的因素予以排除一直是秩序行政的基本任务。[3] 基于对行政权力运用的克制态度，早期的法律大多要求行政机关以相关事实的认定、客观经验以及事理法则为基础，通过对预测性因果关系的考察，认定相关损害的发生相当确定时，方可采取行动，这种活动被称为危险防止。由于必须有充分的证据表明危害已经迫在眉睫，政府方能干预，从而导致政府的职责被限制于较小的范围内。

然而，在风险社会背景下，需要在危险、危害发生前行动，政府不仅在认定威胁确实存在的情况下进行防止，而且需要出于谨慎，对不确定的风险进行预防。[4] 于是，政府职责的范围从关心现状、保护或重建一个不受干扰的

---

[1] 参见李鸻：《环境国家下行政法任务的变迁》，载傅蔚冈、宋华琳主编：《规制研究（第1辑）：转型时期的社会性规制与法治》，格致出版社、上海人民出版社2008年版，第165~166页。英美虽然没有"社会法治国"的概念，但行政法上存在红灯理论（the Red Light Theories）和绿灯理论（the Green Light Theories）。红灯理论指望平衡宪法模式，而绿灯理论发现"政府模式"（model of government）更为适宜。红灯理论把行政合法性建立在政府职能最小化的基础上，认为行政法的功能在于保障大众免受国家的干涉。而绿灯理论则寄望于政府职能的有效发挥，行政合法性体现在政府能够提供更多更好的公共服务，行政法不仅是保障人民免受国家的侵害、控制国家的权力，而且是积极地寻求社会公众福祉。参见［英］卡洛尔·哈洛、理查德·罗林斯：《法律与行政》（上卷），杨伟东、李凌波、石红心、晏坤译，商务印书馆2004年版，第145页以下；Alfred C. Aman, Jr., *Administrative Law and Process*, Lexis-Nexis, 2006, p. 19-23。

[2] 参见［德］汉斯·J. 沃尔夫等：《行政法》（第3卷），高家伟译，商务印书馆2007年版，中文版前言第3页。

[3] 参见［德］汉斯·J. 沃尔夫等：《行政法》（第1卷），高家伟译，商务印书馆2002年版，第30~31页。

[4] 参见赵鹏：《风险、不确定性与风险预防原则——一个行政法视角的考察》，载姜明安主编：《行政法论丛》（第12卷），法律出版社2009年版，第191页。

状态为目的的抵御危险的职能,发展到以未来为目标的全面形塑社会。〔1〕

1. 危险

对于危险和风险的定义有很多。法学所关注的,一直是作为传统秩序法中的"危险"。〔2〕所谓"危险",是指依据一般经验,在不受外力干扰的情况下,将明确地或可预见地造成损害、权利侵害或法益减损的一种状态;或是指一种可预见的、客观的以及即将的损害发生的可能性。〔3〕交付于行政机关的任务必须是涉及危险的防护,至于是一个具体还是抽象的危险则非所问。但是通常行政机关仅有权防护在个案中存在的(亦即具体的)危险。〔4〕

由于危险有无之判断常基于生活上和知识上的经验法则,行政机关有危险的怀疑时,乃是指根据事实状况认为危险有充足的盖然性导致损害,而非确定其一定发生。在危险防卫中,政府对损害可能性的判断需要达到相当确信的程度时方可干预。相似地,美国的案例也表明"将遭到危险"(will endanger)虽不要求造成实际损害,但是要求大量的事实证据证明实际上的损害可能而不是"损害的重大风险"(significant risk of harm)。〔5〕

但是,如果政府对损害可能性的判断没有达到确信的程度,此时应当如何处理,危险概念并不能给予充分的回答。为了解决在不确定的情况下如何行为的问题,德国学者发明了"疑有危险"这一概念。〔6〕"疑有危险"

---

〔1〕参见[德]埃贝哈特·施密特·阿斯曼著,乌尔海希·巴迪斯编选:《德国行政法读本》,于安等译,高等教育出版社2006年版,第53页。

〔2〕有学者对刑法上的"危险犯"、民法上的"共同危险行为",以及保险制度中的"危险"进行了解读。参见黄嘉珍:《论环境法上的风险预防原则》,北京大学2010年博士学位论文,第78~79页。由于本书主要关注风险的行政规制,所以此处不再赘述。

〔3〕参见王毓正:《论环境法于科技关联下立法困境与管制手段变迁》,载《成大法学》2006年第12期。

〔4〕参见程明修:《行政法上之预防原则(Vorsorgeprinzip)——食品安全风险管理手段之扩张》,载《月旦法学杂志》2009年第167期。

〔5〕Carolina Environmental Study Group v. United States, 166 U. S. App. D. C. 416, 419, 510 F. 2d 796, 799 (1975); Reserve Mining Co. v. EPA, 514 F. 2d at 519-520.

〔6〕传统德国警察法与秩序法中,通常须特别区分危险与表见危险、危险的怀疑。所谓表见危险,是指从行政机关作为主管监督者的角度对事实状况作充分评估时,在干预的时点可以被认定为危险,但是从事后的眼光来看,事实上却可能证实是不会发生的。参见程明修:《行政法上之预防原则(Vorsorgeprinzip)——食品安全风险管理手段之扩张》,载《月旦法学杂志》2009年第167期。

是指虽然没有充分的认知,但可以相当确定地判断存在损害的可能性,它与危险的区别在于认知程度较弱。[1] 允许对“疑有危险”进行干预,实际上已经意味着政府可以在确定的危险门槛以下提前行使国家权限。但有学者指出,“疑有危险”不等同于风险,因为“疑有危险”仍然有可能通过危险调查手段的投入加以确知。[2]

2. 风险

风险(risk)可以追溯到意大利语(risco)并把它放在早期的近代海上贸易和保险的语境中来理解。Risco 意思是撕破(rips),源于暗礁(reef)或礁石(rock),以此用来指在深海上运行的货船所具有的危险性。现代的“风险”一词是由保险理论和保险的法律定义的现存体制所创造的新词语。贝克在风险社会理论中采用的“风险”不同,他认为在自然和传统失去它们的无限效力并依赖于人的决定的地方,才谈得上风险。[3]

不同学科对于风险概念的侧重点不同。经济学和环境科学通常认为风险是一种条件或者一个行为导致伤害、损害或损失的概率。[4] 有学者认为对于风险,最科学的定义是由英国皇家学会(The Royal Society)所提出的“在规定的时间内发生特定不良事件的概率,或者由特定挑战导致的结果。作为统计理论意义上的一种概率,风险遵循所有概率组合的形式法则”。[5] 然而,法学关注的则不是概率。《布莱克法律词典》对风险的解释为:对于结果、发生或损失的不确定性;遭受伤害,损害或者损失的概率;发生损害的可能性的范围和程度。[6] 学者们也持相似的观点。例如,有学者认为,风险是指物质或者状况在特定条件下,会产生伤害的盖然性,风

---

〔1〕 参见郭淑珍:《科技领域的风险决策之研究——以德国法为中心》,台湾大学法律研究所 1998 年硕士学位论文,第 27~28 页。

〔2〕 参见程明修:《行政法上之预防原则(Vorsorgeprinzip)——食品安全风险管理手段之扩张》,载《月旦法学杂志》2009 年第 167 期。

〔3〕 参见周战超:《当代西方风险社会理论研究引论》,载薛晓源、周战超主编:《全球化与风险社会》,社会科学文献出版社 2005 年版,第 7 页。

〔4〕 参见[美]恩格、史密斯、博凯里:《环境科学:交叉关系学科》(第 10 版),王建龙等译,清华大学出版社 2009 年版,第 39 页。

〔5〕 The Royal Society, *Risk assessment*: *Report of a Royal Society Study Group*, London, The Royal Society, 1983, p. 2.

〔6〕 See Bryan A. Garner, *Black's Law Dictionary*, Eagan, West/Thomson Reuters, 2009, p. 1442.

险的特征为盖然性与损害结果。[1] 又如,有学者认为风险是特定时间内某种特定危害发生的可能性或者某种行为引发特定危害的可能性。[2] 针对损害事件所做的判断,其可靠性程度介于"足够可能"和仅仅构成"可能性"之间。[3] 可见,法学研究更为关注危害和损失发生的可能性。根据不同的划分标准,可以将风险分为盖然性的风险和不可预测的风险、客观的风险和主观的风险、个人自愿选择的风险和社会所施加的风险。[4]

显然,风险的特征在于,虽然存在发生危险和损害的可能性,但是却因为我们现有科学知识的局限性,针对这些未知事物无法去预设其发生的盖然性。与"疑有危险"不同的是,风险是以目前人类的智识程度,在可预见的时间内无从探知。[5]

3. 不确定性

风险发生的盖然性是未知的,风险与最终的危害之间所具有的相当程度的不确定性是危险和风险的重要区别。有学者指出,危险与风险的区别,在过去核能事故或空气污染事故中,确系强调事故发生之或然率高低。然而,近年来,由于有害化学物质快速发展所造成的巨大影响,以前强调的"事故发生的或然率"已逐渐被"不确定性"所取代,而面对"不确定风险"的对应之策,正是传统的危险防止与风险防御应予区别之处。[6]

至于何为"不确定性",有学者认为,不确定性与风险在决策理论的应

---

〔1〕 参见郭淑珍:《科技领域的风险决策之研究——以德国法为中心》,台湾大学法律研究所1998年硕士学位论文,第9页以下。

〔2〕 See Robert Baldwin eds., *Law and Uncertainty: Risks and Legal Processes*, London Boston, Kluwer Law International, 1997, p. 1-2.

〔3〕 参见[德]乌尔里希·K. 普罗伊斯:《风险预防作为国家任务——安全的认知前提》,刘刚译,载刘刚编译:《风险规制:德国的理论与实践》,法律出版社2012年版,第142页。

〔4〕 See Robert Baldwin, *Introduction-Risk: The Legal Contribution*, in Robert Baldwin eds., Law and Uncertainty: Risk and Legal Processes, London Boston, Kluwer Law International, 1997, p. 4-5.

〔5〕 参见程明修:《行政法上之预防原则(Vorsorgeprinzip)——食品安全风险管理手段之扩张》,载《月旦法学杂志》2009年第167期。

〔6〕 参见王志强:《初探风险行政及其法的规制——以日本行政法学之发展为中心》,载《二十一世纪公法学的新课题:城仲模教授古稀祝寿论文集Ⅱ行政法总论篇》,台湾地区"法治暨政策研究基金会"2008年版、新学林总经销,第78页。

用上,对决策者而言,可视为同样的观念。[1] 也有学者认为,风险和不确定性的概念并不相同。例如,某种化学物质的致癌率被确认为2‰,这种化学物质存在风险,但科学不确定性很小。又如,科学家没有足够的证据证实摄入多少某种物质会得癌症,即存在不确定性,如果科学家证实了该物质是致癌物,就不仅仅是风险,而是确定无疑了。但是科学家常常无法确定某种物质是否确实对我们的健康存在风险,以及如果这种风险存在,其危险程度是什么。风险和不确定性常常互相结合从而增加了风险规制的难度。[2] 总的来说,"不确定性"是一个很宽泛的术语,不确定性的产生可能是因为信息不完全、信息来源的不一致性、语言表述不精确,也可能是由于所描述的内容具有变化性。即使能够获得完全的信息,为了使信息便于认知或计算而对资料进行的简化和近似,仍然会产生不确定性因素。[3] 有学者指出,这种不确定性不仅源于风险事件与行为本身的随机性,也源于我们对风险影响理解与把握的不确定性。因此对于风险的研究,从其识别、评价到治理,每一个环节都是客观事实与主观价值判断的综合。对风险进行单纯的"科学计量"或者完全的"客观评价"是有违客观事实的,有时也是危险的。[4]

当然,不确定性是相对的,科学技术水平和认知水平的进步处于动态变化当中,并且带有一定的主观性。因此,当风险发生的盖然性可以采用可资实际操作的检测方式加以验证和确定时,此时风险就转化为危险。

(二)从零风险到可接受风险

值得注意的是,有学者认为风险指的是在损害可能性的考量下,所表现出之决定情况,在此意义下风险取决于决定。因此,风险并非一个事实上的概念,而是取决于行政机关对于有关风险事项的判断和决策。这也就

---

〔1〕 毕军、杨洁、李其亮:《区域环境风险分析和管理》,中国环境科学出版社2006年版,第2页。

〔2〕 参见[美]詹姆斯·萨尔兹曼、巴顿·汤普森:《美国环境法》(第4版),徐卓然、胡慕云译,北京大学出版社2016年版,第157页。

〔3〕 参见[美]格来哲·摩根、麦克斯·亨利昂、米切尔·斯莫:《不确定性》,王红漫译,北京大学出版社2011年版,第47页。

〔4〕 参见[美]珍妮·X.卡斯帕森、罗杰·E.卡斯帕森编著:《风险的社会视野(上):公众、风险沟通及风险的社会放大》,童蕴芝译,中国劳动社会保障出版社2010年版,主编"序(二):认识风险——社会科学的视角"。

意味着,事实上存在的风险与作为规制对象的风险是不同的。

风险规制的目的简单来说就是要保障安全。然而这个世界充满了风险,我们只是规制其中一部分而非全部风险。即使不考虑有关风险信息的可靠性,安全的概念也始终是“不可靠的”(slippery)。人们永远不可能绝对安全,对安全的定义是一个更为哲学上至少是政治上的问题,而不是技术问题。任何事情都是有风险的,风险无处不在。〔1〕 贝克也指出,“人类社会自身早已确信世界上没有绝对的安全,任何时候都会有一些可能存在的风险,哪怕这些风险的可能性极小到几乎可以忽略不计的时候,但仍然难以完全避免和排除。人类在审视技术经济的优越性及所带来的各种机会的同时,还清楚地意识到现代科学技术之负面影响所造成的强大破坏力和潜在的风险,然而人类在权衡利弊的基础上作出了继续发展科学技术和技术经济的决策,并接受和承担了由此而产生的各种风险”。〔2〕

这种权衡具有一定的合理性。例如在对健康风险的规制中,规制“最后 10%”或者是“迈向最后一英里”(going to the last miles)是相当困难的。当规制机构认为,至少当长时期、高剂量地接触某物质会带来严重风险时,它会继而颁布严格的标准——如坚决要求在特定地点对某物质予以彻底清除——这样的规制行动最终会带来高昂的成本,在安全方面却无法取得显著的额外收益。〔3〕 这时,风险的完全排除是一种不切实际的做法,将风险消除至“零风险”水平是不可能的,或者说至少不具有可行性。〔4〕 因此,通过法律规定,要求百分之百的安全,或完全的零风险(zero risk),在食品、药品、环境安全等方面,都是不可能做到的。〔5〕 美国判例也确认“安全”

〔1〕 See Peter Huber, *Safety and the Second Best: The Hazards of Public Risk Management in the Courts*, Columbia Law Review 85, 1985, p. 291.

〔2〕 [德]乌尔里希·贝克:《从工业社会到风险社会(上篇)——关于人类生存、社会结构和生态启蒙等问题的思考》,王武龙编译,载《马克思主义与现实》2003 年第 3 期。

〔3〕 参见[美]史蒂芬·布雷耶:《打破恶性循环:政府如何有效规制风险》,宋华琳译,法律出版社 2009 年版,第 11 页。

〔4〕 See Joseph Fiksel, *Toward a De Minimis Policy in Risk Regulation*, Risk Analysis 5, 1985, p. 257.

〔5〕 See Aynsley Kellow, *Accounting for Risk in Multilateral Negotiation*, in David Robertson, Aynsley Kellow eds., Globalization and the Environment, Human Right & International Trade, Cheltenham, Northampton, Edward Elgar Publishing, Inc., 2001, p. 123.

(safe)并不意味着"无风险"(risk-free)。[1] 于是,问题就转化为并不在于消灭所有风险,而是把风险控制在我们可以接受的范围之内。[2]

与可接受风险(acceptable risk)的概念[3]相应的,1978年德国联邦宪法法院在Kalkar核子反应炉案判决中,提出了"剩余风险"(Restrisiko)的概念。剩余风险的概念,在德国法律中并未明文使用,仅见于司法实务与学说,因此,似乎尚未为公众所接受。有学者尝试将其定义为:"法律允许之风险。"其理由是:"国家之法秩序无法确保该等风险之排除——换言之,绝对之安全。从人类共同生活中,难免会发生必然之危害;运用科技系统,必然带来科技性风险。法秩序所能与必须提供者,乃法律之限制,而非完全排除所有风险有关法益之损害。"[4]在一定的完全高度工业化社会里面,容忍合理社会所能接受的剩余风险,是宪法所允许的,因为要求绝对的科技安全,在此基本上是不可实现的。[5] 危险、风险、剩余风险代表了与可能的损害事件相关的认知不确定性评价的三种不同形式。[6] 以德国空气污染控制为例,危险、风险、剩余风险的关系见表1-2[7]。这三种形式对应着是否允许侵入的范围,也就对应着政府是否应当介入的范围。

---

〔1〕 AFL-CIO v. American Petroleum Inst., 448 U.S. 607,642, 100 S. Ct. 2844,2864, 65L. Ed. 2d 1010(1980).

〔2〕 参见[英]巴鲁克·费斯克霍夫等:《人类可接受风险》,王红漫译,北京大学出版社2009年版,第2页。

〔3〕 在环境科学上也一般不适用零风险的概念,而是使用可以忽略的风险(negligible risk)的概念。参见[美]恩格、史密斯、博凯里:《环境科学:交叉关系学科》(第10版),王建龙等译,清华大学出版社2009年版,第41页。

〔4〕 参见蔡志方:《论科技法律之概念与衍生之问题》,载《二十一世纪公法学的新课题:城仲模教授古稀祝寿论文集Ⅱ行政法总论篇》,台湾地区"法治暨政策研究基金会"2008年版、新学林总经销,第46~47页。

〔5〕 参见陈慈阳:《宪法学》(第2版),元照出版有限公司2005年版,第74页。

〔6〕 参见[德]乌尔里希·K.普罗伊斯:《风险预防作为国家任务——安全的认知前提》,刘刚译,载刘刚编译:《风险规制:德国的理论与实践》,法律出版社2012年版,第143页。

〔7〕 蔡志方:《论科技法律之概念与衍生之问题》,载《二十一世纪公法学的新课题:城仲模教授古稀祝寿论文集Ⅱ行政法总论篇》,台湾地区"法治暨政策研究基金会"2008年版、新学林总经销,第50页。

表 1-2 危险、风险、剩余风险的关系

剩余风险	剩余风险之界限	预防(风险)范围	危险之界限	危险范围
允许侵入		只要标准上可能,则避免侵入		任何情况下避免侵入

"可接受"意味着对于某种行为来说,剩余风险的水平很低以至于不需要额外采取措施来降低风险。[1] 可见,风险和剩余风险之间的界限并非认知问题,而是规范问题。[2] 但是,确定风险的可接受水平是科学技术和社会政策制定中的重大难题,对于如何确定什么风险是可接受的,什么是不可接受的却没有明确的社会共识。[3] 美国联邦环境保护署(U. S. Environmental Protection Agency, USEPA)(以下简称美国环保署)曾断定:"风险的可接受性(acceptability)是一个相对的概念,它涉及对不同因素的考量。这些判断中需要考虑的因素可能包括:风险的确定性和严重性;对健康影响的可逆性;对风险的理解或熟悉程度;风险是自愿接受还是被动强加的;个人是否能因遭受风险而获得补偿;所采取行动的优势所在;任何其他替代进路的风险和优势。"[4]因此,风险的可接受水平不仅取决于风险承受者客观上对于风险可能产生的损害的接受能力,也取决于主观上愿意和能够接受的程度,并随着科学技术水平的进步、人们认识水平的提高以及发展需求的改变而发生变化。

二、风险规制的手段和方式

(一)风险规制的组成

结合上文对规制和风险概念的理解,风险规制就是指专业的公共机构,对可能造成公共危害的风险进行评估和监测,并通过制定规则、监督、执行等法律手段来防范或者减少风险,从而将风险控制在可接受的水平

---

〔1〕 International Risk Governance Council, *White Paper on Risk Governance-Towards an Integrative Approach*, 2005, p. 36.

〔2〕 参见[德]乌尔里希·K. 普罗伊斯:《风险预防作为国家任务——安全的认知前提》,刘刚译,载刘刚编译:《风险规制:德国的理论与实践》,法律出版社2012年版,第143页。

〔3〕 See Sanford E. Gaines, *Science, Politics, and the Management of Toxic Risks Through Law*, Jurimetrics Journal 30, 1990, p. 288.

〔4〕 参见[美]巴鲁克·菲施霍夫:《可接受的风险:一个概念建议》,汤雯雯译,宋华琳校,载《交大法学》(第2卷),上海交通大学出版社2011年版,第87页。

上。为了实现防范或减少风险,保护公众健康、安全和环境等规制目标,风险规制的方式是多种多样的。

对于风险规制的组成,学者持有不同的观点。有学者认为,风险规制可以被理解成由三个部分组成:标准制定(standard setting)、通过规制策略适用这些标准、规制制度(regulation regime)的实施。[1] 也有学者从控制论(cybernetic)的角度来理解规制,认为规制包含三个组成部分,即信息收集(information gathering)、标准制定以及行为矫正(behavior modification)。[2] (见表1-3)

表1-3 风险规制的组成

背景和内容	控制成分		
	信息收集	标准制定	行为矫正
背景:风险的种类、公众偏好和态度、有组织的利益	例如:个体能够以低成本 v. 通过专家以高成本获取信息	风险与有组织的团体的利益相关 v. 无关	公众抵制国家控制 v. 尊重
内容:规模、框架、类型	例如:规制者主动 v. 被动的搜索信息	成本—收益分析 v. 技术可行性进路	价格信号 v. 命令控制进路

资料来源:Christopher Hood, Henry Rothstein, Robert Baldwin, *The Government of Risk: Understanding Risk Regulation Regimes*, Oxford University Press 2001, p. 22,29。

显而易见,无论从何种角度对风险规制的方式作出分类,标准制定始终是风险规制的一种重要形式或者说工具,试图通过让公众免予或削减同特定潜在的风险物质(如食品添加剂、危险化学品)的接触,以便让人们的生活变得更加安全,[3]这种逻辑是简单明了的。标准的制定原本就是行

〔1〕 See Elizabeth Fisher, *Drowning by Numbers: Standard Setting in Risk Regulation and the Pursuit of Accountable Public Administration*, Oxford Journal of Legal Studies 20, 2000, p. 109.

〔2〕 See Christopher Hood, Henry Rothstein, Robert Baldwin, *The Government of Risk: Understanding Risk Regulation Regimes*, Oxford University Press 2001, p. 22.

〔3〕 参见[美]史蒂芬·布雷耶:《打破恶性循环:政府如何有效规制风险》,宋华琳译,法律出版社2009年版,第1页。

政机关整个规制流程中一个重要的环节。[1] 同时,标准制定也是干预强度处于与信息规制和事前审批之间的一种典型的命令控制型规制方式。[2]

虽然越来越多的学者认为应当扩展经济诱导型规制方式的应用,但在实现规制目标的措施选择上,命令控制型方式常常优先于经济诱导型方式加以适用,[3]尤其是在本书关注的环境风险规制问题上,命令控制型方式仍被认为是主流的方式。这主要是因为在污染者和受害者之间根本不存在市场联系,环境受害者往往人数众多且分散,因而也很难组建成为稳定的集团。此外,某些干预手段的公益正当性是压倒性的,因为污染会随着时间、空间和人口而广泛传播,这意味着用私法方式——协商以及侵权与财产权机制的施行——远远不足以解决外部性问题。[4] 统一标准与较为特别和灵活的规制策略相比具有诸多优势。这些优势包括较少的信息收集和估算成本,更加一致和可预测的结果,相关决策更多地接受公众监督和容许公众参与,规制接受司法审查的可能性增多,规制机构因政治或者官僚压力而采取操作性行为的机会减少,受规制主体采取阻碍行为的机会减少,有助于减少不同区域或不同受规制行业中的企业因竞争劣势而可能导致的社会问题和选择法院的现象。[5] 即使统一的标准和市场化的手段相比被认为效率低下,但是不可否认,很多市场机制必然要依赖标准,例如交易许可证就需要通过标准确立排污上限。[6]

(二)标准的制定

有学者指出,规制的核心就在于标准、目标、指南等的制定。[7] 确定

---

〔1〕 参见翁岳生编:《行政法》(上册),中国法制出版社2009年版,第523页。

〔2〕 参见[英]安东尼·奥格斯:《规制:法律形式与经济学理论》,骆梅英译,苏苗罕校,中国人民大学出版社2008年版,第153页。

〔3〕 参见[美]保罗·R.伯特尼、罗伯特·N.史蒂文斯主编:《环境保护的公共政策》(第2版),穆贤清、方志伟译,上海三联书店、上海人民出版社2004年版,第20~34页。

〔4〕 参见[英]安东尼·奥格斯:《规制:法律形式与经济学理论》,骆梅英译,苏苗罕校,中国人民大学出版社2008年版,第182、207页。

〔5〕 王慧编译:《美国环境法的改革——规制效率与有效执行》,法律出版社2016年版,第137页。

〔6〕 参见[美]詹姆斯·萨尔兹曼、巴顿·汤普森:《美国环境法》(第4版),徐卓然、胡慕云译,北京大学出版社2016年版,第43页。

〔7〕 See Christopher Hood, Henry Rothstein, Robert Baldwin, *The Government of Risk: Understanding Risk Regulation Regimes*, Oxford, Oxford University Press 2001, p. 25.

危险或者风险的“临界点”或“临界值”是标准制定的核心议题。而临界值的获得，需要通过自然科学之基础与方法，并借助数学方法取得数据，当然生活水平与价值观也常常会影响各个不同领域临界值之决定。〔1〕由于需要确定根本无法确定的风险的“可接受水平”，同时也需要满足谨慎和预防的风险规制需求，专家难以仅凭借其专业确定临界值，引发了对生命的价值、风险分配等许多特殊问题的争论。

有学者指出，标准的主要功能就是当风险的可接受性不仅是基于风险的大小(magnitude)和发生可能性(probability)来定义什么是可接受风险。更确切地说，可接受性的判断将取决于个体希望如何处理和对待他们的生命以及国家会对个体的行为作出怎样的限制。风险规制中的标准制定是关于如何达成我们想要的生活方式的一致见解(shared visions)。〔2〕因此，对于规制者而言，对风险的可接受水平加以确证，意味着在制定标准的同时需要一并解决价值问题，并允许规制机构的技术人员依据标准机械地监督法令是否得到遵从，而无须针对特定个案做出政治上或道德上的判断。对公众而言，清晰、确切的风险的可接受水平，能够使公众有一个简单的方法，来评判他们自身的福祉受到了怎样的保护，而无须去理解创设出这些风险的过程细节。〔3〕

因此，标准本身是一个规范性(normative)的概念，它为风险规制者以及公众提供了判断风险是否处于可接受范围以及是否需要采取进一步规制措施的标尺。但是，如此重要的标准，其制定一方面需要专家提供专门知识，另一方面由于科学不确定性的存在，需要进行价值判断，其中的价值判断在现实中遭到了不一致和不透明的批评。无论是专家还是公众，对有关风险的政策制定中隐含的许多问题都存在争议，而由于环境风险的特殊

---

〔1〕 19世纪的欧洲首先提出了临界值的概念，并与容许风险理论平行运用。参见蔡志方：《论科技法律之概念与衍生之问题》，载《二十一世纪公法学的新课题：城仲模教授古稀祝寿论文集Ⅱ行政法总论篇》，台湾地区“法治暨政策研究基金会”2008年版、新学林总经销，第47～50页。

〔2〕 See Elizabeth Fisher, *Drowning by Numbers: Standard Setting in Risk Regulation and the Pursuit of Accountable Public Administration*, Oxford Journal of Legal Studies 20, 2000, p. 109.

〔3〕 参见[美]巴鲁克·菲施霍夫：《可接受的风险：一个概念建议》，汤雯雯译，宋华琳校，载《交大法学》(第2卷)，上海交通大学出版社2011年版，第86页。

性,这些问题在环境风险规制中将会更为突出。

第二节 环境标准——环境风险的界定和规制的开始

人类的行为的确改变着环境,也给人类自身带来了不确定性的风险,环境问题的不断显现,使污染控制被认为是最为重要的规制领域之一。污染也使标准制定问题相对其他领域而言变得更加复杂。[1] 例如,对于空气污染来说,最理想的方式是通过直接测算每个人实际吸入的污染物,来控制空气污染对每个个体的损害。但这并不现实,因为无法测量每个人吸入的污染物,也无法确定吸入多少污染物才足以给不同个体带来"伤害",因为不同个体有着不同的敏感程度。另外,由于因果关系证明十分困难,无法定位污染源。既然从技术上我们无法直接测算每个人吸入的空气,只好从污染物的源头入手,直接规制空气污染源。离理想的规制切入点(吸入体内的空气)越远,所取得的治理效果就越难以精确,我们很难预测减少多少吨污染物才能使个体呼吸的空气达到他们所希望的清洁程度。实际上,环境法几乎全都建立在这种近似估计的方法上。[2]

一、环境风险的概念和特征

(一)环境风险的概念

环境风险的概念存在多种表述。环境风险有时作为"因人们被环境中的风险源包围而产生生命、健康、财产损害"而被提及。有时作为"如下概念:人们活动所产生的环境负担通过环境路径,在某种条件下,可能给健康、生态系统带来影响"被概率性地表达。有时作为表达环境污染所生损害的大小及其发生可能性或者期待值的概念来使用"环境风险"一词。[3]《环境法律术语词典》则将环境风险定义为:"对于特定有害物将造成环境

---

〔1〕 参见[英]安东尼·奥格斯:《规制:法律形式与经济学理论》,骆梅英译,苏苗罕校,中国人民大学出版社2008年版,第207页。

〔2〕 参见[美]詹姆斯·萨尔兹曼、巴顿·汤普森:《美国环境法》(第4版),徐卓然、胡慕云译,北京大学出版社2016年版,第83页。

〔3〕 参见[日]黑川哲志:《环境行政的法理与方法》,肖军译,中国法制出版社2008年版,第74页。

变化而导致生命、健康、财产以及环境损害的可能性的预测。”[1]

值得注意的是，德国《环境法典草案》第2条中对环境风险与环境危险作出了定义：环境风险是指依据实践理性显示无法加以排除的环境影响发生之可能性，而环境危险是另一种环境风险，是在考量其发生盖然性之程度以及可能之损害范围后，无法被忍受者。所以根据该草案的立场，环境危险和环境风险的区别在于程度的区别，环境危险是一种相对更易确定、程度较为严重的环境风险。

环境风险可以分为自然环境风险和人为环境风险。前者指自然界发生的地震、火山、海啸等事件引起人的伤亡和财产的损失；人为环境风险指由于工业发展产生的污染等造成的风险，或由于人为活动所引发的，或者由于自然原因引发的人为活动中使用的技术设施的故障导致的，通过环境介质传播的危害人体健康、自然环境质量的突发性的不确定事件。[2] 环境风险不仅意味着缺乏安全，而且还源于决策者做或者不做某种选择所导致的可能性损害，[3]同样也是源于人们对造成人体伤害和财产损失的自然过程缺乏有效的控制。[4] 因此，本书主要关注的是可以作为风险规制对象的风险，属于风险社会理论中的风险，即人为环境风险。

（二）环境风险的特征

环境风险有其独特之处。[5] 第一，环境风险发生作用的时间难以确

---

[1] C. C. Lee, *Dictionary of environmental legal terms*, New York, McGraw-Hill, 1997, p. 601.

[2] 参见毕军、杨洁、李其亮：《区域环境风险分析和管理》，中国环境科学出版社2006年版，第2~3页。

[3] 参见［加］迈尔克·梅赫塔：《风险决策：科技冲突环境下的公共参与》，汤涛编译，载薛晓源、周战超主编：《全球化与风险社会》，社会科学文献出版社2005年版，第257页。

[4] 参见［丹麦］詹·拉斯马森：《动态社会中的风险管理：一个模型化问题》，孙艳辉编译，载薛晓源、周战超主编：《全球化与风险社会》，社会科学文献出版社2005年版，第217页。

[5] 本书对环境风险特殊性的阐述，主要参考唐双娥：《环境法风险防范原则研究：法律和科学的对话》，高等教育出版社2004年版，第16~18页；王志强：《初探风险行政及其法的规制——以日本行政法学之发展为中心》，载《二十一世纪公法学的新课题：城仲模教授古稀祝寿论文集Ⅱ行政法总论篇》，台湾地区“法治暨政策研究基金会”2008年版、新学林总经销，第85页；Frederick R. Anderson, Robert L. Glicksman, Daniel R. Mandelker, A. Dan Tarlock, *Environmental Protection: Law and Policy*, 3rd ed., Gaithersburg, Aspen Law & Business, 1999, p. 745-793；赵鹏：《风险社会的行政法回应：以健康、环境风险规制为中心》，中国政法大学出版社2018年版，第3页。

定,具有潜伏性。环境风险从产生到后果显现之间的间隔相当长甚至不能确定,如许多化学品致癌的潜伏期达 20~30 年,某些化学品的致变后果可能在几代之内也不会显现出来。第二,环境风险具有不可逆转性。一些现代技术应用导致的健康、生态损害难以恢复。第三,环境风险所生受益与被害具有非对称性。承受健康和环境风险的常常不是产生风险的活动的受益者,如制造风险的企业及其周边承受风险的居民。同时,与环境风险的危害存在潜伏性有关,承受环境风险后果的人可能已经不是当初的受益人。第四,环境风险具有广泛性。环境风险并不局限于某一国领土范围或者某一地区,可能表现为国家性、区域性甚至全球性。从环境风险影响的范围看主要是一种集体风险。同时,环境风险一旦发生,其后果扩散的速度特别快,扩散的范围也特别广。第五,环境风险的高度不确定性。由于人类对于环境风险发生的机制几乎没有了解,因此环境风险决策是在充满不确定性的情况下作出的。这种无知容易导致在主观上低估环境风险的灾难性后果,而高估有利后果发生的可能性。

环境风险的这些特殊性对于环境风险规制具有重要的影响,环境标准的制定问题相对其他领域而言变得更加复杂。环境风险所生危害影响的潜伏性、严重性、广泛性和不可逆性需要规制者设计出可以预防不利后果,而不仅仅是应对现存、已知后果作出反应的机制。但是由于环境风险的高度不确定性,对环境风险的识别和判断相当困难。同时,由于环境风险所生危害的潜伏性和非对称性,使风险分配成为难题,规制环境风险的动机不足。更为严重的是,环境风险潜在的代价虽然可能是灾难性的,但规制风险的收益却相对温和。评估环境保护的收益具有高度的争议性,尤其是当舒适的环境与健康结合在一起时,而且还需要考虑对后代人的福利影响。在成本—收益的衡量之下,减污成本很高,成本与收益相比可能相当高昂,如何合理平衡环境保护和工业生产之间的关系,也难以达成共识。

即使能够对合理的保护水平达成协议,将这些目标转化成适用于各个企业的标准,也存在若干困扰。首先,不同地区的环境特征存在明显的差异。其次,在任何一个空气或者水域范围内,适用于某一企业的标准,或多或少地取决于其他企业的污染行为。最后,工厂设备的使用年限也是需要考虑的因素,旧设备改造往往比新建设施需要更高比例的资本支出。这一领域的公益决策程序的复杂性可能会使其更容易受到私人利益的影响。特定形式的标准对某些企业而言成本可能高于其他企业,因而将会成为后者想要寻求竞争优势的企业的游说目标。对新进企业往往实行更为严格的标准就是典型的例子。[1]

二、环境标准的目的和功能

贝克曾形象地描述了什么是环境标准:“用以区分正常情况和危险状态的界线已经说明了社会公众所能忍耐和必须接受的辐射危害程度。而这一界限就如同一个门槛,界限内属于正常情况,此时所导致的些微的辐射危害在一定条件下是难以避免的,也是必须忍耐和接受的;而界限以外则是危险状态,势必会对人类造成巨大伤害,是人类所不能忍耐和不能接受的,必须采取一系列措施防止放射性物质所带来的辐射危害程度越过这一界限进入危险状态。那么,如何划分这一界限,由谁来划分这一界限,这一界限符合谁的利益等问题,则应该成为社会关注的焦点。”[2]这一界限可理解为对应着环境标准的概念。

环境标准是指具体地将环境在科技上的要求加以规范。其重要作用之一在于使环境法上若干抽象之专业科技规范加以具体规定。和其他标准一样,环境标准可以减轻许多审查程序的障碍及困扰,例如减少了审查机关的审查时间,提高了效率及公信力。[3] 环境标准将作为环境保护的基础法律概念,例如有害的影响(harmful impact)、风险预防(precaution)、应有的注意(due diligence)、公认的技术规则(acknowledged technical rules)等,[4]通过可计量的数量的操作(operationalization)和标准化(standardization)转化为确定的形式。环境标准的核心功能在于基于预期的累积效益

---

〔1〕 参见[英]安东尼·奥格斯:《规制:法律形式与经济学理论》,骆梅英译,苏苗罕校,中国人民大学出版社2008年版,第207页。

〔2〕 [德]乌尔里希·贝克:《从工业社会到风险社会(上篇)——关于人类生存、社会结构和生态启蒙等问题的思考》,王武龙编译,载《马克思主义与现实》2003年第3期。

〔3〕 参见陈慈阳:《环境法总论》,元照出版有限公司2011年版,第425页。

〔4〕 “公认的技术规则”是德国法上的概念,其在法律方法上的定性等问题,在德国法学上素有争议。参见蔡志方:《论科技法律之概念与衍生之问题》,载《二十一世纪公法学的新课题:城仲模教授古稀祝寿论文集Ⅱ行政法总论篇》,台湾地区“法治暨政策研究基金会”2008年版、新学林总经销,第52~57页。

确定可接受风险的限度。[1] 相似地,英国环境污染皇家委员会(The Royal Commission on Environmental Pollution, RCEP)在关于环境污染的第21个报告中,认为环境标准是对符合特定条件的人类活动所造成的环境改变的可接受性所进行的判断。[2] 因此,环境标准可以将抽象的可接受风险水平转化为量化的可供判断的具体数据。

环境标准的功能具体表现为两个方面:第一,环境是什么以及应该是怎样是政治观念形成的结果,环境标准是帮助找出这一答案的政治过程中的工具。第二,环境标准是制定出的一种禁止,被假定主要保护人类及其环境避免遭受有害的影响。[3]

这两个方面的功能又对应着环境标准在风险规制中的两个意义:首先,环境标准代表着被规制的风险范围立法上的确定,并且可以将环境立法的目的予以量化。国家应借助大量的科学技术与相关专家,并利用经过科学方法分析或预测的数据与结果,对于所管辖范围的环境问题予以相当程度的掌握,并进一步具体确立其规制目标。此外,环境标准亦如同界定国家规制介入之时点。通过对污染源之数量、性质与环境条件综合分析,使原本抽象的风险概念透过数据具体化为可供义务人遵循与主管机关执行的个别之行为义务。亦即在污染行为逾越法定的污染排放标准时,将面临来自国家的规制。[4] 环境标准通过设定客观的数值来规范人为活动,并对有害于环境的行为予以禁止或者限制。[5] 由于有具体明确的标准存

---

〔1〕 See K. Pinkau, O. Renn eds., *Environmental Standards: Scientific Foundations and Rational Procedures of Regulation with Emphasis on Radiological Risk Management*, Boston, Kluver Academic Publishers 1998, p. 1-11.

〔2〕 See The Royal Commission on Environmental Pollution, *Environmental Standards and Public Values: A Summary of the Twenty-first Report of the Royal Commission on Environmental Pollution*, 1998, p. 12.

〔3〕 See K. Pinkau, O. Renn eds., *Environmental Standards: Scientific Foundations and Rational Procedures of Regulation with Emphasis on Radiological Risk Management*, Boston, Kluver Academic Publishers 1998, p. 13-14.

〔4〕 参见王毓正:《论环境法于科技关联下立法困境与管制手段变迁》,载《成大法学》2006年第12期。

〔5〕 参见汪劲:《环境法律的理念与价值追求:环境立法目的论》,法律出版社2000年版,第102页。

在,公众能够预测到其依法应为之行为,以及其预备之行为可以获得许可的可能性。[1]

这两个意义分别对应着环境标准中最为核心的环境质量标准和污染物排放标准。[2] 环境质量标准明确了可接受的环境质量水平,或者从反面来说,确定了允许环境损害的剩余水平。环境质量标准的制定通过科学与医学研究,以了解并确定各种空气污染物对人类健康乃至生物、环境的影响所制定的目标值。而污染物排放标准则界定了特定种类污染源可以向环境排放多少污染,[3]被认为是一个具体危险抵抗或排除的标准,亦可成为"保护的标准"或"最低保护限度的标准",是针对"明显可预见危险的最低限度"。

三、环境标准的分类——科学治理型和技术治理型

环境标准形式众多,例如生物标准(biological standards)、暴露标准(exposure standards)、质量标准、排放标准、产品标准、生产方法标准(process standards)、基于生命周期的标准(life cycle-based standards)、使用标准、管理标准等。[4]

目前我国的环境标准涉及范围广泛,种类复杂,它们的制定主体、适用范围、内容、功能和强制性等都各不相同。从内容上看,环境标准可以分为环境质量标准、污染物排放标准(或控制标准)、生态环境监

---

〔1〕 参见陈慈阳:《环境法总论》,元照出版有限公司 2011 年版,第 425 页。

〔2〕 由于对于噪声环境标准和振动标准来说,一般不严格区分环境质量标准和排放标准,而称为控制标准,更具有我国排放标准的性质,因此下文除引用相关条文原文中涉及控制标准外,不再单独对控制标准予以讨论。关于控制标准,参见周扬胜、张国宁、潘涛等:《环境保护标准原理方法及应用》,中国环境出版社 2015 年版,第 24 页。对于这类能量扩散型污染,质量标准与排放标准之间具有高度一致性、同质性,主要是由于在能量污染要素在进入环境后并不存在稀释等复杂的过程、不会发生累积、不同污染源排放的要素之间不会发生叠加效应。参见周骁然:《环境标准在环境污染责任中的效力重塑——基于环境物理学定律的类型化分析》,载《中国地质大学学报(社会科学版)》2017 年第 1 期。

〔3〕 See David M. Driesen, Rovert W. Adler, *Environmental Law: A Conceptual and Pragmatic Approach*, New York, Aspen Publishers, 2007, p. 136.

〔4〕 See The Royal Commission on Environmental Pollution, *Environmental Standards and Public Values: A Summary of the Twenty-first Report of the Royal Commission on Environmental Pollution*, 1998, p. 15.

测标准、生态环境基础标准和生态环境管理技术规范。[1] 其中,后三类标准给出了各类环境标准建立时应该遵循的准则要求以及方法技术规范,构成了环境标准体系的支持系统,是环境质量标准和污染物排放标准内容上的配套补充和有效执行的技术保证。[2] 其中,具有强制性,[3]同时可以作为风险规制目标和行为规范的标准包括环境质量标准

---

〔1〕 2020 年《生态环境标准管理办法》考虑到《土壤污染防治法》中增设的标准类型,增加了生态环境风险管控标准,但目前这类标准用于取代原质量标准,所以这里未单独列出。根据我国《环境保护法》和相关法律法规的规定,省、自治区、直辖市人民政府对国家环境质量标准和污染物排放(控制)标准中未做规定的项目,可以制定地方环境标准,对国家污染物排放标准中已做规定的项目,可以制定严于国家污染物排放标准。国家环境标准与地方环境标准的关系体现在二者的效力范围、制定权限、效力优先性等的不同,区别参见金瑞林、汪劲:《20 世纪环境法学研究评述》,北京大学出版社 2003 年版,第 79 页。

〔2〕 如我国的《空气质量词汇》、《制定地方水污染排放标准的技术原则与方法》以及《水质 BOD 标准样品》等。参见黄明健:《环境法制度论》,中国环境科学出版社 2004 年版,第 269~271 页;陈泉生:《环境法学基本理论》,中国环境科学出版社 2004 年版,第 127~128 页。

〔3〕 《标准化法》(2017 年修订)第 2 条规定:"本法所称标准(含标准样品),是指农业、工业、服务业以及社会事业等领域需要统一的技术要求。标准包括国家标准、行业标准、地方标准和团体标准、企业标准。国家标准分为强制性标准、推荐性标准,行业标准、地方标准是推荐性标准。强制性标准必须执行。国家鼓励采用推荐性标准。"第 10 条规定:"对保障人身健康和生命财产安全、国家安全、生态环境安全以及满足经济社会管理基本需要的技术要求,应当制定强制性国家标准。……"同时,该法第 11 条规定:"对满足基础通用、与强制性国家标准配套、对各有关行业起引领作用等需要的技术要求,可以制定推荐性国家标准。……"1999 年《环境标准管理办法》第 5 条也对此作出了规定:"环境标准分为强制性环境标准和推荐性环境标准。环境质量标准、污染物排放标准和法律、行政法规规定必须执行的其他环境标准属于强制性环境标准,强制性环境标准必须执行。强制性环境标准以外的环境标准属于推荐性环境标准。国家鼓励采用推荐性环境标准,推荐性环境标准被强制性环境标准引用,也必须强制执行。"2020 年《生态环境标准管理办法》第 5 条规定:"国家和地方生态环境质量标准、生态环境风险管控标准、污染物排放标准和法律法规规定强制执行的其他生态环境标准,以强制性标准的形式发布。法律法规未规定强制执行的国家和地方生态环境标准,以推荐性标准的形式发布。强制性生态环境标准必须执行。推荐性生态环境标准被强制性生态环境标准或者规章、行政规范性文件引用并赋予其强制执行效力的,被引用的内容必须执行,推荐性生态环境标准本身的法律效力不变。"

和污染物排放标准两类。[1]

其中,环境质量标准属于目标标准(target standard),即不对被规制者的生产过程及产量等作出具体的规定,但若出现某些特定的损害后果则需承担法律责任。而污染物排放标准则属于性能(产出)标准(performance/output standard),要求进入供应阶段的产品或服务必须满足特定的条件,而让被规制者自由选择如何满足这些标准。[2]

(一)环境质量标准

根据我国 1999 年《环境标准管理办法》第 7 条的相关规定,环境质量标准是为了保护自然环境、人体健康和社会物质财富、限制环境中的有害物质和因素所做的控制规定。

一般认为,环境质量标准的制定回答为了使人群健康、社会财产和生态系统不受损害,环境质量应维持在一个什么水平上这一问题。制定环境质量标准必须以科学实验和调查取得的科学数据即“环境基准”(Environmental Criteria)作为确定环境质量标准的客观依据。具体来说,在依据基准资料时必须符合三点要求:一是环境质量标准必须以与目的相一致的基准资料为依据;二是环境质量标准必须以长期、慢性、低浓度的基准资料为依据;三是环境质量标准必须选用中毒途径一致的基准资料。[3] 除此之外,制定环境质量标准实际上还需要在环境基准的基础上综合考虑国家的区域环境,以及在经济和技术上的可能性,即在经济上合理、技术上可行,在一定时期内可以实现。也就是说,它必须是一个既遵循自然规律,又遵循社会经济规律的切实可行的环境质量标准。[4] 但是,没有科学的环境

---

[1] 下文主要围绕国家环境质量标准和国家污染物排放标准展开。除国家环境标准和地方环境标准外,生态环境部、国务院有关环境与资源保护的主管部门在本部门范围内制定的统一适用的行业标准、企业标准属于环境与资源保护行业标准,参见国家质量技术监督局发布:《关于印发〈环境标准管理的协调意见〉的通知》,2001 年 9 月 4 日;国家技术监督局发布:《行业标准管理办法》,1990 年 8 月 24 日;以及 1988 年原《标准化法》第 6 条第 2 款的规定。环境与资源保护行业标准不是国家环境标准和地方环境标准外的第三级环境标准,而是对前述标准的补充。

[2] 参见[英]安东尼·奥格斯:《规制:法律形式与经济学理论》,骆梅英译,苏苗罕校,中国人民大学出版社 2008 年版,第 153 页。

[3] 参见杨仁斌主编:《环境质量评价》,中国农业出版社 2006 年版,第 21 页。

[4] 本书第三章还会对此进一步进行讨论。

基准,制定出的环境标准就没有合理性可言。[1]

其中,“环境基准”是环境科学上的概念,是指在一定环境中,污染物对人体或生物没有任何不良影响的最大剂量(无作用剂量)或者说是对人体和生物产生不良影响的最小剂量(阈值量)。[2] 2017年《国家环境基准管理办法(试行)》第2条规定:“环境基准是环境因子(污染物质或有害要素)对人体健康与生态系统不产生有害效应的剂量或水平。环境因子包括化学(污染物、营养物等)、物理(噪声、振动、辐射等)和生物(微生物、病原体等)因子等。”可见,环境基准表明某一污染物的剂量和它所引起的客观效应之间的关系。即在一定条件和时间内污染物的含量达到一定数值时,受污染的对象所引起的客观反映。也就是说,超过环境基准,就会产生有害效应或者不良影响,即造成了环境污染。[3]

按照环境介质的不同,环境基准可分为水环境基准、土壤环境基准和空气环境基准等,2017年《国家环境基准管理办法(试行)》也是基于环境介质进行的分类;按照保护对象的不同可分为健康基准(对人体健康的影响)、生态基准(对生物及使用功能)、物理基准(对能见度、气候等的影响)和感官基准(防止不愉快的异味)等;根据基准制定的方法学原理的不同可分为毒理学基准(包括健康基准和生态基准)和生态学基准(包括营养物基准)。[4] 环境基准分类的多样也预示了环境标准制定的复杂程度,见表1-4。

---

〔1〕 参见施志源:《环境标准的法律属性与制度构成——对新〈环境保护法〉相关规定的解读与展开》,载《重庆大学学报(社会科学版)》2016年第1期。

〔2〕 参见金瑞林主编:《环境与资源保护法学》,高等教育出版社2006年版,第104页。

〔3〕 近年来,学界从作为环境管制手段的污染物排放标准的侵权法效力的研究转向环境质量标准侵权法效力的讨论,认为应当承认环境质量标准在侵权法上界定是否存在污染的效力。关于环境质量标准的功能在于界定污染,环境质量标准不达标是判断是否造成污染的指标的代表性观点,参见陈伟:《环境质量标准的侵权法适用研究》,载《中国法学》2017年第1期;周骁然:《环境标准在环境污染责任中的效力重塑——基于环境物理学定律的类型化分析》,载《中国地质大学学报(社会科学版)》2017年第1期。对此,本书认为应当将是否超过环境基准作为是否造成污染的指标,而非环境质量标准。

〔4〕 参见冯承莲、赵晓丽、侯红等:《中国环境基准理论与方法学研究进展及主要科学问题》,载《生态毒理学报》2015年第1期。

表 1–4 环境基准的分类

环境基准的分类	按环境介质	水环境基准
		土壤环境基准
		空气环境基准
	按保护对象	健康基准(对人体健康的影响)
		生态基准(对生物及使用功能)
		物理基准(对能见度、气候的等影响)
		感官基准(防止不愉快的异味)
	按制定原理	毒理学基准
		生态学基准

值得注意的是,虽然环境基准构成了环境标准特别是环境质量标准的科学性基础,其重要性不言而喻,但是在 2014 年修订的《环境保护法》出台之前,环境基准的概念一直没有引起法学界的关注,甚至有学者将环境基准等同于环境标准。[1] 随着 2014 年《环境保护法》第 15 条第 3 款规定的"国家鼓励开展环境基准研究",首次在法律层面提出环境基准的概念,以及 2017 年出台的《国家环境基准管理办法(试行)》对环境基准的概念、环境基准管理工作的内容和基本原则、管理体制、环境基准的分类、环境基准的制定与发布、应用与监督的内容进行了原则性的规定,环境基准开始从科学概念向法律概念转化。

即便如此,现行立法对于环境基准和环境质量标准的关系仍未作出具体的规定和确认。虽然 2014 年《环境保护法》第 15 条是关于环境质量标准的规定,其中第 3 款确认了开展环境基准研究的重要性,意在表明环境基准研究对于制定科学合理的环境质量标准的重要性,但是二者的关系并不能从条文当中直接推导出来。2017 年《国家环境基准管理办法(试行)》第 17 条规定"环境基准可用于环境标准制修订",[2] 至于怎么用却没有进

[1] 这可能和翻译有关,在日本环境法中,一般将"环境标准"称为"环境基准",而将"环境质量标准"称为"环境标准"。

[2] 2017 年《国家环境基准管理办法(试行)》第 17 条规定:"环境基准可用于环境标准制修订、环境质量评价、环境风险评估等工作。"

一步的说明，也没有揭示出环境基准和环境标准包括环境质量标准之间的关系。对此，2020 年《生态环境标准管理办法》第 12 条在制定生态环境质量标准的原则中特别提出“以生态环境基准研究成果为依据”。[1] 明确了环境基准的重要地位，这将有助于提升环境质量标准的科学性，防止环境标准制定中的随意性。

在各国的立法和实践中一般都将环境质量标准认为是基于科学的产物，并在立法中加以确认。以美国《清洁空气法》(Clean Air Act, CAA)中的国家环境空气质量标准(National Ambient Air Quality Standard, NAAQS)的制定为例。美国环保署必须根据基于健康(health-based)的基准文件(criteria documents)为污染物设置国家环境空气质量标准。“空气质量基准”不同于传统“标准”(criterion)的含义，该“基准”并不构成“标准”或者“准则”，而是指环保署为颁布某污染物空气质量标准所提供的基础。《清洁空气法》第 108 条第 a 款第 2 项明确了“基准”是描述性而不是规范性的，并不是污染源必须达到的标准或者是指标，而是必须“精确反映用于表明对于公众健康或福利可以证明的影响的种类和程度，可以预期来自环境空气中该种污染物的不同数量的存在”。[2] 因此，基准文件由表明污染物对健康和福利影响的科学数据组成。

日本把环境污染限制在何种程度作为行政的目标，而这种对作为环境行政上的目标值加以设定的具体数值就是环境(质量)标准。环境(质量)标准主要根据科学的判断决定。环境(质量)标准分为保护人体健康的标准和为保全生活环境的标准两类。关系到健康的环境(质量)标准的具体数值，从疫病学的角度进行科学判断设定。有学者认为应该客观地从疫病学的角度来看对健康没有带来意识到的变化的污染限度，而后设定环境标准。也有学者认为，环境标准应该是政府尊重科学家的意见，基于科学性资料决定的事项。现行法将环境标准的设定和修改作为政府的专权，可以推测当中存在对科学的客观性信赖的理由。[3]

---

[1] 2020 年《生态环境标准管理办法》第 12 条规定：“制定生态环境质量标准，应当反映生态环境质量特征，以生态环境基准研究成果为依据，与经济社会发展和公众生态环境质量需求相适应，科学合理确定生态环境保护目标。”

[2] CAA § 108(a)(2), 42 U. S. C § 7408(a)(2).

[3] 参见[日]原田尚彦：《环境法》，于敏译，法律出版社 1999 年版，第 69~72 页。

因此,有学者认为,确定环境标准数值所需的知识主要存在于科学系统之中,环境质量标准属于“科学性治理型标准”。〔1〕

(二)污染物排放标准

根据我国 1999 年《环境标准管理办法》的相关规定,污染物排放(或控制)标准是“为实现环境质量标准,结合技术经济条件和环境特点,限制排入环境中的污染物或对造成环境危害的其他因素”所作的控制规定。

一般认为,制定污染物排放标准主要以实现环境质量标准为目标,从而保护人群健康和生态良性循环。同时也要根据我国的工艺设备和技术水平,在经济上合理的情况下,达到技术上的先进性。〔2〕 需要说明的是,制定污染物排放标准实际上是一种次优和现实的选择,因为现有技术无法直接测算出实际上到达以及影响不同个体的污染物,只能通过规制污染源,以近似估计的方法来治理污染。〔3〕 我国的污染物排放标准可以对应美国的输出标准(output standards)或者排放标准(release standards),它们界定了特定种类污染源可以向环境排放多少污染,而不是判断环境介质可能变得多脏。例如《清洁空气法》中规定的空气污染物排放限制(emission limitation)或者是排放标准(emission standard),是指由州或者环保署署长制定的持续限制空气污染物的排放量、速率和浓度的规定,包括为保证持续减少排放而对污染源的运转和维护的任何规定。〔4〕 尽管美国的输出标准或者排放标准的严格程度有些取决于健康和环境影响,但是大多基于技

---

〔1〕 参见周志家:《技术与环境标准化中的政府规制和社会自治》,载厦门大学社会学系网:http://soc.xmu.edu.cn/ShowKXYJDetail.asp? id = 71,最后访问日期:2011 年 11 月 12 日。

〔2〕 参见金瑞林主编:《环境与资源保护法学》,高等教育出版社 2006 年版,第 104 页。

〔3〕 例如,对于空气污染来说,最理想的方式是通过直接测算每个人实际吸入的污染物来控制空气污染对每一个体的损害。但这并不现实,因为根本无法测量每个人吸入的污染物,也无法确定吸入多少污染物才足以给敏感程度不同的个体带来“伤害”。另外,由于因果关系证明十分困难,无法定位污染源。正是因为从技术上无法直接测算每个人吸入的空气,只好从污染物的源头入手,直接规制空气污染源。离理想的规制切入点(吸入体内的空气)越远,所取得的治理效果就越难以精确,我们很难预测减少多少吨污染物才能使个体呼吸的空气达到他们所希望的清洁程度。实际上,环境法几乎全都建立在这种近似估计的方法上。参见[美]詹姆斯·萨尔兹曼、巴顿·汤普森:《美国环境法》(第 4 版),徐卓然、胡慕云译,北京大学出版社 2016 年版,第 83 页。

〔4〕 CAA § 302(k), 42U.S.C. § 7602(k).

术(technology-based)进路。[1] 在日本,排放标准从理论上说,应该作为环境(质量)标准的函数加以决定,所以,如果适当地设定了环境(质量)标准,排放标准就可以根据它在技术上制定出来。[2] 因此,污染物排放标准也被认为是“技术治理型标准”。[3]

综上所述,学者根据环境质量标准和污染物排放标准目的、功能、制定依据的不同,将二者区分为“科学治理型”和“技术治理型”。[4] 正如西蒙(Harbert A. Simen)在他的名著《关于人为事物的科学》(*The Sciences of the Artifical*)一书中指出的那样,“科学处理的问题是,事物是怎样的(how things are)”,而技术处理的问题或“工程师及更一般的设计师主要考虑的问题是,实务应当怎样做(how things ought to be),即为了达到目的和发挥效力,应当怎样做”。[5] 环境质量标准是要告诉我们环境质量水平是怎样的,而污染物排放标准则要解决怎样做才能达到这一水平。

基于“科学治理型”和“技术治理型”的分类,有学者进一步指出环境质量标准的制定可以在排除利益干扰的情况下进行,主要依据知识权威,不必依赖于企业。而污染物排放标准的制定则需要各利益相关者(stakeholders),如企业、政府、监测机构和公众代表等协商一致,另外这些利益相关者(特别是企业)具有“搭便车”的倾向,需要通过多元参与等途径,如表1-5所示。

---

〔1〕 See David M. Driesen, Rovert W. Adler, *Environmental Law: A Conceptual and Pragmatic Approach*, New York, Aspen Publishers 2007, p. 136.

〔2〕 参见[日]原田尚彦:《环境法》,于敏译,法律出版社1999年版,第76页。

〔3〕 参见周志家:《技术与环境标准化中的政府规制和社会自治》,载厦门大学社会学系网:http://soc. xmu. edu. cn/ShowKXYJDetail. asp? id = 71,最后访问日期:2011年11月12日。

〔4〕 通常我国的立法和理论并不注重对科学和技术的区分,而统称为“科技”。事实上科学(science)和技术(technology)是有区别的。科学是以学理为主之基础科学研究与原理之探讨为重点,而技术则比较侧重以运用为目的。两者的不同体现在目的不同;研究对象的不同;处理的问题和回答这些问题时使用的语词有很大区别;科学与技术在社会规范上不同。参见张华夏、张志林:《技术解释研究》,中国社会科学出版社2005年版,第1~4页。这样一种对科学和技术的区分,也是法学研究应当予以关注的。参见苏力:《法律与科技问题的法理学重构》,载《中国社会科学》1999年第5期,第63页;张文显主编:《法理学》(第2版),高等教育出版社2003年版,第481页以下。

〔5〕 张华夏、张志林:《技术解释研究》,中国社会科学出版社2005年版,第4页。

表 1-5 环境标准的类型

比较	环境标准类型	
	环境质量标准	污染物排放标准
显性功能	保护环境质量	使技术的负外部性内部化
隐性功能	保持协会的科学声望	保持协会的标准化自治权
标准类型	治理型标准	治理型标准
标准属性	科学性标准	技术性标准
参与者	专家	利益相关者
标准化机制	科学系统(科学与法律的相互依赖)	强制谈判系统(政府调控下的协会自我调控)
政府的作用	监督性采用(主要依据:知识权威)	施压,监督性采用(主要依据:多元参与)

资料来源:周志家:《技术与环境标准化中的政府规制和社会自治》,载厦门大学社会学系网站:http://soc. xmu. edu. cn/ShowKXYJDetail. asp? id = 71,最后访问日期:2011 年 11 月 12 日。

第三节 环境标准制定的过程——风险评估和风险管理

环境标准的设定虽然有程序法上相关规范的拘束,需要经过立项、起草、征求意见、审查、公布和出版等阶段,[1]但具体到起草和决策过程中,

---

〔1〕 参见我国 1999 年《环境标准管理办法》第 11 条、2006 年《国家环境保护标准制修订工作管理办法》第 8 条、2017 年《国家环境保护标准制修订工作管理办法》第 5 条的规定。美国的环境标准的制定过程与我国的制定过程大抵相当。以国家环境空气质量标准的制定为例,根据美国《清洁空气法》第 108 条第 a 款第 1 项的规定,环保署应当首先列出排放大量和多样污染源的可能危及公众健康和福利的污染物名单。在编制污染物名单之后的第二个步骤是准备基准文件。根据第 108 条第 a 款第 1 项第 C 目,署长颁布空气质量基准的任何污染物的同时必须颁布国家环境空气质量标准,包括拟议的国家初级和二级空气质量标准。署长应当在规则制定程序中提交拟议空气质量标准供公众评论,在征求和考虑公众意见和信息之后,署长必须在拟议标准颁布后 6 个月内,颁布污染物的最终初级和二级环境空气质量标准。参见 CAA § 108(a)(1), 42U. S. C. § 7408(a)(1); CAA § 109(a)(2), 42U. S. C. § 7409(a)(2); CAA § 307(d)(10), 42U. S. C. § 7607(d)(10)的相关规定。

如何设定适当安全的范围来保护公众健康和环境，不得不借助风险评估(risk assessment)和风险管理(risk management)。当我们考虑可能引起风险的任何活动或情况时，通常会考虑三个方面的因素：坏结果发生的概率、坏结果造成的后果以及处理坏结果所需的成本。风险评估和风险管理，涉及对概率的理解以及对决策后果的判断。[1] 风险评估和风险管理被认为是风险规制体系的两个基本组成部分，[2]同时，作为政府进行风险规制的工具，是为了更好地规制风险而在程序上设置的一种机制。[3]

一、风险规制的基本思路

尽管我国《国民经济和社会发展第十二个五年规划纲要》(2011 年 3 月 14 日第十一届全国人民代表大会第四次会议批准)明确提出了“防范环境风险”的要求，《国民经济和社会发展第十三个五年规划纲要》(2016 年 3 月 16 日第十二届全国人民代表大会第四次会议批准)进一步要求“严密防控环境风险”“实施环境风险全过程管理”，但却没有明确环境风险的含义和法律地位，也尚未形成详尽的制度安排。但是我国《食品安全法》《农产品质量安全法》《动物防疫法》《突发事件应对法》等有关风险规制立法，都对风险信息的收集、风险的识别和判断以及应当采取的行动作出了规定，表现出对于不同领域风险规制的共通思路，即决策者首先需要通过对风险进行识别、登记、估算与评价，尽可能形成比较准确的认识，决定是否应当优先纳入规制日程，这一过程主要通过风险评估来完成；然后需要采取相应手段降低或削减风险，这一过程主要通过对各种规制手段或措施进行选

[1] 参见[美]恩格、史密斯、博凯里：《环境科学：交叉关系学科》(第 10 版)，王建龙等译，清华大学出版社 2009 年版，第 39 页。

[2] [美]史蒂芬·布雷耶：《打破恶性循环：政府如何有效规制风险》，宋华琳译，法律出版社 2009 年版，第 8 页。

[3] 值得注意的是，风险沟通虽然构成风险分析的重要组成部分，但风险沟通并不是独立于风险评估和风险管理的单独过程，而可以看作一种确保风险规制理性和合法性的机制。具体讨论参见本书第四章。

择,作出决策并予以执行,可称为风险管理。[1]

近年来,解决环境问题的风险评估和管理方法已经变得日益重要。目前,风险评估和风险管理遍布于许多国家和地区有关环境、健康和安全的立法和案例中,如美国、澳大利亚和欧盟。特别是处理环境和健康保护的国内和国际立法需要风险评估和风险管理来指导规制者作出最适宜的选择,其中包括为起草法律及法律工具,例如指令、指南和标准向公众提供科学信息。[2] 以美国为例,美国的风险规制发展多年,美国前环保署署长威廉·拉克尔肖斯(William Ruckelshaus),于1984年正式提出将风险评估与风险管理纳入美国环保署的主要决策计划中,并于1987年美国行政机关报告中,明确指出环保署应以减少各式环境风险为其基本要务。[3] 在立法方面,美国国会多次提出风险评估改革草案,并在《安全饮用水法1996年修正案》(Safe Drinking Water Act,SDWA)中成功增加了风险评估、风险管理和风险沟通的内容。[4] 美国政府机构已经普遍将风险评估与风险管理作为决策的基础。

在欧洲环境法规和政策中,使用基于风险的方法解决环境问题也已经非常普遍。风险评估和风险管理被作为风险规制中的决策工具,应用范围广泛,其中就包括决定社会的可接受风险水平,为制定环境标准奠定基

---

〔1〕 相关立法所涉及条文,参见赵鹏:《风险规制的行政法问题——以突发事件预防为中心》,中国政法大学2009年博士学位论文,第110~111页。这里的风险管理是指狭义上的风险管理。广义的风险管理的概念和过程实际上包含风险评估和狭义的风险管理。理论上,风险评估是一个以自然科学(物理、化学、生物、生理)为基础的客观过程,而风险管理则往往是以风险评估结果为依据并参考多种因素进行决策的主观过程,因此,两者之间的区分是合理的。但是,鉴于风险评估结论的不确定性和价值判断因素,风险评估和风险管理两者又是难以截然分开的。参见刘建国:《化学品环境管理——风险管理与公共治理》,中国环境科学出版社2008年版,第26页。对此,下文也将结合环境标准制定的过程进一步讨论二者之间的关系。

〔2〕 See Paolo F. Ricci, *Environmental and Health Risk Assessment and Management: Principles and Practices*, Dordrecht, Springer 2006, p. 1.

〔3〕 参见蔡瑄庭:《美国风险法规之作用与其司法审查案件之分析》,载王贵松主编:《宪政与行政法治评论》(第5卷),中国人民大学出版社2011年版,第109~110页。

〔4〕 SDWA §103, 42 U.S.C. §300g-1(b).

础。[1] 基于上述对环境标准"科学治理型"和"技术治理型"分类的认识，在制定环境标准的过程中，对于环境质量标准来说，由于要考虑和判断可接受的风险水平，因此需要借助风险评估提供科学信息和依据，即得出环境基准作为制定环境标准的基础。在污染物排放标准的制定过程中，利益相关者协商进行经济、技术可行性、合理性判断时，也需要借助风险评估来预测规制带来的各方面后果，从而作为量化成本和收益的前提。而无论是环境质量标准还是污染物排放标准，具体数值的确定都需要通过风险管理作出最终的风险决策。

二、风险评估和风险管理

风险评估是利用事实和假设，估计特殊的管理决策对人类健康或环境造成危害的概率。当评价危害是否存在、危害的程度有多大以及接受风险造成的负面后果时，风险评估过程可以给环境决策者提供一个有序、清晰、协调的方法，以处理这些科学问题。风险管理是一个决策制定过程，该过程权衡政策抉择，选择最适当的管理行为，综合考虑风险评价与工程资料及与社会、经济和政治的利害关系。[2]

美国国家研究委员会（National Research Council, NRC）于1983年出版的红皮书《联邦政府的风险评估：对过程的管理》（*Risk Assessment in the Federal Government: Managing the Process*）也建立了这样的风险决策框架。该书将风险评估作为"对人体暴露于有害物质环境中所导致的潜在不利健康影响的特征描述"，全面基于科学信息，并且以风险评估政策（risk assessment policy）的判断来减少科学证据中的缺陷和不确定性。风险管理，则是一个决策过程，需要考虑与风险相关的政治、社会、经济和工程信息来发展、分析和比较规制选择并且针对潜在长期的健康影响选择出适当的规制反应。这一过程必须要求对诸如可接受风险和控制成本的合理性

[1] 参见［英］费尔曼、［英］米德、［英］威廉姆斯主编：《环境风险评价：方法、经验和信息来源》，寇文、赵文喜译，中国环境科学出版社2011年版，第7页。

[2] 参见［美］恩格、［美］史密斯、［美］博凯里：《环境科学：交叉关系学科》（第10版），王建龙等译，清华大学出版社2009年版，第39页。

问题进行价值判断。[1]

可见,风险评估和风险管理既有联系又存在区别。风险评估在很大程度上是一项科学性质的事业或活动,是风险管理决策的重要依据。但是,风险管理并不以风险评估为唯一依据,更倾向于价值偏好的选择。[2] 美国环保署也指出,风险管理不仅仅基于风险评估还有其他因素,例如公众健康、社会和经济因素。[3]

根据这种区分,环境标准具体数值的最终设定无疑属于风险管理的范畴。在制定环境标准的过程中,行政机关通常依靠专家例如美国环保署依赖独立的清洁空气科学咨询委员会[4](Clean Air Scientific Advisory Committee, CASAC)对科技数据给予建议,指出由于环境污染所增加风险的范围,但是确定环境标准最终数值则属于风险管理的部分,因为在制定环境标准时,行政机关需要利用不同污染物对环境和人体健康影响的可得的科学证据,但是最终必须基于科学和其他相关因素共同作出决定。正如学者断言的那样,是公共政策而不是科学决定了如何制定环境标准。[5] 美国最高法院也认可了环境标准的制定主要是政策而不是科学任务。[6]

---

〔1〕 See National Research Council, *Assessment in the Federal Government: Managing the Process*, Washington D. C. , National Academy Press 1983, p. 18-19.

〔2〕 参见沈岿:《风险评估的行政法治问题——以食品安全监管领域为例》,载《浙江学刊》2011 年第 3 期。

〔3〕 EPA Research & Development: "Risk Paradigm", Accessed October 10, 2011. http://www. epa. gov/ord/htm/risk. htm.

〔4〕《清洁空气法 1977 年修正案》设立了清洁空气科学咨询委员会,该委员会由 7 个独立的咨询委员组成。委员会有权每 5 年审查环境标准和基准文件。委员会必须根据《清洁空气法》第 109 条、第 111 条和第 112 条的规定审查拟议的标准,具体请参见第 119 条(d)款(2)目和第 117 条的规定。See "EPA Clean Air Scientific Advisory Committee (CASAC)", Accessed September 6, 2020, https://yosemite. epa. gov/sab/sabpeople. nsf/WebCommittees/CASAC.

〔5〕 参见 John S. Applegate, *A Beginning and Not an End in Itself: The Role of Risk Assessment in Environmental Decision-Making*, University of Cincinnati Law Review 63, 1995, p. 1643-1645。

〔6〕 Industrial Union Department, AFL-CIO v. Am. Petroleum Institute, 448 U. S. 607, 706 (1980) (Marshall, J. , dissenting).

第四节　本章小结

风险社会的到来使国家的事前干预成为一种必然的需求。规制国理念的提出，国家安全保障义务的扩张，使风险行政的核心从传统警察国下的危险防止转变为社会法治国下的风险防御。环境国家理念的出现，使环境保护成为国家存在的正当性基础，环境风险规制成为国家应当担负的重要任务。作为风险规制的重要手段，标准的制定发挥着重要作用，同时标准的制定也需要回应风险防御的需求，以实现风险的降低甚至避免，并使风险处于可接受的水平。由于科学不确定性的普遍存在，标准的制定不仅需要专家的专门知识和专业判断，也不可避免地存在价值判断和政策选择，标准是一个规范性的概念。在风险规制中，环境风险所具有的潜伏性、严重性、广泛性、不可逆性和高度的不确定性等特征，以及成本高额而收益甚微的表象，使环境标准的制定面临更大的困境。

如果从环境标准的目的和功能来重新看待环境标准，则环境标准与环境风险的可接受水平紧密相关。环境标准不仅表明需要规制的风险的范围和规制目标，也表明了国家干预的时点和行为人义务的界限。在量化环境风险的可接受水平过程中，作为规制目标的环境质量标准和作为行为界限的污染物排放标准成为目前各国环境标准体系中的重要组成部分。

由于风险本身呈现的仅是盖然率，需要科学和技术为标准设置所要求的具体数值提供量化基础。从这个角度来说，环境质量标准和污染物排放标准又可以对应着“科学治理型”和“技术治理型”的分类。而无论是“科学治理型”还是“技术治理型”标准都需要通过风险评估和风险管理来提供更多的科学信息和决策依据。

那么，环境标准制定中的风险评估和风险管理究竟能够在多大程度上为环境标准的制定提供科学和明确的依据？由于标准制定中固有的价值判断和政策选择，在“科学治理型”和“技术治理型”的理想分类下所采取的制定模式又会产生哪些争议和问题？

第二章 环境标准制定中的风险评估

环境风险规制总是与科学议题环环相扣。随着科学技术的巨大进步,科学技术知识的应用已经不可避免地渗透到环境决策的每个阶段。环境标准的制定因标准数值量化的形式更易被认为是科学判断的结果,甚至有学者认为环境标准的制定是应该等待冷静的科学家作判定的事情,其中没有插入民意的余地。〔1〕

的确,从环境科学的角度上讲,环境标准的制定要从污染物的环境生物学效应出发,环境标准是污染物质对以人群为中心的社会系统和以生物为中心的自然生态系统,以及人与生物不受直接的或间接的危害的数量界限,即最高容许浓度(或容许范围)。〔2〕 环境标准与其他标准最大的不同在于环境标准与人类如何对待自然有关,环境标准的合理性的确不仅仅基于获得知识的科学方式,但不可否认,自然科学的发现对于环境标准的制定提供了独立的基础。〔3〕

---

〔1〕 参见[日]原田尚彦:《环境法》,于敏译,法律出版社 1999 年版,第 72 页。

〔2〕 参见杨仁斌主编:《环境质量评价》,中国农业出版社 2006 年版,第 21 页。

〔3〕 See K. Pinkau, O. Renn eds., *Environmental Standards: Scientific Foundations and Rational Procedures of Regulation with Emphasis on Radiological Risk Management*, Boston, Kluver Academic Publishers, 1998, p. 1.

有学者指出,为保障风险决策的中立性,一方面,风险评估与风险决策必须分离;另一方面,风险决策的程序必须标准化。风险评估必须基于科学证据,而风险管理必须基于风险评估的结果。[1] 基于这种理解和上述红皮书的界定,由科学主导的风险评估过程能够为风险管理提供重要的科学基础,因此也被纳入立法和决策程序作为判断行政机关标准制定合法性的有力证明。美国前环保署署长威廉·拉克尔肖斯曾指出,风险评估是在"好科学"(good science)的大旗下重新获得公众对环保署信任的好方式。[2] 然而,美国环保署虽被要求使用"健全的科学"(sound science),也不断重申标准制定是聆听科学(listen to science)的结果,但仍然有学者分析指出,美国环保署在制定标准时往往通过夸大科学的作用来规避其为隐含在决策中的价值判断进行说理的义务。[3] 风险评估过程并非纯然的科学进程。

第一节 风险评估在环境标准制定中的适用

科学在风险评估和风险管理中确实起着相当重要的作用,尤其是在被定义为科学进程的风险评估中,科学的统治几乎是绝对的。如今风险评估已经是政府针对可能对公众安全、健康以及环境质量造成危害的物质加以规范时所采取的普遍做法。联合国环境与发展大会《21 世纪议程》中就将风险评估作为控制化学品风险的主要方法。[4] 美国有学者甚至认为,风险评估在环境规制中扮演着领导者的角色。[5] 2000 年之后,欧盟法院开

---

〔1〕 参见许耀明:《风险管理与风险治理——以 GMO/GMF 为例》,载邱文聪主编:《2007 科技发展与法律规范双年刊——公卫风险的法律建构》,"中央"研究院法律学研究所出版、新学林出版股份有限公司总经销 2008 年版,第 210 页。

〔2〕 See William D. Ruckelshaus, *Science, Risk, and Public Policy*, EPA Journal 9, 1983, p. 3.

〔3〕 See Wendy E. Wagner, *The Science Charade in Toxic Risk Regulation*, Columbia Law Review 95, 1995, p. 1617.

〔4〕 《21 世纪议程》,载联合国网:http://www.un.org/chinese/events/wssd/agenda21.htm,最后访问日期:2020 年 9 月 6 日。

〔5〕 See Robert R. Kuehn, *The Environmental Justice Implications of Quantitative Risk Assessment*, University of Illinois Law Review 1996, 1996, p. 103.

始确认定量的风险评估是所有决策制定过程所必需的、核心的因素。〔1〕

基于对于生态和人体健康影响的风险评估,可以确定不对生态环境或者人体健康产生影响的安全阈值或者是可接受水平,这种阈值或者可接受水平就是环境基准。〔2〕 2011 年 6 月 21 日,我国环境基准与风险评估国家重点实验室在北京揭牌,目的正是为我国环境质量标准制订修订、保护生态环境与人体健康的重大决策及环境风险管理提供科技支撑。〔3〕

风险评估的运用,也被认为是对环境标准制定进行法律规制的重要手段。适用风险评估,一方面,可以减少公众感知与客观风险之间的差距;另一方面,为了控制行政滥权,具有一定透明度和独立性的专家治理,可以在一定程度上保障风险决策的中立性。在美国,有学者认为应当将风险评估纳入美国行政程序法的修正案中,作为如同总论式、原则性的规范,以提供行政机关在执行上的依据。〔4〕 也有学者认为应当将风险评估单独予以规范,更能显示出其重要性。〔5〕 风险评估制度作为美国环境风险预防原则实施的具体表现形式之一,其起源可追溯至 20 世纪 30 年代,它是基于对流行病学的数据和动物实验结果对剂量和反应的显示而发展起来的。〔6〕

---

〔1〕 参见[英]伊丽莎白·费雪:《风险规制与行政宪政主义》,沈岿译,法律出版社 2012 年版,第 340 页。

〔2〕 参见周扬胜、张国宁、潘涛等:《环境保护标准原理方法及应用》,中国环境出版社 2015 年版,第 177 页。

〔3〕 该实验室是环保系统筹建的第一个国家重点实验室,定位于瞄准“科学确定基准”的国家目标和国际科学前沿,重点开展环境质量特征与分区、环境基准和环境风险评估研究三方面的基础与应用基础研究。参见周文颖:《环境基准与风险评估国家重点实验室在京揭牌》,载《中国环境报》2011 年 6 月 22 日,第 1 版。

〔4〕 美国律师协会就曾经在改进行政程序的建议中提议在规则制定程序中适用风险评估。See American Bar Association Section of Administrative Law and Regulatory Practice, “Improving the Administrative Process: A Report to the President-Elect of the United States (2008)”, Accessed September 6, 2020, http://www.administrativelawreview.org/wp-content/uploads/2014/04/Improving-the-Administrative-Process-A-Report-to-the-President-Elect-of-the-United-States-2008.pdf.

〔5〕 See Celia Campbell-Mohn, John S. Applegate, *Learning from NEPA: Guidelines for Responsible Risk Legislation*, Harvard Environmental Law Review 23, 1999, p. 107.

〔6〕 参见孙佑海、朱炳成:《美国环境健康风险评估法律制度研究》,载《吉首大学学报(社会科学版)》2018 年第 1 期。

美国环保署从1976年开始适用风险评估。[1] 1980年,美国联邦最高法院在劳联—产联工业联合会诉美国石油学会案[2](Industrial Union Department, AFL-CIO v. American Petroleum Institute)(以下简称苯案)中,在制定法没有明文规定的情况下,要求职业安全与健康管理局对有关苯的危险进行定量分析,该案例促使职业安全与健康管理局开始使用正式的风险评估程序。苯案也因此被认为是风险评估发展的重要动力。[3] 自20世纪80年代中期开始,美国食品及药品署(FDA)、劳工部职工安全与健康协会[4](OSHA)以及环保署等联邦机构陆续将风险评估结论作为法规制定之立法事实,越来越倾向于依赖风险评估来证明行政行为的合法性。目前,美国环保署和其他联邦和州环保机关利用风险评估来作出各种规制决定。

风险评估最通常和最具有争议性的适用在于决定某种行为或者某种化学品是“安全”的,该行为或者化学品所呈现的风险是“可接受”还是“重大”(significant)的。例如,美国环保署运用量化风险评估根据美国《联邦杀虫剂、杀真菌剂和杀鼠剂法》(Federal Insecticide Fungicide and Redenticide Act, FIFRA)设置食品中残留的杀虫剂水平;根据《安全饮用水法》确定饮用水的致癌物浓度;根据《清洁水法》(Clean Water Act, CWA)制定产业界向水体表面排放的致癌物水平;根据《清洁空气法》制定有毒空气污染物在最佳控制技术实施后的排放限值等。[5] 欠缺风险评估分析,可以认定规制活动的合法性存在瑕疵。[6]

---

〔1〕 See Sheldon Leigh Jeter, *The Role of Risk Assessment, Risk Management, and Risk Communication in Environmental Law*, South Carolina Environmental Law Journal 4, 1995, p. 25.

〔2〕 448 U. S. 607(1980).

〔3〕 National Research Council, *Science and Judgment in Risk Assessment*, Washington, D. C., National Academy Press, 1994, p. 33.

〔4〕 美国环境法规范的对象包括了所有有关环境、健康以及安全的事务。

〔5〕 See Robert R. Kuehn, *The Environmental Justice Implications of Quantitative Risk Assessment*, University of Illinois Law Review 1996, p. 111.

〔6〕 赵鹏:《风险规制的行政法问题——以突发事件预防为中心》,中国政法大学2009年博士学位论文,第112页。

一般认为，基于风险（risk-based）或者基于影响（effect-based）的标准[1]必须进行风险评估。例如，根据美国《清洁空气法》第109条的相关规定，国家初级环境空气质量标准“按照署长的判断，以基准为依据并为环境留出适当的安全余地（adequate margin of safety），是保护公众健康的必要条件”。[2] 二级空气质量标准是“以基准为依据，按照署长的判断，为保护公共福利免受同环境空气中存在的空气污染物有联系的任何已知或预见到的有害影响所必须达到并保持的空气质量水平”。[3] 二者之间只是保护对象不同，不存在级别高低之分，也不意味着初级标准一定比二级标准严格。从标准的数值来看，二者几乎相同，只是二级标准没有CO，同时对SO_2规定了3小时值。[4] 其中，如何界定“适当安全余地”和“必要条件”需要风险评估提供用于判断的基准文件。[5]

基于技术的标准原则上并不需要进行风险评估，因为产业界必须安装符合规定的污染控制设备，并不需要考虑风险的问题。但实际上，在基于技术的标准的制定上，行政机关仍然会进行系统的风险评估，以便作为决定的依据和参考。基于技术的标准应当接受已经被证实的可靠的风险数据的矫正。例如，美国《清洁空气法1990年修正案》规定了基于技术的标准但也增加了风险因素的考量，如要求美国环保署在特定标准不能满足百万分之一标准时，增强有毒空气污染物基于技术的标准。[6]

---

[1] 在美国，基于影响的环境标准通常指的是基于健康（health-based）和基于环境（environmental-based）的标准，环境质量标准就属于基于影响的环境标准，但有些污染物排放标准虽大多基于技术进路，但有些也属于基于影响的标准，下文还将对此进行进一步阐释。See David M. Driesen, Rober W. Adler, *Environmental Law: A Conceptual and Pragmatic Approach*, New York, Aspen Publishers 2007, p. 135.

[2] CAA § 109(b)(1), 42U. S. C. § 7409(b)(1).

[3] CAA § 109(b)(2), 42U. S. C. § 7409(b)(2).

[4] 标准的具体数值参见40 CFR 50。

[5] 安全余地需要由管理部门在不确定性分析的基础上作出判断和决策。世界卫生组织等在有阈值污染物的标准制定中使用“安全系数”或者“不确定因子”也是基于同样的理由。

[6] 参见CAA 112(f)(2), 42 U. S. C. 7412(f)(2) (2000)的相关规定。本书第三章还将对此进行详述。

第二节 风险评估的分类与步骤

一、定性风险评估和量化风险评估

风险评估是一个试图描绘暴露于特定环境起因的损害风险的过程。风险评估可以只由定性风险评估(qualitative risk assessment)构成。根据《国际食品法典标准》CAC/GL30(1999)的规定,定性风险评估是建立在有专家证据证明该类风险已经存在,且存在比较明确的该种类风险的基础上,只要证明这种风险可以划入已定风险范畴即可。《国际动物卫生法典》规定,定性风险评估,就是用高、中、低或忽略不计等定性词汇对后果可能性或程度进行的评估。[1] 美国乙基公司诉环保署案[2](Ethyl Corporation v. Environmental Protection Agency)中就运用了定性风险评估来确定何谓“损害的重大风险”。

量化风险评估(quantitative risk assessment)则试图评价对于特定原因的特定损害的量值。量化风险评估可能围绕暴露于特定化学品下生命周期内增加的致癌风险的估计。“增量风险”(incremental risk)意味着在人群中超过背景致癌率的因暴露增加的癌症概率。或者,预测由于某一空气污染物特定水平可能会感到呼吸困难的人口数量,或者人口、濒危物种可能会下降的百分比。风险评估依赖科学数据,但是通常需要从有限的科学证据和相关科学解释中进行推论。[3] 在环境标准制定问题上,主要是利用量化风险评估来完成的。例如,在1986年公民运动健康研究组织诉泰森案[4](Public Citizen Health Research Union Group v. Tyson)中,职业安全与健康管理局吸取了本案的教训,通过量化风险评估修订了环氧乙烯的暴露标准。又如,美国环保署对饮用水中砷的含量标准的确定也运用了量化风

---

〔1〕 参见陈信星:《WTO〈卫生与动植物检疫措施协定〉风险评估原则研究》,华东政法大学2008年硕士学位论文,第30页。

〔2〕 541 F. 2d 1,25(D. C. Cir. 1976).

〔3〕 See David M. Driesen, Rovert W. Adler, *Environmental Law: A Conceptual and Pragmatic Approach*, New York, Aspen Publishers 2007, p. 172.

〔4〕 796 F. 2d 1479(D. C. Cir. 1986).

险评估的方法。[1]

二、风险评估的四个步骤

上文提及的红皮书将量化风险评估本身分为四个步骤：

第一，有害性的确认（hazard identification），确认所欲规制的物质是否具有危害性。这里包括审查流行病学以动物所做的实验，短期内对动物或人体细胞组所做的测试，可能对工人和公众产生的影响等。[2]

第二，剂量—反应评估（dose-response assessment）。测试暴露于剂量下的化学物质计算其可能造成对人体的危害。[3] 这一阶段主要是通过动物在高剂量下的试验去测量毒性的潜在可能。为了能够预测长期暴露在小剂量下的情况，测试者必须依赖于这一理论模型。根据剂量—反应关系，可以确定最大无作用剂量（Maximal No-effect Level, MNEL）和最小作用剂量（Minimal Effect Level, MEL）。[4]

第三，暴露评估（exposure assessment），计算人们或是环境物质可能接触到的有毒物质的强度、频率以及期间。[5] 评估者必须面对许多不同途径的接触可能性，包括人类与动物不同的新陈代谢模式，使这样的评估更加复杂。此外，为评估规范后的效果，评估者必须预测未来实际的情形及人们的行为可能性。[6]

第四，风险特征分析（risk characterization），在这阶段须整合相关信息，确认所作的推论以及存在的不确定性。这一程序被认为是一个数量化的运用过程：数值和剂量—反应与暴露量相关，将它们相乘可以得到通常表

---

〔1〕 参见美国医学研究所、美国不确定性决策委员会、美国人口健康与公共卫生实践委员会：《环境风险——面向不确定性的环境决策》，许振成、胡习邦、曾东等译，电子工业出版社2018年版，第50~52页。

〔2〕 See National Research Council, *Risk Assessment in the Federal Government: Managing the Process*, Washington D. C., National Academy Press, 1983, p. 19.

〔3〕 See National Research Council, *Risk Assessment in the Federal Government: Managing the Process*, Washington D. C., National Academy Press, 1983, p. 19.

〔4〕 参见周扬胜、张国宁、潘涛等：《环境保护标准原理方法及应用》，中国环境出版社2015年版，第177页。

〔5〕 See National Research Council, *Risk Assessment in the Federal Government: Managing the Process*, Washington D. C., National Academy Press, 1983, p. 20.

〔6〕 Celia Campbell-Mohn, John S. Applegate, *Learning from NEPA: Guidelines for Responsible Risk Legislation*, Harvard Environmental Law Review 23, 1999, p. 96.

示为个人风险的风险值。该数据通常仅代表一种特定的风险。这样的结果是一个量化的评估，表示出暴露于该有毒物质下所能预期的死亡率或者致病率。[1]

以制定苯的职业卫生标准为例：第一步是确证可能的风险，判断苯是在任何情况下都致癌，是工业用苯才致癌，还是特定场所特定浓度的苯才致癌；第二步是通过剂量—反应曲线的描绘，绘制出接触苯的浓度和致癌风险变化之间的关联，可以通过流行病学分析，或者通过动物实验的推演来绘制曲线；第三步是判断人体可能接触多少浓度的苯；第四步是对作为有毒化学物质的苯进行归类和定位，来判断是否属于致癌物，是一个强致癌物还是弱致癌物。[2]

国际风险治理理事会（International Risk Governance Council，IRGC）将风险评估分为三个组成部分：有害性确认及估计（hazard identification and estimation）、暴露/脆弱性评估（exposure/vulnerability assessment）和风险估计（见表 2-1），也可以对应上述四个步骤。[3]

表 2-1　风险评估的组成部分

评估成分	定义	指标
有害性确认及估计	辨认负面影响的可能性并评估因果关系的强度	• 性质如可燃性等 持续性 不可逆转性 普遍性 延迟的效果 危害的潜力 • 剂量—反应关系
暴露/脆弱性评估	模拟扩散、暴露和对风险目标的影响	• 暴露途径 • 标准化的目标行为 • 目标的脆弱性

---

〔1〕 See Celia Campbell-Mohn, John S. Applegate, *Learning from NEPA: Guidelines for Responsible Risk Legislation*, Harv. Environmental Law Review 23, 1999, p. 97.

〔2〕 参见［美］史蒂芬·布雷耶：《打破恶性循环：政府如何有效规制风险》，宋华琳译，法律出版社 2009 年版，第 9 页。

〔3〕 International risk governance council, *White Paper on Risk Governance-Towards an Integrative Approach*, 2005, p. 29.

续表

评估成分	定义	指标
风险估计	定量:负面影响的概率分配 定性:危害、暴露和定性因素的结合(情境建构 scenario construction)	• 预期风险值(单独、集合) • ××%置信区间(confidence interval) • 风险描述 • 风险模拟,作为背景变量和参数下变化程度的函数

可见,风险评估要求考虑诸多因素。第一,排放到环境中的污染物有多少?第二,该污染物达到可能致害的个人的途径是什么?这个问题反过来包含关于该污染物的转归(fate)和存留的情况,例如,该污染物是否分解为其他物质?是否随着时间和稀释而扩散?是否蒸发到空气中?是否在环境中累积,例如通过生物富集(bioconcentration)或者生物放大(biomagnification)?第三,对受体的影响或者潜在影响是什么?这个问题将与多少人被暴露,何种影响会发生,以及这些影响发生的可能性相关。[1] 这些问题都需要复杂和艰难的数据收集和分析。但是关键在于风险评估究竟在多大程度上是纯粹客观的科学问题?

第三节 风险评估中科学的限度

既然风险评估是一个计算该特定危害之可能性及其程度的过程,[2] 看起来只要确保该领域权威的科学专家参与即可,并不需要法律过多的控制。

区分风险评估和风险管理本来是为了降低政治和价值判断对风险评估所产生的影响。[3] 然而,现实的情境并不能完全符合理想模式的划分。

---

〔1〕 See David M. Driesen, Rober W. Adler, *Environmental Law: A Conceptual and Pragmatic Approach*, New York, Aspen Publishers 2007, p. 172-173.

〔2〕 See Celia Campbell-Mohn, John S. Applegate, *Learning from NEPA: Guidelines for Responsible Risk Legislation*, Harvard Environmental Law Review 23, 1999, p. 95.

〔3〕 See National Research Council, *Risk Assessment in the Federal Government: Managing the Process*, Washington D. C., National Academy Press, 1983, p. 151-153.

整个风险评估程序很难完全避免这些影响。上述红皮书虽然建议规制机关将风险评估和风险管理作出清晰的概念区别，但也认识到风险评估和风险管理的界限是模糊的。价值判断同样会进入风险评估的各个步骤，风险评估技术的选择与风险管理是分不开的。[1] 正是由于量化风险评估涉及大量的价值判断，有学者对风险评估特别是量化风险评估提出了批评，认为量化风险评估只有基于良好的科学和数据之上才能取得令人满意的结果，但是现实的情况往往并非如此，量化风险评估通常存在严重的漏洞和局限。[2] 值得注意的是，风险评估和风险管理的区分在欧洲并不受关注，评估和政策之间的界限被认为是模糊的。在欧洲，人们将更多的重点放在制定决策标准以及确定社会价值观对实施环境政策的影响上。[3]

一、科学本身存在局限

科学本身存在局限并不是什么新鲜的论断。失败是成功之母，错误孕育了科学。从一定意义上说，科学是一位"错误女神"，因为只有从无数次试验和实验、无数次推翻和重复、无数次失误和错误中才能孕育并诞生出科学。[4] 有学者指出，"客观科学的经验基础并不是绝对的。科学并不是建立在坚固的岩床上而是建立在沼泽之上的。"[5]人们对专家能够通过研究的精进最终得出科学结论的期待，可能只是一种乐观和盲目的迷信。同时，尽管知识和经验法则构成了专家见解的基础，但在诸多具有高度不确定性的领域，由于我们在风险机制的科学认知和相关数据的占有方面存在巨大鸿沟，并非所有的风险因素都能予以量化或用某一度量单位予以代表，[6]因此专家们无论如何调动自己的学识和经验，做出推测、假定或者

---

〔1〕 See National Research Council, *Science and Judgment in Risk Assessment*, Washington, D.C., National Academy Press, 1994, p. 5.

〔2〕 参见王慧编译:《美国环境法的改革——规制效率与有效执行》,法律出版社 2016 年版,第 23 页。

〔3〕 参见[英]费尔曼、米德、威廉姆斯主编:《环境风险评价:方法、经验和信息来源》,寇文、赵文喜译,中国环境科学出版社 2011 年版,第 5 页。

〔4〕 参见[德]乌尔里希·贝克:《从工业社会到风险社会(上篇)——关于人类生存、社会结构和生态启蒙等问题的思考》,王武龙编译,载《马克思主义与现实》2003 年第 3 期。

〔5〕 参见[澳]艾伦·查尔默斯:《科学究竟是什么》,邱仁宗译,河北科学技术出版社 2002 年版,第 73 页。

〔6〕 参见王慧编译:《美国环境法的改革——规制效率与有效执行》,法律出版社 2016 年版,第 25 页。

建议,也并不一定就能达到或逼近绝对的真实。[1] 在这种情况下,科学研究可以给出一定的范围,却难以给出精确的数字,[2]这时环境决策也只能是“决策于未决之中”。[3]

风险评估的每一个步骤都存在因为不确定性所作出的推论和价值判断。风险评估的第一个步骤即有害性的确认就已经包含了不确定性,对该物质对人体产生怎样的作用作出评价实际上存在一定的价值判断。[4] 这是因为我们对于毒性物质的生物学上作用机制的了解是相当有限的。[5] 例如,围绕花生或谷物中与二噁英相关的风险,分别有两个科学上貌似合理的模型,但其风险水平可能相差4万倍。[6] 有学者批评,美国环保署关于杀虫剂、氡、铅、砷和许多有毒物质的管理总是建立在阈值以及线性的概念之上,这是存在谬误的,认为环保署用垃圾科学代替了真正的科学。之所以研究的结果呈现出线性效应,只是因为测量的范围有限或者是粗略的。例如,泰诺在某些水平以下没有影响,但在阈值以上的负面影响呈几何级数增加。吸入毒素的情况也是如此,低水平为零,但毒性范围内的影响迅速上升,因为毒素克服了宿主的修复和抗性因素。毒素对生物体的影响在某些范围内呈线性,在其他范围内不存在,在高毒性范围内呈几何级数。[7] 也有研究表明,诸如氰化物之类的其他物质,小剂量和大剂量的危害是按比例展开的;诸如黄油之类的其他物质,只有蓄积到相当大的量时才会产生危害;而

---

〔1〕 参见陈春生:《核能利用与法之规制》(增订版),月旦出版股份有限公司1995年版,第379页。

〔2〕 即使给出确定的数字,则可能是脱离其真正含义、供人操纵的“魔数”(magic numbers),参见[意]西尔维奥·凡托维茨、[英]杰罗姆·拉维茨:《告别“魔数”:科学咨询的不确定性与质量管理》,朱晓军等译,上海交通大学出版社2010年版,第10页。

〔3〕 参见叶俊荣:《环境政策与法律》,中国政法大学出版社2003年版,第84~85页。

〔4〕 See Robert R. Kuehn, *The Environmental Justice Implications of Quantitative Risk Assessment*, University of Illinois Law Review 1996, p. 113.

〔5〕 See Celia Campbell-Mohn, John S. Applegate, *Learning From NEPA: Guidelines for Responsible Risk Legislation*, Harvard Environmental Review 23, 1999, p. 96.

〔6〕 参见[美]史蒂芬·布雷耶:《打破恶性循环:政府如何有效规制风险》,宋华琳译,法律出版社2009年版,第60页。

〔7〕 See John Dunn, *More on EPA and Air Pollution: Junk Science and Legal Prededents*, Accessed September 7, 2020, https://www.acsh.org/news/2005/01/03/more-on-epa-and-air-pollution-junk-science-and-legal-precedents.

诸如碘之类的其他物质,大剂量致死,小剂量无害,微量的碘则为人体所必需。科学无法告诉我们每一例子最适于怎样的模型。规制者对于线性模型的使用,很可能是为了计算上的方便,而非科学合理。[1] 显然,线性效应能够大大降低行政机关的监管成本,行政机关有意通过这一模型应对科学所带来的极大不便,而对上述毒理学的基本规则视而不见。

通常,毒理学家在努力确定可疑物质的最高人体安全剂量时,倾向于用动物最高安全剂量(这被称为有效反应最低剂量)除以 100。[2] 基于动物与人体的构造,对化学物质的反应不同,适用短时期(short-term)高剂量(high-dose)的动物研究来确定对人体在长时期(long-term)小剂量(low-dose)暴露后致癌的化学物质一直存在争议。因为只有真正理解生物学上的机制才能为从动物研究中得出结论提供必要的生物学可信性。[3] 有调查已经表明,所有在动物研究中证明存在阈值并非真正表明该物质处于阈值以下对人体就是安全的。例如,砷在动物研究中并不是一种致癌物,然而暴露于空气中高水平砷中的冶炼厂工人则出现了高水平的肺癌。[4] 而实验室下的高剂量测试,在现实生活中根本不存在,对于如何正确呈现实际的风险,是有争议的。[5] 但是如果历时多年对人体接触小剂量物质的控制组进行流行病学研究,成本将高得惊人,如要想对糖精对患膀胱癌的风险得出确定的答案,需要涉及 5 万人的测试组和 5 万人的对照组,要持续 20 年甚至更长的时间,对如此庞大的群体进行跟踪分析,是不可能的。[6]

---

〔1〕 参见[美]史蒂芬·布雷耶:《打破恶性循环:政府如何有效规制风险》,宋华琳译,法律出版社 2009 年版,第 59 页。

〔2〕 参见[美]史蒂芬·布雷耶:《打破恶性循环:政府如何有效规制风险》,宋华琳译,法律出版社 2009 年版,第 57 页。

〔3〕 See Michael Rodburg, *Of Mice and Men: On Biological Plausibility*, Mealey's Emerging Tox Torts 18, 1999, p. 31.

〔4〕 参见 Joel Brinkley, *Animal Tests as Risk Clues: The Best Data May Fall Short*, N. Y. Times, Mar. 23, 1993, A1。电影《猩球崛起》虽然是一部科幻片但也反映出一直存在的这种质疑。在该部电影中,同样的病毒使猩猩变成高级智慧生物,但却导致接触到病毒的人死亡。

〔5〕 See Mark Eliot Shere, *The Myth of Meaningful Environmental Risk Assessment*, Harvard Environmental Law Review 19, 1995, p. 433.

〔6〕 参见[美]史蒂芬·布雷耶:《规制及其改革》,李洪雷、宋华琳、苏苗罕等译,北京大学出版社 2008 年版,第 201 页。

不确定性也存在于接触浓度的估算中。分析者可能不知道,全国有多少人在不同的时间里接触了不同剂量的不同化学物质。以美国为例,环保署在评判个别风险时,有时会采用严格、机械的假定,假设一个人在70年里,每天每时站在距离工厂污染源200米之处。职业安全和卫生署则假定一名工厂工人会在45年里,每年有50周,每周有5天,每天有8小时接触相关物质。其他规制机构适用了此类"保守"的假定,如住户70年住在同一座房子里(实际上他们平均在一座房子里住9年);如成人每天饮2升水(实际上他们每天饮用各种液体1.4升);靠近有毒垃圾堆的一半住宅里有儿童居住等。〔1〕这往往会高估风险。同时多种不同的情形会产生协同作用,例如会因为同多种物质的接触,多重的接触途径,极长时间的接触,特定的敏感度等因素,而产生特定的风险,在风险评估时,可能会低估出现这种相对较少情况的可能性。〔2〕

正如美国环保署署长曾表明的那样,"事实是我们的确不知道,我们是在一个在科学上具有巨大不确定性的领域展开运作。我们所面对的是公众深感恐惧的物质。如果他们想要更多的信息,我们也没法给他们"。〔3〕的确,不确定性来自方法论、认识论乃至本体论上的一系列问题,我们甚至不知道我们不知道的究竟是什么。〔4〕因此,风险评估在环境标准的制定中可以充当有用的工具,但是基于有限科学的规制本身是不够的。

二、专家的中立性质疑

由于现实情境中的不确定性、不完整的信息,以及科学家对信息的解释和推论所存在的差异性及专业和专长的局限性,风险评估者不得不做出许多假设和估算。而在诸多推论的可能中作出选择本身就是一个政策选

---

〔1〕对环保署这类对接触物质所作假定的批评,参见 Robert H. Harris and David E. Burmaster, *Restoring Science to Superfund Risk Assessment*, Toxics Law Report 6, 1992, p. 1318.

〔2〕参见[美]史蒂芬·布雷耶:《打破恶性循环:政府如何有效规制风险》,宋华琳译,法律出版社2009年版,第63页。

〔3〕[美]史蒂芬·布雷耶:《打破恶性循环:政府如何有效规制风险》,宋华琳译,法律出版社2009年版,第67页。

〔4〕See Elizabeth Fisher, *Drowning by Numbers: Standard Setting in Risk Regulation and the Pursuit of Accountable Public Administration*, Oxford Journal of Legal Studies 20, 2000, p. 109.

择问题。[1] 整个风险评估的过程必然包含一定程度的政治和价值判断。因此，即使在风险评估当中，科学证据和分析是绝对主导或支配性的依据，但仍然不是唯一的依据。政策的考量通常会存在甚至主导风险评估中的选择。有学者指出，社会政策考量在风险评估和风险管理中都占有重要地位。[2] 甚至有学者认为风险评估本质上是一个政策问题，甚至可以说是政治问题，[3]反映出社会及政治上重要的考量。风险评估对于产业和规制者都具有明显的科技上和政治上的魅力，因为风险评估提供了看似清楚的科学上正当化规制者行为的理由。[4]

更为重要的是，专家治理的正当性很大程度上源自进行风险评估的专家的独立性和客观性。但是看似中性客观的科学证据或专家见解并非不会有偏见或错误存在。首先，专家的遴选过程多是由相应的行政机关、行业协会及其理事会完成的。他们甚至可以按照自己的好恶选定专家，可以利用专家的巨大社会声望作为自己决定的“挡箭牌”。我国实际存在科研机构隶属于政府部门的现象，例如在环境影响评价过程中，参与论证的专家往往是受规划编制单位或者建设项目单位邀请，两者之间利益关系模糊，公众对参与论证的专家是否可以信任？[5] 其次，在标准制定的过程中，专家和学者的相当部分信息源于企业，同时专家的科学知识和见解可能会直接影响标准实体内容的设定，以及诸多企业的经济利益。因此，很多大企业希望能对标准委员会的专家进行各个击破，专家被企业“俘获”的事例也时有发生。[6] 当专家为了金钱、知名度、自身研究利益或是因为怕得罪人、维系合作关系，而决定以和为贵，在专业见解上作出让步，甚至不

---

〔1〕 See Celia Campbell-Mohn, John S. Applegate, *Learning From NEPA: Guidelines for Responsible Risk Legislation*, Harvard Environmental Law Review 23, 1999, p. 97.

〔2〕 See Howard Latin, *Good Science, Bad Regulation, and Toxic Risk Assessment*, Yale Journal on Regulation 5, 1998, p. 90.

〔3〕 参见王慧编译:《美国环境法的改革——规制效率与有效执行》，法律出版社 2016 年版，第 25 页。

〔4〕 See John S. Applegate, *The Peril of Unreasonable Risk: Information, Regulatory Policy, and Toxic Substances Control*, Columbia Law Review 91, 1991, p. 277-284.

〔5〕 参见汪劲:《中外环境影响评价制度比较研究——环境与开发决策的正当法律程序》，北京大学出版社 2006 年版，第 394~400 页。

〔6〕 参见[日]饭岛伸子:《环境社会学》，包智明译，社会科学文献出版社 1999 年版，第 91 页。

惜向主管部门投诚以维系利益时,[1]科学信息、科学证据或专业报告的结论便可能因而偏颇或者造成误导。

有学者指出,专家毕竟也是人,他们需要服务于特定企业或利益团体,以换取酬金、计划资助,甚至建立人脉或延伸舞台等自身利益;并在巧妙的实验设计下作出符合其期待的研究成果或证词,甚至在专业上作出妥协。即使在专家不受个人利益左右的情况下,因为实验的特性,需要通过自由心证在众多因子中选择、猜测,或是因为实验设计的瑕疵而作出偏颇的结论。[2] 如今50%~80%的科学技术研究都有经济、社会以及战略的目标。科学技术越来越可以买卖,同时对特定利益集团来说,科学技术成为一种"帮忙科学"。[3] 而在风险规制的问题上,究竟多"安全"才是"足够安全"的,本身就是一个价值和偏好的问题。获取正确的数据是个很大的挑战,因为很多人(包括很多科学家)对于某个问题往往带有强烈的个人见解以至于他们很容易有意识或者无意识地歪曲作为基础的科学。[4]

在我国的语境下,专家的中立性问题更为凸显。专家、学者不同程度地存在理性不足和独立性不强的弊端已经成为共识。[5] 尤其在经济开发与决策领域,基于政府和部门的管理需要,在考虑环境保护和人体健康的同时,环境标准的制定有时会更加顾及企业发展和经济利益的需要。如果标准制定得较严,将会直接影响地方政府的经济和环保成果,而新指标例如 $PM_{2.5}$ 的加入,不仅会增加监测成本,而且会使原本治理 PM_{10} 取得的成绩"前功尽弃",同时还会影响汽车工业的发展。这必然会给各级政府和环

---

[1] See Trudo Lemmens, Duff R. Waring eds., *Law and Ethics in Biomedical Research: Regulation, Conflict of Interest and Liability*, Toronto, University of Toronto Press, Scholarly Publishing Division 2006, p. 72.

[2] 参见牛惠之:《"科技法律"与科技"治理"——研究生医、安全与环境等跨科技法律议题之方法与省思》,载《月旦法学杂志》第169期。很多学者都表达了对于专家治理合法性的质疑,参见叶俊荣:《面对行政程序法——转型台湾的程序建制》,元照出版有限公司2010年版,第383~385页。

[3] 参见俞可平主编:《治理与善治》,社会科学文献出版社2002年版,第134~136页。

[4] See Steven Goldberg, Lawrence O. Gostin, *Law and Science*, New York, Foundation Press, 2006, p. 4-5.

[5] 参见戚建刚:《风险规制过程合法性之证成——以公众和专家的风险知识运用为视角》,载《法商研究》2009年第5期。

保部门带来更大的压力。这也就能解释为何 $PM_{2.5}$ 问题对健康的负面影响几乎是确定的,但却多年来未纳入我国环境空气质量标准,直到伴随 2011 年《〈环境空气质量标准〉(二次征求意见稿)》和《环境空气质量标准》(GB 3095—2012)的最终出台才开始纳入一般项目,着实是在巨大公众质疑和媒体舆论压力下的无奈之举。因此,如果不能认识科学在环境标准制定中的有限性,区分"科学知识"和"专家建议",专家知识的运用可能会造成"专家专制"的结果,行政机关也就能够以专家知识为借口满足自己的偏好。

正是由于上述种种原因,有学者指出,风险评估中充斥着大量的推论、假设和裁量,得出的数据是毫无意义的。〔1〕之所以依靠风险评估只是因为规制者缺少更为可靠的工具。〔2〕总的来说,风险评估的目的在于收集、分析、组织以及呈现相关信息,本身并非用于对具体结果的争论或是要求得到特定的结论。评估者应运用其专业,但也必须能确认并解释所作出的判断。风险评估应当被看做部分基于科学家工作的政策工具而不应被看做科学。〔3〕《国务院关于落实科学发展观加强环境保护的决定》(国发〔2005〕39 号)规定:"完善环境技术规范和标准体系,科学确定环境基准,努力使环境标准与环保目标相衔接。"通过对风险评估过程的分析可知,单凭科学,依赖知识权威,是难以确定环境基准的。环境基准虽然源于毒理试验和污染损害调查结果,是在综合、分析、筛选大量的毒理试验和损害调查结果的基础上确定的,但环境基准因为要体现较强的规律性和确定性,必然带有一定的主观色彩,〔4〕风险的规制难以在科学技术专家内部得到解决。专家对风险的评估,将风险预设为客观的、实在的现象,掩盖了公众所关心的风险社会的价值意涵,从而加剧了专家的风险判断与公众风险感

---

〔1〕 See Mark Eliot Shere, *The Myth of Meaningful Environmental Risk Assessment*, Harvard Environmental Law Review 19, 1995, p. 421.

〔2〕 See Joel Brinkley, *Animal Tests as Risk Clues: The Best Data May Fall Short*, N. Y. Times, Mar. 23, 1993, at A1.

〔3〕 See Paul A. Locke, *Reorienting Risk Assessment*, Washington D. C., The Environmental Law Institute, 1994, p. 15.

〔4〕 参见冯波:《制定与实施环境质量标准的相关问题》,载《环境保护》2012 年第 7 期。

知的对立。〔1〕

三、同行评审的有限性

一般认为,对于科学作用的领域,可以依赖可靠的监督、纠错和管理机制,以最大限度地避免错误的发生,从专业角度发现评估中可能存在的瑕疵与谬误,有效避免科学活动中违规现象的发生,确保科学结论的正确性和可靠性。〔2〕通过扩大同行评审(peer review)可以将“更好的科学”纳入标准制定的过程中。在美国,环境保护署根据1993年克林顿总统12866号令,拓宽适用同行评审的范围,从而在环保署内部进行了一场静悄悄的科学革命。根据环保署的同行评审政策,所有重大的科学问题都会接受外部独立科学家小组的同行评审。同行评审显然比“科盲法官”更能看穿高度技术性、科学性决策的细节。〔3〕在标准制定问题上,则主要通过更多依赖科学咨询小组(science advisory panels)来辅助行政机关进行标准制定。

在美国的环境标准制定过程中,环保署依靠科学咨询委员会(Science Advisory Board, SAB)对拟议环境标准基础的数据和论述给予意见。科学咨询委员会由美国国会于1978年指示环保署成立,经授权可以审查环保署使用或作为机构规制基础的科学技术信息的质量和相关性;审查环保署的研究项目和计划;按照环保署署长的要求提供科学建议;就广泛的科学问题向环保署提供建议。〔4〕美国环保署另一科学咨询机构是上文提及的清洁空气科学咨询委员会,该委员会应当包括但不限于对有关空气质量的健康、福利、经济或者技术观点有见解的人。〔5〕清洁空气科学咨询委员会协助环保署进行空气质量标准的制定,对相关文件予以审查,以保证基准

〔1〕参见毛宝铭、许志晋:《科技风险民主治理的基本观念与原则》,载《理论与改革》2006年第2期。

〔2〕参见蒋劲松:《科学和技术:天使抑或魔鬼?(一)理智的魔鬼抑或狂妄的天使:科学是否需要监督和制衡?》,载《自然辩证法通讯》2004年第1期。

〔3〕参见沈岿:《风险评估的行政法治问题——以食品安全监管领域为例》,载《浙江学刊》2011年第3期。

〔4〕See *EPA Science Advisory Board (SAB)*, Accessed September 7, 2020, https://yosemite.epa.gov/sab/sabpeople.nsf/WebCommittees/BOARD.

〔5〕CAA § 117(a), 42U.S.C. § 7417(a).

文件能够反映最新的科学进展。[1] 在德国,职业卫生和安全、核能等风险规制中的标准制定,由劳工、管理者、政府以及科学家组成的技术委员会来完成。由德国科学联合会(DFG)下设立的独立委员会制定有毒物质极限浓度标准;另一个由劳工部设置的委员会确定工作场所的致癌物浓度标准。[2] 而大气质量标准则是由德国最大的科技协会——德意志工程师协会(Verein Deutscher Ingenieure, VDI)所属的一个专业分会——空气保洁委员会(Kommission Reinhaltung der Luft im VDI und DIN, KRdL)制定。[3]

然而,同行评审对于"特定的无知"(specific non-knowledge)即某一专家认识到其尚未知晓的情形可能是有意义的,但对于"不特定的无知"(unspecific non-knowledge)即根本就"不可得的无知"(unavailable non-knowledge)则意义甚微。[4] 环境标准制定中面临的不确定性往往就属于"不特定的无知"。全面的同行评审可能会导致通过将标准制定作为科学活动来增强正当性,并且将重要的社会决策置于科学家手中,但是科学家具有大量滥用其权力的理由。这样的咨询小组通常主要是由"处于专业保护伞下"的科学家构成,一般认为他们"基于广泛的专业能力"包括"政策主张"自由服务。咨询小组因此得以不仅在科学技术问题上,而且在政治争议中发挥作用。[5]

尽管经由同行评审的标准一般能够以更全面和更精确的方式运用科学,但是植根于其中的政策判断可能会更难察觉或者评价。科学咨询委员会很少将其审查限制在技术问题上。事实上,专家本身有时会痛苦地认识

---

〔1〕 See Randall Lutter, Howard Gruenspecht, *Assessing Benefits of Ground-Level Ozone: What Role for Science in Setting National Air Quality Standards*, Tulane Environmental Law Journal 15, 2001, p. 85.

〔2〕 参见宋华琳:《行政法视野中的技术标准》,浙江大学2006年博士学位论文,第104页。

〔3〕 参见周志家:《不确定性条件下的风险管理——以德国大气质量标准化为例》,载《公共管理研究》2010年第00期。

〔4〕 See Gabriele Abels, Alfons Bora, "Public participation, stakeholders and expertise: Multi-actor spaces in the governance of biotechnology State-of-the-art report", Accessed September 7, 2020, https://www.uni-bielefeld.de/soz/personen/bora/pdf/PublicParticipation.pdf.

〔5〕 See Sheila Jasanoff, *The Fifth Branch: Science Advisers as Policymakers*, Cambridge, Harvard University Press, 1990, p. 237.

到他们正在做的不是通常意义上的“科学”，而是将科学证据和推理与大量社会和政治判断综合起来的混合体。[1]

此外，通过咨询委员会制定的标准缺少典型的行政决策的保障机制，作为门外汉的公众其参与是有限的而且常常是片面的，没有交叉询问以及对委员会的建议。无论公众参与所占比重如何，很少给予详细的解释和考虑替代方案，[2]这使公众难以在标准制定的过程中有效参与以及表达他们关注的事项。而咨询之后的重大决策往往只考虑了单方面的利益，例如产业界的利益。[3] 此外，科学咨询委员会可能会加剧规制的迟延，因为记录如何运用科学咨询委员会制定规则通常会降低规则制定的速度。

因此，有学者针对美国的情况提出了批评：第一，专家咨询机构的建议在由背景和经历相似的人员组成的情况下可能会存在偏见；第二，科学或者技术咨询委员会可能会脱离科学的限制进入专家本没有优势的政策领域；第三，只要科学政策问题中的政策考虑不立即向公众公开，决策者就可以通过坚称其决策与独立的科学咨询委员会的中立建议相一致来回避公众对政策选择的批评。[4] 对此，考虑到很难将科学技术和政策问题作出泾渭分明的区分，在美国《联邦咨询委员会法》(Federal Advisory Committee Act, FACA)中，为了确保咨询委员会的公共责任性，规定了咨询委员会成员的资格要件，规定“对咨询委员会的成员构成需要根据其表达的观点和咨询委员会所要履行的职能而进行合理的平衡”。[5] 科学专家在进入科学咨询委员会之前，需要填写财务机密信息披露表，进行利益声明，说明参加候选前两年内的受雇情况、研究资助、咨询、专家证词以及超过10,000

---

〔1〕 See Sheila Jasanoff, *The Fifth Branch: Science Advisers as Policymakers*, Cambridge, Harvard University Press, 1990, p. 122.

〔2〕 See Sheila Jasanoff, *The Fifth Branch: Science Advisers as Policymakers*, Cambridge, Harvard University Press, 1990, p. 229.

〔3〕 See Sheila Jasanoff, *The Fifth Branch: Science Advisers as Policymakers*, Cambridge, Harvard University Press, 1990, p. 247.

〔4〕 See Sidney A. Shapiro, *Public Accountability of Advisory Committees*, Accessed September 7, 2020, https://scholars.unh.edu/cgi/viewcontent.cgi?referer=https://cn.bing.com/&httpsredir=1&article=1020&context=risk.

〔5〕 该法中文版参见苏苗罕译：《联邦咨询委员会法》，载《行政法学研究》2006年第4期。

美元的资产等情况，并在成为科学咨询委员会专家成员后，每年递交利益声明报告以如实声明最新利益情况，并在参加咨询活动以前以及每年定期参加伦理培训以保证能够忠诚、独立地开展咨询活动。[1] 美国国家标准学会(American National Standards Institute, ANSI)的标准制定程序中，要求人员达到“实质性的均衡”(substantial balance)，要求“公共利益必须要被充分的代表”，如果没有其他类别的群体以及美国国家标准学会的同意，任何群体的人数都不得超过委员的1/3。[2]

然而，行政机关仍然可以利用选任专家的权力，永远不去录用某些配合度不高、意见相左的专家，或选择符合自己利益或政策目标的专家来巧妙地操纵专家的结论。通过这种不着痕迹的方式达到特定政策目的，行政机关不但可确保自己的政策能得到专家的背书，而且不会轻易受到社会大众质疑。在这些情况下，听证会等公众参与机制，在信息已经被误导的情况下，只能沦为程序完备的形式要件。因此，在符合程序规定、资讯公开的制度表象下，基于特定利益进行“暗箱”操作并非毫无可能。[3]

值得注意的是，即使假设同行评审制度的确能够在很大程度上为环境标准的制定提供科学的基础，如美国环保署更新标准时声称是基于超过关于臭氧和颗粒物的250个最新、最好的科学研究，所有这些都公布了，经过同行评审，充分的辩论和清洁空气科学咨询委员会全面的分析，以及公众评论。可以毫不夸张地说，是“同行评审的同行评审的同行评审(peer review of peer review of peer review)。这是好科学，是有根据的科学(solid science)。”[4]但是环境标准的最终确定并不是仅基于这些研究。此外，决策者往往希望能在一定的期限内制定出来标准，既不希望也不愿意无限期地等待客观事实和科学决断得到确证，而同行评审制度却可能由于使得标准制定过程在大量的信息收集和反复评估中“因分析而瘫痪”(paralysis by

[1] 参见张恩典：《风险规制正当程序研究——以合作治理模式为视角》，苏州大学2017年博士学位论文，第129页。

[2] 参见宋华琳：《行政法视野中的技术标准》，浙江大学2006年博士学位论文，第107页。

[3] 参见牛惠之：《“科技法律”与科技“治理”——研究生医、安全与环境等跨科技法律议题之方法与省思》，载《月旦法学杂志》第169期。

[4] *Clean Air Act Implementation: Joint Hearing Before Subcomms*, on Health and Environment & Oversight and Investigations of the House Commerce Comm., 105th Cong. (1997).

analysis),从而延长标准制定和修订的周期,加剧行政迟延,[1]甚至可能延误采用必要规制措施的适当时机。

第四节 本章小结

在环境标准制定中引入风险评估的确可以在很大程度上增强环境标准的科学性,同时也有助于行政机关制定标准的行为更易通过合法性的检验。但是,环境标准的制定不是一个仅依赖科学就可以解决的问题。科学证明的是"是什么"(what is),而不是"应当是什么"(what should be),是科学描述,而不是作出规定,科学是经验主义的而不是规范性的。[2] 当行政机关要求科学综合相关信息以量化风险时,则对科学原本单纯发现问题、了解问题的角色提出了挑战。[3]

通过对风险评估四个步骤的分析,我们可以发现,对于环境标准制定所需要的科学信息而言,无论是在概念、度量、取样方法,还是数学模型以及因果关系的推论等各个方面都存在不确定性。[4] 专家的判断必然会受到自身道德信仰和社会目标的影响这一事实,以及对专家中立性的质疑,使风险评估的信度受到怀疑。即使引入同行评审机制,仍然无法保证获得更好的科学,而是可能陷入更繁复的信息和更广泛的政治争议当中。更危险的是,同行评审机制使风险评估处于更为封闭的专家系统之中,普通公众难以实质性介入。同时,行政机关可以凭借选任专家的权力,使同行评审成为一场御用专家们作秀的把戏,从而利用公众对科学专家的依赖致使信奉专家治国论的精英取代民主过程。[5]

---

〔1〕 See Ted Greenwood, *Knowledge and Discretion in Government Regulation*, New York, Praeger Publishers, 1984, p. 195.

〔2〕 See Cary Coglianese, Gary E . Marchant, *Shifting Sands: The Limits on Science in Setting Risk Standards*, University of Pennsylvania Law Review 152, 2004, p. 1275.

〔3〕 See Andrew J. Miller, *Note: The Food Quality Protection Act of* 1996: *Science and Law at a Crossroads*, Duke Environmental Law & Policy Forum 7, 1997, p. 393.

〔4〕 See Vern R. Walker, *Risk Regulation and the "faces" of Uncertainty*, Risk 9, 1998, pp. 29-34.

〔5〕 参见[加]迈尔克·梅赫塔:《风险决策:科技冲突环境下的公共参与》,汤涛编译,载薛晓源、周战超主编:《全球化与风险社会》,社会科学文献出版社 2005 年版,第 257 页。

这样看来,学者对于“科学治理型”标准的制定可以依赖专家理性在排除利益干扰的情况下凭借知识权威制定的理想被打破了。对于风险的理性建构过程实质上是个政治过程,科学在环境标准制定中的作用是有限的,“聆听科学”的辩解并不能证明特定数值选择的正当性。不确定性的广泛存在和寻求科学建议中固有的复杂性,使环境标准制定中充满了价值判断和政策选择空间。而不确定性越强,私人利益对标准制定者施加影响的空间也就越大。[1] 因此,环境标准制定的法律规制设计中应当对科学在风险评估中的角色予以高度重视,这将为妥善地回答现代风险社会对制度安排提出的一系列问题提供基础。

---

〔1〕 参见[英]安东尼·奥格斯:《规制:法律形式与经济学理论》,骆梅英译,苏苗罕校,中国人民大学出版社 2008 年版,第 215 页。

第三章 环境标准制定中的风险管理

将环境标准制定的具体环节与风险规制体系的抽象划分相对应，风险评估的主要结果是确定环境基准，这也是制定环境标准的首要环节。[1] 但是要想确定最终的环境标准数值，则需要进行风险管理。风险管理是一个基于风险评估过程和结果作出规制或者其他决定的政策判断。通过风险管理，我们可能基于我们想要忍受的风险的程度决定选择规制标准 A 而不是 B。或者，基于不同场所的相对风险选择新的有毒水废渣填埋地于 C 而不是 D，或者取决于我们对于风险严重性的预测是否颁发废渣填埋地许可证。[2] 这些决定将在多大程度上基于科学、法律、政策、经济、伦理或者其他因素？实践中，虽然环境基准是制定环境质量标准的科学基础，同时，从基准向标准转化还要考虑不同国家的社会状况、风险观念、对污染物控制的需求和能力等。[3] 如果说在环境标准制定的风险评估阶段，应当重新审视其科学性，那么在风险管理阶段中，环境

---

〔1〕 参见刘卫先：《科学与民主在环境标准制定中的功能定位》，载《中州学刊》2019 年第 1 期。

〔2〕 See David M. Driesen, Rober W. Adler, *Environmental Law: A Conceptual and Pragmatic Approach*, New York, Aspen Publishers 2007, p. 173.

〔3〕 参见周扬胜、张国宁、潘涛等：《环境保护标准原理方法及应用》，中国环境出版社 2015 年版，第 215 页。

标准具体数值的最终设定则主要是价值判断和政策选择的过程。

第一节　风险管理在环境标准制定中的适用

风险管理是一个决策过程，需要结合风险评估和其他信息来决定降低风险的必要性、方法和程度，需要对与风险相关的经济、政治、社会等因素进行综合考虑，对何为可接受风险作出最终的价值判断。与风险评估阶段致力于保障专家理性的思路不同，立法通常对风险管理的原则和规制作出更多的规定与实体上的限制，一般规定了决策在多大程度上取决于风险评估和其他因素例如技术可行性、成本、抵销的收益以及背后的政治见解等。〔1〕

在立法技术上，立法机关在法律授权时往往以抽象的价值或者不确定法律概念间接授权以明确规制的目标和原则。不确定法律概念是德国行政法上的概念，后为我国台湾地区行政法学理论和实务所借鉴，是指"未明确表示而具有流动的特征之法律概念，其包含一个确定的概念核心以及一个多多少少广泛不清的概念外围"。〔2〕一旦法律出现不确定法律概念，行政机关为了执行法律，必须先对之加以解释，之后才能够具体执行。当立法者以不确定的法律概念作为法律的内容时，即已将与该不确定法律概念有关的解释，以及规范具体化的工作授予行政机关。〔3〕基于其专业之认知及能力，对于高度属人性、专业学术性、高度复杂性等事件，行政机关适用不确定法律概念于某特定类型之具体个案时，享有判断余地，以解决司

〔1〕 See National Research Council, *Science and Judgment in Risk Assessment*, Washington, D. C., National Academy Press, 1994, p. 28.

〔2〕 不确定法律概念是内容空泛及不明确的法律概念，通常存在于法律构成要件中，亦有见于法规之法律效果层面。关于不确定法律概念的讨论，参见翁岳生编：《行政法》（上册），中国法制出版社2009年版，第248页；刘鑫桢：《论裁量处分与不确定法律概念》（增订2版），台北，五南图书出版股份有限公司2005年版，第89页；吴庚：《行政法之理论与实用》（增订10版），台北，三民书局总经销，2008年版，第116~117页；李惠宗：《行政法要义》，台北，五南图书出版股份有限公司2002年版，第171~172页。

〔3〕 参见翁岳生编：《行政法》（上册），中国法制出版社2009年版，第536页。

法功能的局限性问题。[1]

一般将不确定法律概念区分为两种:经验(或叙述)概念以及规范(或需要填补偿值的)概念。经验概念乃涉及实际的标的、事件,亦即涉及可感觉的或其他可体验的客体(如黎明、夜间、危险、干扰等);反之,规范概念则缺乏此种实际的关系,而必须根据评价态度方能阐明其意义,此种评价态度不可避免地内含主观的因素。[2] 这两类不确定法律概念在有关环境标准制定的立法授权条款当中都普遍存在。

例如,《美国清洁空气法》和《美国清洁水法》对基于技术的标准的规定中的最佳可得技术(best available technology, BAT)、最大可得控制技术(maximum achievable control technology, MACT),英国 1990 年《环境保护法》(Environmental Protection Act)[3] 第 7 条规定中的"最佳适用环境选择"(best practicable environmental option)和"不需承担过多成本的最佳可得技术"(best available techniques not entailing excessive cost, BATNEEC),这些概念属于经验概念。这些语言给了负责制定基于技术的标准的官员很大的自由处理权,而且他们承担了巨大的责任来解释来自工程、科学与经济等方面的各类令人眼花缭乱的信息。[4] 而《美国清洁空气法》中国家

---

〔1〕 参见刘鑫桢:《论裁量处分与不确定法律概念》(增订 2 版),台北,五南图书出版股份有限公司 2005 年版,第 98 页。我国台湾地区法院在进行不确定法律概念的审查时,通常基于判断余地的理论框架,对行政机关的决策予以尊重,只有对于判断余地例外审查情形才予以审查,采取较低的审查密度。其中,专家所为之判断,是学理和司法实务上承认行政机关适用不确定法律概念时,享有判断余地的情形之一。行政法院没有特别的理由,自无审查之余地——事实上也无能力审查。参见李惠宗:《行政法要义》,台北,五南图书出版股份有限公司 2002 年版,第 176 页。在我国台湾地区的学说和实务中,首先提出判断余地之例外审查情形的是释字第 319 号解释当中翁岳生、杨日然、吴庚法官之不同意见书。之后释字第 382 号解释仅指出涉及判断余地时,倘若"……其判断……违法或显然不当时,得予撤销或变更……"但没有明确指出何为"判断违法或显然不当",再者另于释字第 462、553 号解释当中始列出部分类型,至于较完备的例外审查类型之建立,则通过行政法院的不断努力,在行政诉讼中不断确定例外审查的具体类型。参见王毓正:《台湾地区环评史上首例撤销判决:环评审查结论经撤销无效抑或无效用之判决?》,载《台湾法学杂志》2010 年第 149 期。

〔2〕 参见翁岳生编:《行政法》(上册),中国法制出版社 2009 年版,第 248 页。

〔3〕 该法已被 1999 年《污染预防和控制法》(Pollution Prevention and Control Act 1999)所取代。

〔4〕 参见[美]保罗·R. 伯特尼、罗伯特·N. 史蒂文斯主编:《环境保护的公共政策》,穆贤清、方志伟译,上海三联书店、上海人民出版社 2004 年版,第 246 页。

初级环境空气质量标准则需要“按照署长的判断,以基准为依据并为环境留出适当的安全余地,是保护公众健康的必要条件。”其中,“适当的安全余地”和“必要条件”则属于规范概念。

但是在实务中,对于何为“公众健康”“最佳”“适当”“必要”“可行”“合理”充满了争议,立法上不确定法律概念的运用在形式上指出了风险管理所需要考虑的因素和追求的目标,尤其是隐含了风险预防的要求,但由于其本身的模糊性和巨大的解释空间而难以提供确定的困境解决之道。

第二节　风险管理的重要原则——风险预防原则

对于普遍存在的科学不确定性问题,规制者不得不面对很多问题。例如,在风险决策的过程中需要辨认存在多少的科学不确定性？面对风险,在多大程度上可以信赖具有不确定性的科学信息？在人体健康或环境风险缺乏确定的科学意见时是否存在其他来源的信息以供参考？当不确定存在时,如何在决策过程中“平衡”各种不同的因素？潜在的科学不确定性是否会引发当代基于科学(science-based)的健康及环境决策过程的改变？〔1〕对于科学不确定性的反思,使风险预防原则(precautionary principle)应运而生。风险预防原则作为一种风险管理理论,不仅是风险决策的重要依据和原则,也反映了要求国家和社会采取预防措施,防止可能损害发生的公众需求。

风险预防原则也被称为谨慎原则,既是风险规制中一项重要的法律原则,也是国际环境法和各国环境法律制度确立的基本原则。风险预防原则最早发展于德国与瑞典的环境法当中,〔2〕亦即德国法中所谓的“Vorsorge-

---

〔1〕 See Jacqueline Peel, *The Precautionary Principle in Practice: Environmental Decision-Making and Scientific Uncertainty*, Sydeny, Federation Press, 2005, p. 4-5.

〔2〕 早在一些国际法律文件中,比如1968年欧洲理事会发布的《欧洲水资源宪章》中就已提到过这一思想。风险预防的思想从1970年起被引入德国当时正在实施的一些项目中,并在1971年作为制定环境政策的指导思想之一被写进了联邦德国政府的环境纲领。1974年颁布的《联邦德国有害影响预防法》中第一次对风险预防原则作出了具体的法律规定。1986年,联邦德国政府在发布的名为《环境风险预防》的纲领性文件中正式确立了这一原则并强调了“风险预防”的理念。参见[德]乌多·迪·法比欧:《环境法中风险预防原则的条件和范围》,陈思宇译,载刘刚编译:《风险规制:德国的理论与实践》,法律出版社2012年版,第257~259页。

prinzip”之概念。该原则赋予国家提前在人民生命身体健康安全遭受(其他第三人或第三国)危害前,及时采取预防措施之权限。[1] 风险预防原则作为国际环境法的基本原则,则体现在1992年的《关于环境与发展的里约宣言》中。该宣言原则15规定:“为了保护环境,各国应当按照本国的能力广泛适用风险预防进路。遇有严重或不可逆转损害的威胁时,不得以缺乏充分的科学确定性为理由,延迟采取符合成本—收益的措施防止环境恶化。”[2]这是具有代表性的风险预防原则的含义。我国2014年修订的《环境保护法》第5条规定:“环境保护坚持保护优先、预防为主、综合治理、公众参与、损害担责的原则。”有学者认为,该条规定中的“保护优先”原则,学理表述应为风险预防原则。[3]

风险预防原则主要由决策者作为风险管理策略使用。[4] 就环境风险规制来说,风险预防原则要求风险规制者在颁布旨在保护人体健康和环境生态的标准与政策时,将科学不确定性的因素考虑在内。[5] 风险预防原

---

[1] 其于宪法上的论据,一般认为是受到宪法上要求国家善尽其保护义务的理论影响。宪法基本权条款作为拘束国家权力的有效规范,特别是在《德国基本法》第1条第2款和第2条第2款的要求下,生命与身体不受侵害的人权规范,得以导出国家在人民面对上述基本权所遭受的恐惧与威胁时,必须有效地采取保护的措施。甚至从《德国基本法》第20条a中规定的为将来世代之自然生存基础的保障要求,不仅仅是一种国家的目标设定条款,如果在连结本条之未来关联性,国家在直接可能发生危险之前阶段即应该采取事前预防措施。本法也将保护的宪法委托任务优先赋予立法者。这种行为的委托,一方面在危险防护的意义上可以导出立法者的保护义务;另一方面在事前预防的意义上,也可以同样导出立法者的保护义务。另外,也有学者指出,除了基本权的论据外,亦得以自国会保留或者重要性理论间接导出预防原则的要求。而上述的论据,也构成了采取风险预防措施时的宪法正当化论据。参见牛惠之:《预防原则之研究——国际环境法处理欠缺科学证据之环境风险议题之努力与争议》,载《台大法学论丛》第2005年第3期。

[2] See *Report of the United Nations Conference on Environment and Development Annex 1 Rio Declaration on Environment and Development*, Accessed September 14, 2020, https://www.un.org/en/development/desa/population/migration/generalassembly/docs/globalcompact/A_CONF.151_26_Vol.I_Declaration.pdf.

[3] 参见竺效:《论中国环境法基本原则的立法发展与再发展》,载《华东政法大学学报》2014年第3期。

[4] 当然,风险预防原则在风险规制领域的实现,与风险评估、风险管理和风险沟通等各个环节或方面都有关系。参见沈岿:《风险预防原则与食品添加剂准入裁量》,载沈岿主编:《风险规制与行政法新发展》,法律出版社2013年版,第269页。

[5] See Elizabeth Fisher, *Precaution, Law, and Principles of Good Administration*, Water Science & Technology, 52, 2005, p. 19-24.

则在环境标准制定中的适用在表面上可以强化环境决策的合法性与正当性,但由于这项原则本身并没有统一的定义和内容,被认为是最具争议的环境保护原则,而且在其适用中存在大量的不确定性,〔1〕这反而给行政机关留下了巨大的裁量空间。

一、风险预防原则的适用范围

在风险预防原则的适用上,有学者整理出以下几个重要的观点:第一,禁止排除规则。以往针对具有重大危害风险的行为,常基于科学不确定性的理由而无法规制的情况,会因此得以改善。第二,资讯揭露。由于任何人均可能是潜在的风险影响者,因此若考虑到风险的不确定性,对于可能受影响之人应该揭露相关的资讯。第三,安全临界值的设定。即使无法看到有害的影响,甚至在无法预测的水准之下,也必须划定足以限制行为之安全性临界值。第四,最良善技术的利用。对于可能招致重大危害但却仍具不确定性行为之支持者,如果不能证明该行为无预测可能之风险时,必须被要求针对该行为采取最良善的利用可能性技术。第五,行为之禁止。对于可能招致重大危害却仍具不确定性行为之支持者,在不能证明该行为无预测可能之风险时,甚至可以禁止该行为。〔2〕

显然,上述观点中特别是安全临界值的设定和最良善技术的利用对环境标准的制定直接提出了要求。具体来说,风险预防原则在环境标准制定中的适用,意味着环境风险规制应当保留适当的安全空间,将可能造成环境污染的活动限制在产生环境风险的污染水平之下。如果某种活动将产生不确定的重大风险,则应当采取最良善的技术以使风险最小化。〔3〕而环境质量标准和污染物排放标准均是风险预防原则的具体化,同时也是当今各国环境保护法制的趋势。〔4〕

这一适用在环境标准的实际制定中多有体现。典型的基于风险预防

---

〔1〕 See The Royal Commission on Environmental Pollution, *Environmental Standards and Public Values: A Summary of the Twenty-first Report of the Royal Commission on Environmental Pollution*, 1998, p. 30.

〔2〕 参见程明修:《行政法上之预防原则(Vorsorgeprinzip)——食品安全风险管理手段之扩张》,载《月旦法学杂志》2009年第167期。

〔3〕 See Stewart, R. B., *Environmental Regulatory Decision Making under Uncertainty*, Research in Law and Economics 20, 2002, p. 76.

〔4〕 参见陈慈阳:《环境法总论》,元照出版有限公司2011年版,第475页。

的管理工具是合理可行尽量低(as low as reasonable achievable, ALARA)和最佳可得控制技术(best available control technology, BACT)。[1] 在环境质量标准的制定中,我国通常将对风险预防的考虑表述为"环境质量标准规定的污染物允许剂量(浓度)原则上应小于相应的环境基准值,且越小越好"。[2] 一般来说,国家经济越发达、社会发展程度越高,其环境质量标准就越严格,标准离"底线"就越远,标准的保护强度就越大,标准的安全系数也就越高。因此,发达国家的环境质量标准普遍严于发展中国家的标准。[3] 类似地,例如上文提及根据美国《清洁空气法》第109条规定,国家初级环境空气质量标准按照署长的判断,以基准为依据并为环境允许"适当的安全余地",是保护公众健康的"必要条件"。在污染物排放标准的制定中也体现了对于最良善技术的利用的要求。我国的污染物排放标准需要应用最佳技术法,即建立在现有污染防治技术可能达到的最高水平,且经济上可行,也就是说这种技术在现阶段实际应用中属于效果最佳,又有可能在同类企业中推广。[4] 而美国基于技术的标准甚至允许环保署基于尚未被适当开发出来的技术。[5]《清洁空气法》鼓励环保署面向未来制定标准,而无须特定化环保署在确定未来技术发展的可能进程时必须遵循的方法。[6] 这种对于将来可行技术的考量,正反映了环境标准制定中的风险预防的导向。[7] 此外,我国2010年《国家环境保护标准制修订项目计划管理办法》第6条规定:"标准的内容应具有前瞻性,标准发布后,原则上至少四年之内不在年度标准计划中安排修订项目;……"这种前瞻性的要求在一定程度上也体现出对于"预防"的要求。污染预防与控制技术是当

---

〔1〕 European Commission, *The CARGO Project(Comparison of Approaches to Risk Governance) Risk Deliberation*, 2008, p. 8.

〔2〕 蓝文艺:《环境行政管理学》,中国环境科学出版社2004年版,第124页。

〔3〕 参见冯波:《制定与实施环境质量标准的相关问题》,载《环境保护》2012年第7期。

〔4〕 参见蓝文艺:《环境行政管理学》,中国环境科学出版社2004年版,第126页。

〔5〕 See David M. Driesen, Rovert W. Adler, *Environmental Law: A Conceptual and Pragmatic Approach*, New York, Aspen Publishers 2007, p. 214.

〔6〕 Natural Resources Defense Council, Inc. v. *U. S. Environmental Protection Agency*, 655 F. 2d 318 (D. C Cir. 1981).

〔7〕 美国环境立法对于风险预防原则的适用参见 Phillip M. Kannan, *The Precautionary Principle: More than a Cameo Appearance in United States Environmental Law?* William & Mary Environmental Law and Policyy Review 31, 2007, p. 409。

今环境保护技术的发展方向,[1]这也构成环境保护制度的主要思路。

美国法院也阐述了风险预防原则在环境标准制定中的适用。在铅产业协会诉美国环保署案[2](Lead Industries Association, Inc. v. Environmtal Protection Agency)中,法院强调了法律授权制定环境质量标准的"防止或者预防(preventive or precautionary)的本质",认为环保署署长必须表明有害影响具有"医学界一致看法"的观点是错误的。法院在之前的案例中就曾指出空气污染对健康影响的不确定性是不可避免的,而"等到确定影响再行动将常常只是事后反应而不是事前预防的规制行为"。[3] 法院认为国会特别指引署长考虑"适当的安全余地"来保护那些尚未被研究所探明以及对医学上的重大性尚未达成共识的影响,授权署长在制定空气质量标准时运用自己的判断,允许他在不确定性的情况下采取行动。法院通过解读法律规定和立法历史指出,国会指引署长可以出于谨慎而犯错(err on the side of caution)。[4] 在苯案中,法院也指出,劳工部职工安全与健康协会享有对于致癌物的数据的解释中使用保守推断的自由,可以出于过度保护而不是保护不足而犯错(risking error on the side of overprotection rather than underprotection)。[5] 该案进一步表明在确定什么样的环境空气质量水平是"保护公众健康的必要条件"并且留有"适当安全余地"时,在提供量化标准中应当适用风险预防原则。以技术强制(technology-forcing)为目标的《清洁空气法》的相关规定也被法院确认为授权或者要求技术强制

---

[1] 参见周扬胜、张国宁、潘涛等:《环境保护标准原理方法及应用》,中国环境出版社2015年版,第259页。

[2] 647 F. 2d 1130(D. C. Cir. 1980).

[3] Ethyl Corporation v. Environmental Protection Agency, 541 F. 2d 1, 25(D. C. Cir. 1976).

[4] 对于 err on the side of caution 的翻译并不一致,例如有的文章翻译为:"宁愿有错也要错在作出保护公众安全之假设上。"宫文祥:《当行政遇上科学:从风险评估谈起——以美国法为例》,载《月旦法学杂志》2008年第153期。有的文章则翻译为:"在做必要决定时可以'偏向小心谨慎'。"黄嘉珍:《论环境法上风险预防原则》,北京大学2010年博士学位论文,第45页。举例来说,2010年3月,日本曾因预测错误,而为30厘米海啸疏散了50万人,而智利却因低估了海啸的威力而造成了重大伤亡。虽然两国的政府都对此作出了道歉,但是显然日本政府的做法可以对应这里的"出于谨慎而犯错"。

[5] Industrial Union Department, AFL-CIO v. American Petroleum Institute, 448 U. S. 607(1980).

的规制,如强制企业去符合尚未开发或者尚未成功适用的技术。[1]

然而,“越小越好”“适当安全余地”“必要条件”“最良善的技术”虽反映出环境标准制定过程中对风险预防原则的考虑,却不能解释为何将标准设定在某一水平而不是更加严格的水平以提供更高程度的健康和环境保护。当任务(规制行政)的发动从古典的“危险防护”“危险预防”一路挺进到“风险预防”,再到风险预防之任务实现,原则上是一种对自由限制强度的逐步提升,而这相对地需要不断提升其限制正当化说理,因此在目标的实现间存在一种形式的阶段关系。[2] 但是如何在环境标准制定过程中具体适用风险预防原则,如何判断何为“充足”“必要”“最良善”缺乏明确的判断依据。

二、风险预防原则的一般适用法则

风险预防原则的核心是直觉上非常简单的观念,是一种与科学不确定性密切相关的决策原则,[3]但是风险预防原则作为一项法律原则,在适用上存在很大争议。2000 年,欧盟委员会在《欧盟委员会关于风险预防原则的通讯》(Communication from the Commission on the Precautionary Principle)中提出了风险预防原则的一般适用法则(the general principles of application):第一,均衡性(proportionality)。所采取的措施与达到适当的保护标准必须成比例,但并非要求达到“零风险”标准。假如全面禁止是唯一可以应对潜在风险的手段时,也不排除采取全面禁止的措施。第二,非歧视性(non-discrimination)。即使针对不同的生产地与生产流程,但是确属可资对照的对象,应当达到同等的保护水平。第三,一致性(consistency)。采取的措施应当与针对同一对象或者相同目的已经采取的措施保持一致。第四,审查采取或不采取措施的成本与收益(examination of the benefits and cost of action and lack of action)。该审查要求包括经济上的成本—收益分析,当该分析是适当和可行的。在一些特定情况下,决策者应当基于非经济考虑,例如对健康的保护。第五,审查科学发展(examination of scientific

〔1〕 Husqvarna AB v. Environmental Protection Agency, 254 F. 3d 195, 201 (D. C. Cir. 2001).

〔2〕 参见程明修:《行政法上之预防原则(Vorsorgeprinzip)——食品安全风险管理手段之扩张》,载《月旦法学杂志》2009 年第 167 期。

〔3〕 参见沈岿:《食品安全、风险治理与行政法》,北京大学出版社 2018 年版,第 68 页。

development)。对于是否维持根据风险预防原则所采取的措施,应当参照最新的科学数值予以定期审查。第六,举证责任(the burden of proof)。通过举证责任的转移,可能产生风险的产业有责任提供风险评估所必需的科学证据。〔1〕

然而,这六项法则仍无法为如何对待不确定问题提供明确的指导。例如,有关均衡性的要求对应着比例原则的内涵。比例原则是一种将目的与手段关联起来的判断法则,〔2〕而风险预防原则却往往只设定了目标。风险预防原则要求在没有结论性证据的情况下,就采取措施以预防风险的发生,这必然导致措施与目的之间的实质性关系难以证成,从而给作为干预合法性判断基准的比例原则适用带来了很大的挑战。〔3〕 而举证责任的转移,意味着行政机关在事实情况尚未满足相应法律规定的条件时,就可以提前发动国家权力进行干预,这不仅可能导致过度规制的问题,更严重的是行政机关很容易以风险预防为名行干预自由之实。依据风险预防原则,国家公权力何时得以借由环境法介入人民活动领域,已经不是消极地取决于是否存在相关的实害或危险,而是应当尽可能地提前避免环境危险与环境损害的发生,但国家公权力却可能打着风险预防的幌子,对于人民活动的领域无孔不入地介入。

风险预防原则的一般适用法则在环境标准的制定中或多或少都有所体现,相关制度设计也都包含了这些考虑。但是由于风险预防原则内容和适用上的一系列问题,行政机关很容易发展出简单的对策来应对公众对标准制定合法性的质疑,即只要是比现行标准更严格,或者是与其他国家相比相对严格,就可以作为标准数值正当的理由。例如,我国2010年《〈环境空气质量标准〉(征求意见稿)编制说明》在作为基准参考的世界卫生组织(WHO)发布的空气质量准则(AQG)加严的情况下,对于暂不修订二氧化硫(SO_2)标准的重要理由之一就是"我国现行标准一级标准在国际上最

〔1〕 See Commission of the European Communities, *Communication from the Commission on the Precautionary Principle*, COM(2000) 1 final, 2000, p. 18-22.

〔2〕 关于比例原则,参见[德]哈特穆特·毛雷尔:《行政法学总论》,高家伟译,法律出版社2000年版,第106~107页。

〔3〕 赵鹏:《风险规制的行政法问题——以突发事件预防为中心》,中国政法大学2009年博士学位论文,第95页。

严,二级标准处于中等偏严水平”。〔1〕 2011 年 11 月 16 日出台的《〈环境空气质量标准〉(二次征求意见稿)编制说明》延续了这种思路,对于二氧化硫标准,“……与上述美国、欧盟、WHO 等国家、地区和组织相应标准相比,我国现行一级标准在国际上仍然最为严格,可以保护社会物质财富,二级标准处于中等偏严水平,可以保护人体健康”。〔2〕 显然,这种说理只是用标准本身的宽严程度去论证其科学合理性,并没有将是否能够预防环境风险、充分保护公众健康考虑在内。

第三节 风险管理的三个进路

通常,美国环保署针对不同的规制项目采用不同的方法:零风险(安全水平)途径、基于技术的途径以及平衡的途径。〔3〕 相应地,美国环保署在制定环境标准时也基于这三个进路:有些环境标准以降低健康风险为目标而不考虑成本;有些环境标准以最佳可得技术为前提来规制风险;有些环境标准通过成本—收益分析来评估制定。〔4〕 需要指出的是,这三个进路并不直接简单对应环境质量标准和污染物排放标准的分类,而是指在制定环境标准时所考虑的要素各有侧重。例如,一般认为环境质量标准属于基于风险的标准,而排放标准属于基于技术的标准,但是美国第一阶段的汽车排放标准就不是依据当时的可行技术制定的,而是根据环境空气质量要求确定允许的排放水平,然后根据这一水平制定排放标准。〔5〕 相较而言,我国在环境标准的制定中虽然对相关要素兼有考虑,但并没有对此进行进一步区分和讨论,在实践中无论是环境质量标准还是污染物排放标准都更

---

〔1〕《〈环境空气质量标准〉(征求意见稿)编制说明》(2010),第 19 页。

〔2〕《〈环境空气质量标准〉(二次征求意见稿)编制说明》(2011),第 15 页。

〔3〕参见[美]保罗·R. 伯特尼、罗伯特·N. 史蒂文斯主编:《环境保护的公共政策》,穆贤清、方志伟译,上海三联书店、上海人民出版社 2004 年版,第 23~25 页。

〔4〕See John A. Haigh, David Harrison, Jr., Albert L. Nichols, *Benefit-cost Analysis of Environmental Regulation: Case Studies of Hazardous Air Pollutants*, Harvard Environmental Law Review 8, 1984, p. 395.

〔5〕参见周扬胜、张国宁、潘涛等:《环境保护标准原理方法及应用》,中国环境出版社 2015 年版,第 259 页。

多关注于经济和技术可行性的问题。[1] 事实上,由于环境标准制定的复杂性,没有哪一类环境标准纯粹由理论上的这三个进路中的某一进路单独构成。《美国清洁空气法》、《美国清洁水法》、《美国安全饮用水法》、《美国综合环境反应、赔偿和责任法》(Comprehensive Environmental Response, Compensation, and Liability Act, CERCLA)(《美国超级基金法》)、《美国资源保护和恢复法》(Resource Conservation and Recovery Act, RCRA)等都采取了混合的方式。

一、基于风险的标准

基于风险的标准对应的是规制者所决定的可接受安全的水平。[2] 通常基于风险的标准也被称为基于影响的标准或者特指基于健康(health-based)的标准。这意味着这一进路仅仅基于对于公众健康和环境影响的评估。在很少见的情况下规制者会强制某种风险减少到零水平。在美国,通常的进路是要求某种风险减少到足够保护公众健康或者消除重大的风险(significant risk)。[3] 例如,《美国清洁空气法》的目标即是保护和增进国家空气资源的质量以增进公众健康、福利以及人口的出生容量。[4] 其中,美国国家环境空气质量标准也被认为是基于风险的标准的典型。

(一)从可接受风险到微量风险标准

"安全"不等于"零风险"已然成为共识。"零风险"虽然从外在的价值上看是合理的,但这意味着如果不同时停止所有经济活动,就不能完全消

---

〔1〕 例如,原国家环保总局1999年出台的《环境标准管理办法》规定,制定环境标准应遵循的原则包括:"(一)以国家环境保护方针、政策、法律、法规及有关规章为依据,以保护人体健康和改善环境质量为目标,促进环境效益、经济效益、社会效益的统一;(二)环境标准应与国家的技术水平、社会经济承受能力相适应;(三)各类环境标准之间应协调配套;(四)标准应便于实施与监督;(五)借鉴适合我国国情的国际标准和其他国家的标准。"技术经济可行性的考虑在污染物排放标准的制定上更为突出。本书第五章还将对这一问题进行详述。

〔2〕 See Adam Babich, *Too Much Science in Environmental Law*, Columbia. Journal of Environmental Law 28, 2003, p. 119.

〔3〕 See Robert V. Percival, *Christopher H. Schroeder*, *Alan S. Miller*, *James P. Leape*, Environmental Regulation: Law, Science, and Policy, 6th ed., New York, Aspen Publishers, 2009, p. 279.

〔4〕 CAA 101(b)(1). 42U. S. C. § 7401(b)(1).

除环境污染的根源,这也是公众不能接受的。[1] 但困难的是如何确定环境风险的可接受水平。风险评估四个步骤中存在的大量不确定性问题以及种种对于风险评估可信度的怀疑已经表明难以依靠风险评估来确定环境风险的可接受水平。然而,基于风险的标准却必须回答"多安全是安全的"这一问题,这一问题又是见仁见智的。如果说,可接受风险可以通过人们自愿承担的风险来确定,但事实上关于可接受风险的个人决定是不稳定的,人们很少能够符合逻辑,一以贯之地确定我们为减少风险所做出的牺牲,因此也不存在明显的判断可接受风险的社会共识。[2]

于是,在制定基于风险的标准时,规制者提出了"微量风险水平"(de minimis level)的概念。[3] 例如,美国国会曾在立法中明确"微量风险标准"可能作为统一的可接受风险标准的良好候补(good candidate)。[4] 微量风险的理念意味着并不是将风险与收益比较而是将风险与某一相对较低水平的风险——微量风险水平——进行比较风险评估(comparative risk assessment)。微量风险水平意味着该风险能够为社会所接受,同时也被认

---

[1] 参见[美]保罗·R. 伯特尼、罗伯特·N. 史蒂文斯主编:《环境保护的公共政策》,穆贤清、方志伟译,上海三联书店、上海人民出版社2004年版,第23~25页。

[2] See Sanford E., *Gaines, Science, Politics, and the Management of Toxic Risks through Law*, Jurimetrics Journal 30, 1990, p. 271-288.

[3] 美国《联邦食品、药品和化妆品法》德莱尼条款(Delany Clause)针对色素和其他食品添加剂,要求政府将所有"诱发人类或者动物癌症"的添加剂视为不安全的。如果某添加剂会导致实验动物患上癌症,德莱尼条款就禁止该添加剂的一切使用,即使没有任何直接的证据表明该添加剂对人类也有致癌风险,即使该化学物品使用的剂量对于人类而言,风险是何等微不足道。在公民诉杨(Public Citizen v. Young)案中,法院驳回了环保署试图为德莱尼条款创设"小额例外"(De Minis Exception)的努力,认为国会旨在禁止一切致癌的食品添加剂,无论风险的大小,因为这是唯一的安全选择。美国1996年《食品质量保护法》(Food Quality Protection Act)替代了德莱尼条款,管理加工和新鲜食品中的农药残留。和德莱尼条款不同,《食品质量保护法》并不禁止所有的致癌农药残留物,相反,它只要求"合理确定农药残留物不会导致伤害"即可。其立法记录表明,低于百万分之一的致癌风险是可以接受的。参见[美]詹姆斯·萨尔兹曼、巴顿·汤普森:《美国环境法》(第4版),徐卓然、胡慕云译,北京大学出版社2016年版,第162~163页。

[4] 例如《清洁空气法》第112条第f款第2项的规定。See Adam Babich, *Too Much Science in Environmental Law*, Columbia Journal of Environmental Law 28, 2003, p. 119.

为是解释“保护公众健康”或者确保某一物质“安全”的方式。[1]

在美国，微量风险“被判定为太小了而不需要社会关注，或者太小了而不需要证明使用风险管理资源的正当性”。[2] 微量风险的数值通常被认为是一百万分之一，也就是表示一百万人中出现一个不幸的结果。[3] 例如，美国环境质量标准将有毒污染物致癌风险控制在一百万分之一以下，这也是国际社会普遍认同的可接受风险水平。[4] 当然，也有学者指出，除非作出一个以原则为基础，能对所有其他因素加以忽略的决定，否则设定整齐划一的可接受风险水平，在逻辑上是不能成立的。[5] 因此，在实践中，就某一特定的拟议规制举措而言，它所针对的风险水平并非一成不变，可能会在万分之一到百万分之一，在同一规制项目和规制机构之内，或在不同规制项目之间，在不同规制机构之间，其风险水平范围都会有较大的变动空间。[6] 更何况不同国家之间，由于可接受风险水平会受到风险观念、社会状况等诸多因素的影响，需要管理部门作出决策，因此，各国确定的可接受水平可能并不相同，标准限值也就有所差异。有鉴于此，为帮助各国的标准制定，世界卫生组织发布的空气质量准则对致癌物质分别给出了万分之一、十万分之一、百万分之一不同的“可接受风险”水平下的污染物浓度。[7]

---

〔1〕 See Robert V. Percival, Christopher H. Schroeder, Alan S. Miller, James P. Leape, *Environmental Regulation: Law, Science, and Policy*, 6th ed., New York, Aspen Publishers 2009, p. 283.

〔2〕 See Sheldon Leigh Jeter, *The Role of Risk Assessment, Risk Management, and Risk Communication in Environmental Law*, South Carolina Environmental Law Journal 4, 1995, p. 25.

〔3〕 See Lorenz R. Rhomberg, *A Survey of Methods for Chemical Health Risk Assessment among Federal Regulatory Agencies*, Humam and Ecological Risk Assessment 3, 1997, p. 1029.

〔4〕 参见周扬胜、张国宁、潘涛等：《环境保护标准原理方法及应用》，中国环境出版社2015年版，第222页。

〔5〕 参见[美]巴鲁克·菲施霍夫：《可接受的风险：一个概念建议》，汤雯雯译，宋华琳校，载《交大法学》(第2卷)，上海交通大学出版社2011年版，第90页。

〔6〕 See 40 C. F. R. 300. 430(e)(2)(i)(A)(2) (2001); National Oil and Hazardous Substances Pollution Contingency Plan, 55 Fed. Reg. 8666, 8715-8718 (Mar. 8, 1990).

〔7〕 参见周扬胜、张国宁、潘涛等：《环境保护标准原理方法及应用》，中国环境出版社2015年版，第222页。

（二）对基于风险的标准的批评

对基于风险的标准最主要的批评是这样的标准并不能真正发挥作用。[1] 例如，当美国国会要求环保署制定基于风险的有毒空气污染物标准时，环保署只发布了7种污染物的标准。环保署也只发布了6种基于风险的国家环境空气质量标准，通过州执行计划达到环境空气标准也被认为是无效的。[2] 之所以难以制定出基于风险的标准，主要是因为立法以不实际的语言来指引标准的制定，例如不考虑经济可行性而要求"安全的充足余地"，如何界定"安全"的程度，需要耗费大量的时间和资源去计算实际的风险。但事实是，美国环保署缺乏充分的资源来确定安全暴露水平，而且也不清楚到底多少才算充分。[3] 一些基于风险标准的支持者认为，适用成本—收益分析可以确定进一步降低风险的边际效益等于污染控制的边际成本的点。甚至有学者指出，应当修改制定法的规定，将成本—收益分析纳入基于风险的标准的制定当中。[4] 然而，可以对技术进行成本—收益分析，却不能对科学进行成本—收益分析。[5] 在环境质量标准制定过程中公开适用成本—收益分析在美国环保署毕竟是例外而不是规则。[6]

一系列的案例表明，美国环保署不能在制定国家环境质量标准的过程

〔1〕 See Robert L. Munroe, *The Clean Air Act Amendments of* 1990: *Will Hazardous Air Pollutants Finally be Regulated*?, Administrative Law Journal 5, 1991, p. 186; Donald T. Hornstein, *Lessons from Federal Pesticide Regulation on the Paradigms and Politics of Environmental Law Reform*, Yale Journal on Regulation 10, 1993, p. 371; Oliver Houck, *Environmental Law in Cuba*, Journal of Land Use and Environmental Law 16, 2000, p. 58.

〔2〕 See Oliver A. Houck, *The Regulation of Toxic Pollutants Under the Clean Water Act*, Environmental Law Reporter 21, 1991, p. 10,528.

〔3〕 参见王慧编译:《美国环境法的改革——规制效率与有效执行》，法律出版社2016年版，第159页。

〔4〕 See Cary Coglianese, Gary E. Marchant, *Shifting Sands*: *The Limits on Science in Setting Risk Standards*, University Pennsylvania Law Review 152, 2004, p. 1275.

〔5〕 参见张华夏、张志林:《技术解释研究》，中国社会科学出版社2005年版，第2页。

〔6〕 See Cass R. Sunstein, *Cost-Benefit Default Principles*, Michigan Law Review 99, 2001, p. 1666.

中考虑成本。[1] 斯卡利亚(Scalia)大法官在惠特曼诉货运协会案[2](Whitman v. American Trucking Associations, Inc.)中认为,《清洁空气法》第109条第b款的规定,清楚地(unambiguously)将制定过程中的成本考虑排除在外。

但是在考虑何为"适当的安全余地""必要条件"时,美国环保署其实隐含了经济和技术可行性的考虑。立法的规定意味着,在美国国会看来,对于一般空气污染物来说存在能够确认的"安全"水平。但是无阈值污染物(non-threshold pollutant)的存在却超出了美国国会的想象。对于仅在特定暴露水平才会显现负面影响即存在阈值(threshold)的污染物,将这个阈值作为"安全"点,从而在该阈值以下设定标准是可行的。但是对于不存在阈值的污染物,根本没有所谓的"安全"水平。[3] 上述铅产业协会诉美国环保署一案就提及,美国环保署制定铅国家环境空气质量标准基于30 μg/dL是对负面健康影响将发生在儿童身上的保守估计,而美国疾病控制和预防中心(Centers for Disease Control and Prevention, CDC)称儿童血铅水平不能超过10 μg/dL,并且很多科学家认为没有血铅的水平是安全的。[4] 最终美国环保署确定的标准是15 μg/dL,为何明知更严格就会在更大程度上减少死亡率或是预防早期死亡的情况下不选择更低的标准?自然资源保护委员会诉美国环保署案[5](Natural Resources Defense Council Inc. v. U. S. Environmental Protection Agency)中涉及的氯乙烯(vinyl chloride)也被认为是无阈值污染物,即只要超出零水平,就会产生对健康的风险。而最初暴露于氯乙烯到疾病发生之间20年的潜伏期使确定的阈值

---

〔1〕 例如 Lead Industries Association Inc. v. Environmental Protection Agency, 647 F. 2d 1130(D. C. Cir. 1980); American Petroleum Institute v. Douglas M. Costle, 665 F. 2d 1176(D. C. Cir. 1981); American Lung Association, et al. v. Environmental Protection Agency, 134 F. 3d 388(D. C. Cir. 1998)。

〔2〕 531 U. S. 457, 121 S. Ct. 903, 149 L. Ed. 2d 1. (2001).

〔3〕 Natural Resources Defense Council Inc. v. U. S. Environmental Protection Agency, 824 F. 2d 1146(D. C. Cir. 1987).

〔4〕 See Agency for Toxic Substances & Disease Registry, *Public Health Statement for Lead* (2007), Accessed September 14, 2020. http://www.atsdr.cdc.gov/PHS/PHS.asp? id=92&tid=22.

〔5〕 824 F. 2d 1146(D. C. Cir. 1987).

水平更加困难。对于无阈值污染物来说,无论标准制定得多么严格,都有可能发生健康损害。

对此,美国清洁空气科学咨询委员会认为,阈值不存在隐含着选择某一确定数值并提供安全余地的制定方法已经不再可能。在可接受和不可接受风险之间的范围内没有明确的断点(break point)或者界限(bright line)来确定拟议标准是否能够保护健康,这种特定水平和允许数值的选择是一个政策判断。[1] 在这一政策判断中,需要受制于很多社会经济因素。因为对于无阈值污染物来说,要想完全避免负面健康影响,只能将标准置于零或者是背景值,但这必然要求忽视所有经济和社会后果,这显然是荒谬的。但如何确定可接受风险的范围,仍然缺乏明确的依据。美国学者指出,只要要求环保署为了人们健康和安全不计成本地进行规制,那么它就几乎不可能毫无差错地完成这项立法授权。只要环保署得到广泛的立法授权,法院在评估环保署是否对它的法律义务采取了合理的解释时就会受到很大的限制。[2] 美国环保署因此也受到了缺乏原则、前后不一致的批评。[3]

(三)"技术强制"理念和"绝对"标准理论

虽然基于风险的标准在美国受到了广泛的批评和争议,国会对于公众健康和公共福利的优先考量部分来自获取公众关注和支持的政治动机,但是基于风险的标准仍然获得相当大的认可与支持。

在上述惠特曼诉货运协会案中,法官布雷耶(Breyer)阐述了"技术强制"(technology forcing)的理念,认为立法历史表明国会意图使《清洁空气法》以"技术强制"为目标。[4] 参议员艾德蒙·马斯基(Edmund Muckie)是《清洁空气法1970年修正案》的最初支持者,他介绍说国会起草该法规

---

〔1〕 See Laura C. Green et al., *What's Wrong with the National Ambient Air Quality Standard (NAAQS) for Fine Particulate Matter?*, Regulatory Toxicology and Pharmacology 35, 2002, p. 334.

〔2〕 参见[美]戴维·凯瑞斯编:《法律中的政治——一个进步性批评》,信春鹰译,中国政法大学出版社2008年版,第133页。

〔3〕 See Cary Coglianese, Gary E. Marchant, *Shifting Sands: The Limits on Science in Setting Risk Standards*, University Pennsylvania Law Review 152, 2004, p. 1275.

〔4〕 通常美国联邦最高法院将《清洁空气法》视为技术强制性的立法。See Union Electric Company v. Environmental Protection Agency, 427 U.S. 246, 257(1976).

的最根本的责任是不要“被技术或者经济可行性所限制”,而是考虑“确定公共利益所要求保护人们健康的标准”,即使那些方法在“产业当时是不可能做到的”。[1] 法官布雷耶进一步指出,“技术强制”的理念是有现实意义的。那些基于过高成本反对《清洁空气法 1970 年修正案》坚持对于机动车排放污染物减量 90%的人们,见证了催化剂转化技术帮助达成实质的减量,而没有发生他们所担忧的经济灾难的历史。

此外,有学者提出了“绝对”(absolute)标准理论。在制定以保护健康为目标的空气标准时,成本—收益的方法将会存在诸多局限。一旦将健康转化为金钱数据,由于过于简化而更容易受到误导或者被滥用。[2] 而“绝对”(或者无视成本)标准仅仅基于人类健康或者环境的保护而不考虑经济成本。“绝对”的标准,除特殊情况外,能够通过将环境利益作为压倒成本考虑的“王牌”(trump),呈现至关重要的“权力转移功能”(Power-shifting function)来帮助减少集中的企业利益和分散的公共利益之间权力不平衡所导致的行政决策的扭曲。[3]

的确,基于风险的标准至少可以作为一种目标和提倡性规范而具有存在的价值。基于风险的标准以“健康安全”为目标使人们清楚自己应当享有什么样的环境质量。从健康角度看,由于流行病学的不确定性和我们对环境和健康关系理解的不断加深,十年前似乎是“过度保护”的空气质量标准在今天看来其实并不“过分”。[4] 在作出基于风险的初始决策后,再在执行过程的各个阶段考虑成本因素,不断综合各方面的信息来决定标准是否值得执行。基于风险的标准所确定的纲领性环境质量水平,为衡量规制措施的成效提供了一个参照标准,也将有助于推动技术力量的进步。[5]

---

〔1〕 116 Cong. Rec. 32901-32902(1970).

〔2〕 See Lisa Heinzerling, *The Clean Air Act and the Constitution*, Saint Louis University Public Law Review 20, 2000, p. 119.

〔3〕 See Amy Sinden, *In Defense of Absolutes: Combating the Politics of Power in Environmental Law*, Iowa Law Review 90, 2005, p. 1413.

〔4〕 参见[美]詹姆斯·萨尔兹曼、巴顿·汤普森:《美国环境法》(第 4 版),徐卓然、胡慕云译,北京大学出版社 2016 年版,第 87 页。

〔5〕 参见[美]凯斯·R. 孙斯坦:《风险与理性——安全、法律及环境》,师帅译,中国政法大学出版社 2005 年版,第 314~315 页。

同时,基于风险的标准也反映了总量控制的要求。[1]

二、基于技术的标准

由于风险评估固有的问题和信息的不足,行政机关难以在合理的期限内制定出基于风险的标准以供执行。有学者指出,基于环境整体的管理在任何媒介——空气、水或者废弃物——中都执行得不好。[2] 因为关于风险的真正的科学答案是不存在的,政治家不能也不愿就合理的基于风险的规制体系作出根本的政策决策,显而易见的答案是重新聚焦于基于最新型优良(state-of-the-art)技术的标准制定。[3] 在美国,基于技术的标准几乎成为整个环境标准的基础。[4]

基于技术的进路,允许的污染量是在采取了最好或者最新工艺的控制技术后的排放量。言下之意是,所有技术上可行的污染控制手段都被采用,并且在这些技术手段得以实施后,余下的风险才是可接受的。[5] 基于技术的标准是在目前技术和经济条件允许的范围内降低风险或者重大风险,对应的是被规制产业能够实际达到的最佳水平,这需要以可行性(feasibility)为前提。可行性原则意味着两个限制:第一,该原则要求放弃不可能达至的环境改进目标;第二,该原则要求避免企业大范围倒闭所产生的高额代价。[6] 显然,理解可行性要比基于风险的标准简单得多,也更易被解释且令公众信服,同时也更受企业欢迎,而这也是我国在制定环境标准过程中考虑最多的因素。正是因为基于风险的标准效果不佳,美国污染控

---

〔1〕 与之相关,通过环境质量标准反推排放控制要求,是建立排放标准的一种技术路线,常作为一种区域总量控制的理论基础。

〔2〕 See Oliver A. Houck, *The Clean Water Act TMDL Program: Law, Policy, and Implementation*, Washington D. C., Environmental Law Institute, 2002, p. 16.

〔3〕 See Adam Babich, *Too Much Science in Environmental Law*, Columbia Journal of Environmental Law 28, 2003, p. 119.

〔4〕 参见秦虎、张建宇:《以〈清洁空气法〉为例简析美国环境管理体系》,载《环境科学研究》2005 年第 4 期,第 60 页;周扬胜、安华:《美国的环境标准》,载《环境科学研究》1997 年第 1 期。

〔5〕 参见[美]保罗·R. 伯特尼、罗伯特·N. 史蒂文斯主编:《环境保护的公共政策》,穆贤清、方志伟译,上海三联书店、上海人民出版社 2004 年版,第 24 页。

〔6〕 See David M. Driesen, *Distributing the Costs of Environmental, Health and Safety Protection: The Feasibility Principle, Cost-Benefit Analysis, and Regulatory Reform*, Boston College Environmental Affairs Law Review 32, 2005, p. 9-16.

制的措施包含了很多从基于风险到基于技术的改变。基于技术的标准在实践中也收到了很好的成效,客观上促使了污染的大量减少。[1] 此外,基于技术的方法在最严格的情形下,并不会出于对成本节省的权衡而向稍宽松的污染控制妥协,因而具有较大的吸引力。[2]

(一)实用主义考虑

基于技术的标准的不同种类的演化也反映出美国在污染控制方面的实用主义考虑和变通。"实用主义意味着具体地、实验性地、不带幻想地考察问题,完全理解到人类理性的各种局限,意识到人类知识的'地方性'、不同文化间进行解释的艰难性、'真理'的不可获得性、由此而来保持多种研究进路开放的重要性、研究对于文化以及社会制度的依赖性,以及最重要的:坚持始终把社会思想和活动作为实现人类珍视的目标的工具来评价,而不是作为目的本身来评价。"[3]这一实用主义思维认为在不具有可行性的情况下,是不能完全保护健康的。由于不知道什么时候我们才会对有关化学风险或社会风险承受能力的知识有足够的信心建立出合理的基于风险的规制体系,最可靠的进路是基于现有知识保护公众健康。规制决策应当规定在现有技术条件下在经济上可行的最佳控制水平。[4] 因此,尽管基于技术的标准本身与保护健康和环境的目标没有直接清晰的联系,但它们常常用作促进这些目标的工具和机制。

例如,《美国清洁水法》中对于点源采取的国家污染物减排标准(National Pollutant Discharge Elimination Standards, NPDES)项目在很大程度上依赖基于技术的标准,基于技术规制的相对成功使得《清洁空气法1990年修正案》将有毒大气污染物的管理从单项污染物的"基于健康的标准"调整

---

〔1〕 See David M. Driesen, *Getting Our Priorities Straight: One Strand of the Regulatory Reform Debate*, Environmental Law Reporter 31, 2001; Wendy A. Wagner, *Innovations in Environmental Policies: The Triumph of Technology-Based Standards*, University of Illinois Law Review 2000, 2000, p. 94-107.

〔2〕 参见[美]保罗·R. 伯特尼、罗伯特·N. 史蒂文斯主编:《环境保护的公共政策》,穆贤清、方志伟译,上海三联书店、上海人民出版社2004年版,第24页。

〔3〕 [美]理查德·A. 波斯纳:《法理学问题》,苏力译,中国政法大学出版社2002年版,第580页。

〔4〕 See Adam Babich, *Too Much Science in Environmental Law*, Columbia Journal of Environmental Law 28, 2003, p. 184.

为以排放源为类别的“基于技术的标准”,目的在于增强排放标准的客观性和可操作性。[1] 美国国会在抛弃了对于有毒空气污染物基于风险进路的规制后,直接采取了基于技术的标准,界定出189种有害空气污染物,及相对应的最低限度的限制标准。美国环保署可以决定是否采取较严格的限制,但必须考虑技术和经济可行性。[2] 基于技术的标准许多要求最大可行的减排,但有些则要求没有这么严格。见表3-1[3] 和表3-2[4]。

表3-1 《清洁空气法》中基于技术的控制标准(严格程度递增)

标准	适用	相关规定	影响
合理可得控制技术(Reasonably Available Control Technology, RACT)	未达标地区的现有污染源	§ 172(c)(1)	要求所有的污染源适用平均现有技术(不是领先的“最好”技术)
最佳证明可得技术(Best Demonstrated Available Technology, BDAT)	新污染源排放标准(New Source Performance Standards, NSPS)下的固定污染源	§ 111(a)(1)	特别地考虑成本,但是要求和最佳控制相似的污染源的减排相称
最佳可得控制技术(Best Available Control Technology, BACT)(有时假定为最佳可得技术)	防止重大退化(prevention of significant deterioration, PSD)地区的新重大污染源	§ 165(a)(4)	要求最大限度可行的污染减排,基于个案考虑成本和其他因素;必须至少与根据第111条规定的NSPS同样严格

---

〔1〕 参见张辉:《美国环境法研究》,中国民主法制出版社2015年版,第214页。

〔2〕 See Patricia Ross McCubbin, *The Risk in Technology-Based Standards*, Duke Environmental Law & Policy Forum 16, 2005, p. 30-32.

〔3〕 See Daniel A. Farber, *Jody Freeman*, *Ann E. Carlson*, *Cases and Materials on Environmental Law*, eighth Edition, St. Paul, West, 2010, p. 551.

〔4〕 Daniel A. Farber, *Jody Freeman*, *Ann E. Carlson*, Cases and Materials on Environmental Law, eighth Edition, St. Paul, West, 2010, p. 707.

续表

标准	适用	相关规定	影响
最大可得控制技术(Maximum Achievable Control Technology, MACT)	有毒空气污染物的重大污染源	§ 112(d)(2) § 112(d)(3)	要求现有重大污染源与产业最佳12%相称;新重大污染源与最佳控制相似污染源相称
最低可得减排(Lowest Achievable Emissions Reduction, LAER)	处于未达标地区的新建或者改建的重大固定污染源	§ 171(3) § 171(a)(2)	要求最严格的现行排放限制,无论是否实际达到或者被任何州实施计划(States Implementation Plans, SIP)包括,对于可适用的污染源种类

表 3-2 《清洁水法》中的基于技术的标准(严格程度递增)

标准	适用	相关立法	影响
最佳管理办法(Best Management Practices, BMP)	非点源(nonpoint sources)	§ 319(a)(1)(c) § 319(b)(2)(A)	要求各州对于没有达到州水质量标准的非点源确定最佳管理办法;决定州获得联邦技术支持和项目计划基金的资格,但是不指定直接可实施的标准
目前可得的最佳适用技术[Best Practiciable Technology(currently available), BPT]	现存污染源	§ 301(b)(1)(A) § 304(b)(1)(A) § 304(b)(1)(B)	要求污染源达到污染源分类中最佳执行者的平均标准;EPA必须衡量成本和收益但是适用"恭敬"(deferential)的标准,不需要进行曲线拐点测试

续表

标准	适用	相关立法	影响
常规污染物的最佳控制技术[Best Conventional (pollutant control) Technology, BCT]	产生传统污染物的现存污染源(例如BOD、淤泥、肠系细菌)但是不能达到BAT	§301(b)(2)(E) §304(b)(4)(A) §304(b)(4)(B)	包括隐含的CBA要求;意图比BPT更严厉同时未达到BAT,但是已经在实践中降至BPT
经济上可行最佳可得技术[Best Available Technology (economically achievable), BAT]	现存污染源	§301(b)(2)(A) §304(b)(2)(A) §304(b)(2)(B)	环保署可以要求该污染源达到可适用的污染源种类当中单个最佳执行者的排放情况;要求考虑成本,但是不进行权衡;对于有毒物质,可以包含零排放标准[307(a)(2)]
最佳证明可得技术(Best Demonstrated Available Technology, BDAT)	新污染源(在EPA规定可适用的新源标准之后建立)	§306(a)(1)	要求在建造时已证明和可得的最佳控制技术;隐含要求考虑过程改变和零排放,成本考虑是强制性的,但是与BAT一样,不要求权衡,并且署长对于成本的考虑因素具有相当大的裁量权

这种转变在德国环境法上也有所体现。随着科技的日益进步,德国有关空气污染防治的规定,过去对空气污染的管制是在发放许可时将审查设施是否对人类与环境造成风险作为依据,由主管机关制定行政规则性质的空气污染限制标准,要求设施周围空气质量不得低于这些标准。现在则演变为由污染源排放的控制所取代,即污染设备所排放的废弃物如果在科技上可能避免,就应当尽量避免,而且取决于污染设备附近的空气品质是否

需要改善,以及是否已经超出主管机关制定的标准。因此即使污染设施排放的废气并未超出标准且在人类及环境所能容许之范围,但若该设备在科技上是可以预防污染源的排放时,就应当采取措施避免污染源的排放。[1]

(二)技术可行性和经济可行性

基于技术的标准首先要求考虑技术可行性。在美国,确定可行性时采取的是“追随领先者”(follow-the-leader)原则,要求美国环保署设定至少与实践中达到最佳控制的相似企业严格程度相同的标准。这一原则可能会产生严厉的后果,因为制定出的标准可能是一些设备难以遵守或达到的,一些企业将会不得不关闭。一些基于技术的标准的立法历史表明美国国会要求标准足够严格允许边缘的或者落后的设备退出产业。[2] 基于技术的标准通过对同类所有企业同样对待创造出一个公平的竞争环境(playing field)。[3] 当然,立法也包含了一些机制来改善对于大范围的设备采取严格统一标准的潜在严厉后果。例如,有时授权行政机关对于不同设备的亚种类设定不同的标准,[4]以避免普遍的关闭而不是避免一些落后设备的关闭。[5] 另一种改善的方法是对执行标准困难的个别工厂提供特殊许可,要求污染者能够说明其特殊情况包括执行的成本,超出环保署在制定标准时考虑的“范围或者条件”,[6]但这就有可能造成实践中标准的不统一。

基于技术的标准制定通常要求行政机关在考虑安装和操作特定污染控制技术的可行性之外考虑执行的成本即经济可行性。立法可以要求行政机关通过考虑成本以判断设备所有人是否能够支付执行的成本。成本

---

〔1〕 参见陈慈阳:《环境法总论》,元照出版有限公司 2011 年版,第 435 页。

〔2〕 Industrial Union Department, AFL-CIO v. James D. Hodgson, 499 F. 2d 467,477(D. C. Cir. 1974).

〔3〕 See Wendy A. Wagner, *Innovations in Environmental Policies: The Triumph of Technology-Based Standards*, University of Illinois Law Review 2000, 2000, p. 103-104.

〔4〕 American Iron and Steel Institute. v. Environmental Protection Agency, 568 F. 2d 284, 297-300(3d Cir. 1977).

〔5〕 Weyerhaeuser Company v. Douglas M. Costle, 590 F. 2d 1011,1036-1037(D. C. Cir. 1978).

〔6〕 Environmental Protection Agency v. National Crushed Stone Association, 449 U. S. 64, 76-77(1980).

限制要求成本的评估,技术限制要求工程可能性的评估,例如技术评估(technological assessment)。但是成本评估以技术评估为先决条件。环境改进的成本与发生于制造必要的物理改变来完成环境改进的成本相等。在工程师描述出用于制造改进的技术之前没有人能够估计某项环境改进的成本。成本包括规制者必须分析执行该技术上可行的减排是否会导致工厂的关闭。这隐含着规制者必须将成本不是同收益比较,而是同规制前的毛利和财产价值相比较。如果成本足够高到使工厂不盈利将会导致工厂主关闭工厂。因此,可行性分析也包含了成本对关闭影响的评估。可行性原则要求最大减量至少直到工厂开始关闭为止。[1] 如果经济可行性的检测被理解为阻止大范围的工厂关闭,那么可行性的判断不是取决于成本和收益的关系,而是取决于成本和被规制产业的经济能力。[2]

需要强调的是,技术可行性和经济可行性包含两层含义:一是排放标准的要求必须在技术上能够实现,且能有效削减污染物排放;二是经济上合理或可接受,二者必须同时满足。既不能强调技术的可行性,而忽视经济条件;又不能强调经济可行,而忽视技术的可行性和先进性。[3] 此外,对于不同特性的污染物,控制技术的筛选也有等级差异,对于常规污染物来说,在技术可行的基础上充分考虑经济因素(BPT);对于有毒污染物,甄选先进、可行、有效的技术,适度考虑经济因素。[4]

(三)对基于技术的标准的批评

基于技术的标准也遭到了很多批评。例如,在原理上,有学者认为基于技术的标准是为了控制而控制。毕竟环境风险规制是为了得到环境收

---

〔1〕 See David M. Driesen, *Distributing the Costs of Environmental, Health and Safety Protection: The Feasibility Principle, Cost-Benefit Analysis, and Regulatory Reform*, Boston College Environmental Affairs Law Review 32, 2005, p. 9-16. 然而,有学者指出,这虽然可以解释最大可得减排和最佳可得技术,但是合理可得控制技术并没有表明要达到最大减排或者适用最佳技术。See David M. Driesen, Rovert W. Adler, *Environmental Law: A Conceptual and Pragmatic Approach*, New York, Aspen Publishers, 2007, p. 220.

〔2〕 National Wildlife Federation, et al. v. Environmental Protection Agency, 286 F. 3d 554,564(D. C. Cir. 2002).

〔3〕 参见周扬胜、张国宁、潘涛等:《环境保护标准原理方法及应用》,中国环境出版社2015年版,第258页。

〔4〕 参见周扬胜、张国宁、潘涛等:《环境保护标准原理方法及应用》,中国环境出版社2015年版,第258页。

益,而基于技术的标准只是简单地考虑了成本而没有考虑相关的环境效益。它关注的是可以做什么,而不是关注减排对于环境的价值。在操作上,对何为“最好”的技术存在争议,在极端情况下,一项根本的、或许是苛刻的最好技术是完全关闭污染源。[1] 在效果上,“可行”并不意味着“最佳”或者“理想”。学者也常批评基于技术的统一标准是无效的,因为忽略了工厂和产业界在减排成本以及对于污染产生影响的地理因素的变量。此外,有学者还认为,基于技术的标准没有为技术革新提供充足的动机,只是促进了产业界坚称是不可行的但却已经存在的技术。[2]

行政机关在制定基于技术的环境标准时面临的最大困难则是信息不对称(information asymmetry)的问题。信息不对称是能力不足的表现之一。行政机关常常缺乏充足的信息来确定对于某一产业来说何为可行性,而被规制的产业对于自身的运营以及进行污染控制的潜力都比行政机关拥有更全面、更真实的信息。行政机关通常需要依靠被规制的产业来估算技术可行性和经济成本,而被规制的产业有充足的动机夸大成本以促使环保署采取较为宽松的标准。[3] 针对这一情况,美国《清洁空气法》规定了美国环保署有权命令产业监测和报告其排放以及检测设备来促进标准的制定。[4] 然而美国《文书削减法》(Paperwork Reduction Act)授权管理和预算办公室(Office of Management and Budget, OMB)审查政府文书工作

---

〔1〕 参见[美]保罗·R.伯特尼、罗伯特·N.史蒂文斯主编:《环境保护的公共政策》,穆贤清、方志伟译,上海三联书店、上海人民出版社2004年版,第24页。

〔2〕 See Bruce Ackeran, Richard Stewart, *Reforming Environmental Law: The Democratic Case for Market Incentives*, Columbia Journal of Environmental Law 13, 1988, pp. 171-174; Richard B. Stewart, *Regulation, Innovation, and Administrative Law: A Conceptual Framework*, California Law Review 69, 1981, p. 1256, 1304; D. Bruce La Pierre, *Technology-Forcing and Federal Environmental Protection Statutes*, Iowa Law Review 62, 1977, p. 771, 796.

〔3〕 See Thomas O. McGarity, Ruth Ruttenberg, *Counting the Cost of Health Safety and Environmental Regulation*, Texas Law Review 80, 2002, p. 1997-1998; Winston Harrington, Richard D. Morgenstern, and Peter Nelson, *On the Accuracy of Regulatory Cost Estimates*, Journal of Policy Analysis and Management 19, 2000, p. 297.

〔4〕 42U. S. C. § 7414(a).

所造成的负担,这可能抑制了该项权力的自由行使。[1] 即使被规制的产业需要提供详细的信息,但是由于行政部门缺少畅通快捷的信息收集与反馈途径,企业的信息也难以报送给政府机关,而且准备这些信息可能需要花费大量时间,这无疑会拖延标准的制定。而在行政机关使用这些信息时,由于不得泄露商业秘密等要求,限制了公众利用信息的机会,并且会因为信息的不公开而使标准制定的正当性受到质疑。

法院虽然认识到产业的逐利动机,但仍然认为行政机关应当承担举证责任。在美国全国石灰协会诉美国环保署案[2](National Lime Association v. Environmental Protection Agency)中,争议围绕对于整个产业来说拟议标准是否是可以达到的(achievable),以及被规制的产业通过其贸易协会,是否应当承担证明环保署的结论对于整个产业来说是不可靠的全部责任。产业界在标准制定过程中的紧要关头没有作出反应,没有在环保署要求提交数据时提交反对标准是可以达到的数据。法院指出,在假定获取数据的成本比执行产业界总体达不到的标准的成本要低的情况下,期待产业界可以积极地为其主张提供数据。法院质疑产业不提供这类数据是否意味着可得的数据可能不利于产业。然而法院仍然将案件发回,因为法院认为总的来说,环保署应当确定地表明其标准反映了影响不同工厂排放的相关变量的范围。这并非意味着环保署应当在其规制的权限内对于每一个工厂进行重复的检测,而是必须对于操作中可识别变量的排放可能造成的影响给予适当的考虑,以及在进行检测和识别相关变量所拟议的标准的可行性时提供合理性。为促进公众评论,法院认为环保署最初的标准支持陈述中就应当包含这种合理性考虑。[3] 可见,法院的判决可能会加剧信息不对称的负面效果。鉴于遵守规则所带来的高昂成本以及提起针对规则要求的诉讼所带来的潜在收益,对于工厂而言,进行相关的诉讼比遵守相关的规则

〔1〕 See General Accounting Office, *Environmental Regulation: Differences Remain between EPA and OMB over Paperwork Requirements*, Accessed September 15, 2020, https://www.gao.gov/assets/230/220274.pdf.

〔2〕 627 F. 2d 416(D. C. Cir. 1980).

〔3〕 See David M. Driesen, Rovert W. Adler, *Environmental Law: A Conceptual and Pragmatic Approach*, New York, Aspen Publishers 2007, p. 208.

更加有利。[1]

值得注意的是，基于风险的标准和基于技术的标准并不是截然分开、相互对立的。很少的规制系统是纯粹由这两种之一构成的，因为基于技术的标准在保护公众健康和环境资源上并不具有正当性，而基于风险的标准则在产业不倒闭的情况下难以达成。同时也很难说两种进路哪个更为严格。[2] 可以说，基于风险的标准和基于技术的标准之争贯穿了美国污染防治立法。美国环保署在设计法规时，经常需要在不太灵活但是容易监管的基于技术的标准和更加复杂但是相对灵活的基于风险的健康标准之间做出选择。[3] 甚至有时美国的环境政策会在基于风险和基于技术的标准之间摇摆不定。例如，美国国会成员投票认为用基于技术的标准来取代失败的基于风险的有毒空气污染物控制系统，几年后，却试图迫使美国环保署将更多的规制决策基于科学风险评估。[4] 在 1990 年之前，针对《清洁空气法》第 112 条是否完全基于有关健康的因素，在自然资源保护委员会诉美国环保署案[5]（Natural Resources Defense Council v. U. S. Environmental Protection Agency）中，法院回答了环保署如何确定危险空气污染物的安全余地这一问题。第一步，环保署长必须完全根据科学数据确定安全余地，而不可以考虑成本或者技术可行性。当然这里不需要“零风险”，只需要“可接受程度”即可。第二步，一旦“安全”得以确认，环保署长可以在其自由裁量权限内将标准设置在最低可行水平以减少尽可能多的统计确定的风险。美国国会在《清洁空气法 1990 年修正案》中，对第 112 条进行了修正，由纯粹的健康标准转向混合标准。国会把基于风险的标准作为基于技术的标准的补充，而改变了原来基于风险的有毒空气污染物的排放标准。环保署必须制定不同产业种类的全面的基于技术的排放标准。然而，

---

〔1〕 参见王慧编译：《美国环境法的改革——规制效率与有效执行》，法律出版社 2016 年版，第 180 页。

〔2〕 See Bruce A. Ackerman, Richard B. Stewart, “Reforming Environmental Law”, *Stanford Law Review* 37, 1985, p. 1337.

〔3〕 参见[美] 詹姆斯·萨尔兹曼、巴顿·汤普森：《美国环境法》（第 4 版），徐卓然、胡慕云译，北京大学出版社 2016 年版，第 43 页。

〔4〕 See Adam Babich, *Too Much Science in Environmental Law*, Columbia Journal of Environmental Law 28, 2003, p. 119.

〔5〕 824 F. 2d 1146 (D. C. Cir. 1987).

对于健康阈值已经设定的污染物，署长需要考虑阈值水平，并且在制定排放标准的时候，留有适当的安全余地。此外，根据第 112 条第 f 款的规定，美国国会要求环保署在执行基于技术的标准之后向国会报告仍然存在的健康风险，即剩余风险报告（Residual Risk Report），并且为针对该风险的立法提供建议。如果国会未能针对这些建议做出行动，对于任何种类的污染源所制定的基于技术的标准后 8 年，环保署必须发布补充性的基于风险的标准"以提供适当的安全余地来保护公众健康，或者在考虑成本、能源、安全以及其他相关因素的情况下，预防负面环境影响"。〔1〕与之相应，在自然资源保护委员会诉美国环保署的另一个案件〔2〕中，法院认为，第一步，环保署有义务以最佳可得控制技术来控制排放一种或多种所列有毒空气污染物的主要污染源；第二步，环保署应当审查未被初始基于技术的标准消除的剩余健康风险，这一步骤被认为是"基于风险"或者"基于健康"的，因为要求环保署基于给定污染物的健康风险的医学评估而不是现有的控制技术进行审查。可见，对于基于技术的标准来说，行政机关不仅会考虑适用如可得控制技术的成本，也会考虑这些技术将如何减少有害污染物产生的风险以及对公众健康产生的益处。有学者也认为，从理论上说，行政机关在制定基于技术的标准时应当衡量成本以及风险降低收益（risk reduction benefits）。〔3〕

三、成本—收益进路

在制定标准时，除了需要确定我们期待的空气清洁程度，也需要确定我们愿意为了这种清洁的空气付出多大的代价，以及谁将为此埋单。〔4〕零风险途径最根本的问题就是其阻碍在收益和成本之间进行权衡。〔5〕成本—收益进路和上述两种规制范式考虑的因素都不同，简单地说，就是在规制成本和规制收益之间进行比较。

---

〔1〕 CAA § 112 (f)(2)(A). 42U. S. C. § 7412 (f)(2)(A).

〔2〕 529 F. 3d 1077, 1078-1083(D. C. Cir. 2008).

〔3〕 See Patricia Ross McCubbin, *The Risk in Technology-Based Standards*, Duke Environmental Law & Policy Forum 16, 2005, p. 1.

〔4〕 参见［美］詹姆斯·萨尔兹曼、巴顿·汤普森：《美国环境法》（第 4 版），徐卓然、胡慕云译，北京大学出版社 2016 年版，第 82 页。

〔5〕 参见［美］保罗·R. 伯特尼、罗伯特·N. 史蒂文斯主编：《环境保护的公共政策》，穆贤清、方志伟译，上海三联书店、上海人民出版社 2004 年版，第 24 页。

这种比较将始终存在于各类环境标准的制定过程中，因为可接受风险本身即意味着某种权衡。基于成本—收益进路，美国环保署的行政官员在有关法律条文的指示下，建立起保护健康和其他价值的标准，同时考虑成本开支和管制的其他不利后果。〔1〕经济原则表明在一个理想的世界里，每个被规制群体中的成员仅会花费与减少风险所获得收益相当的金钱用于污染控制。〔2〕20多年来，成本—收益分析的运用在美国学术和司法圈占有显著的优势地位，同时也得到行政命令的支持。〔3〕法官有时会向环保署施加某些形式的成本—收益义务作为对于合理决策的要求，尽管对于这一问题，立法并没有予以规定。〔4〕例如，在塞拉俱乐部诉环保署案〔5〕(Cierra Club v. Environmental Protection Agency)中，法院认为当法规含糊不清时，环保署有考虑成本的自由，有学者也主张该法院的结论是正确的。〔6〕在我国，对于环境决策以及环境标准制定中的成本—收益分析的强调也与日俱增。〔7〕

即使制定法和判例都确定美国国家环境空气质量标准不考虑成本，但法院也认为《清洁空气法》第109条的规定并没有要求环保署消除所有不管多么轻微的健康风险，付出无论多么重大的经济成本，来"冲击"产业至

---

〔1〕参见[美]保罗·R.伯特尼、罗伯特·N.史蒂文斯主编：《环境保护的公共政策》，穆贤清、方志伟译，上海三联书店、上海人民出版社2004年版，第25页。

〔2〕See Victor B. Flatt, *Saving the Lost Sheep: Bringing Environmental Values Back into the Fold with a New EPA Decisionmaking Paradigm*, Washington Law Review 74, 1999, p. 5.

〔3〕See David M. Driesen, Rovert W. Adler, *Environmental Law: A Conceptual and Pragmatic Approach*, New York, Aspen Publishers 2007, p. 261.

〔4〕See Richard G. Stoll, *Cost-Benefit Analysis through the Back Door of "Reasoned Decisionmaking"*, Environmental Law Reporter 31, 2001, p. 10228.

〔5〕375 F. 3d 537,541(7th Cir. 2004).

〔6〕See Craig N. Oren, *The Supreme Court Forces a U-Turn: The Fate of American Trucking*, Environmental Law Reporter 34, 2004, p. 10687.

〔7〕国务院于2004年颁布的《全面推进依法行政实施纲要》第17条中明确提出："积极探索对政府项目尤其是经济立法项目的成本效益分析制度。政府立法不仅要考虑立法过程成本，还要研究其实施后的执法成本和社会成本。"原国家环保总局随后在《国家环境保护总局关于贯彻落实(全面推进依法行政实施纲要)的通知》中指出，"提出环境立法项目，要实行环境立法项目的经济技术可行性论证；提出重大环境管理制度和政策方案，要深入分析成本和效益"。参见《国家环境保护总局关于贯彻落实〈全面推进依法行政实施纲要〉的通知》(环发〔2004〕74号)，原国家环境保护总局，2004年4月30日发布。

"毁灭的边缘",或者强制"解除工业化"(deindustrialization)。[1] 因为前工业社会(preindustrial society)并不是很健康的社会,因此要求回到石器时代的标准并不是"保护公众健康的必要条件"。[2] 有学者认为,过度规制本身就是对健康的损害。富人比穷人更健康,而过度规制因其浪费资源而使我们贫穷。[3] 这种语境下的健康成本一般指与失业者相关的成本:如压力的增加、物质的滥用、家庭暴力等。[4] 有学者甚至指出,环境空气质量标准应当基于整体社会的视角反映出与控制污染成本相关的健康和空气污染的其他成本,来达到"最适宜"(optimal)的污染水平或者是空气质量。这一标准应当基于成本—收益分析,而不是基于所有负面空气污染影响应当被消除或者至少最小化的假定。[5] 当然,美国法院对于《清洁空气法》第 109 条的解读并不意味着标准可以在单独的成本—收益分析基础上制定,而是将成本作为环保署制定环境空气质量标准时,一个与健康、生态及其负面影响一样的考虑因素。[6] 至少,环境空气质量标准制定中的这种权衡并不公开和明确。

有些规定则是对环境标准的制定直接提出了成本—收益分析的要求。例如,美国国会颁布的《有毒物质控制法》(Toxic Substances Control Act, TSCA)中明确要求进行成本—收益分析并进行风险平衡(risk-balancing),规定美国环保署应当对某一物质的不合理的风险(unreasonable risks)进行评估并考虑成本从而确定适当的安全余地,并以此为根据制定标准以保护公众健康。而《清洁空气法》第 112 条第(d)款第(2)项在规定基于技术的最大可得控制技术标准时指出:"根据本款规定的排放标准……应当要求

---

〔1〕 American Trucking Associations. Inc. v. United States Environmental Protection Agency, 175 F. 3d 1027, 1037, 1038 n. 4(CADC 1999).

〔2〕 Whitman v. American Trucking Associations Inc., et al., 531 U. S. 457, 121 S. Ct. 903, 149 L. Ed. 2d 1(2001).

〔3〕 See Frank B. Cross, *When Environmental Regulations Kill: The Role of Health/Health Analysis*, Ecology Law Quarterly 22, 1995, p. 730-731.

〔4〕 参见[美]戴维·凯瑞斯编:《法律中的政治——一个进步性批评》(原书第 3 版),信春鹰译,中国政法大学出版社 2008 年版,第 133 页。

〔5〕 See James E. Krier, *The Irrational National Air Quality Standards: Macro-and Micro-Mistakes*, UCLA Law Review 22, 1974-1975, p. 323.

〔6〕 参见[美]保罗·R. 伯特尼、罗伯特·N. 史蒂文斯主编:《环境保护的公共政策》,穆贤清、方志伟译,上海三联书店、上海人民出版社 2004 年版,第 162 页。

本条规定的有毒空气污染物的最大程度的减排……署长需要考虑达成该减排的成本，以及任何非空气(non-air)质量健康和环境影响……来决定是可以达到的。"〔1〕需要说明的是，成本—收益分析中对于环境规制的直接成本和制定基于技术的标准时对于直接成本的计算是一致的，但是，基于技术的标准通常要求考虑成本但并不要求成本—收益分析。〔2〕

(一)从成本—收益分析到风险—收益衡量

在环境标准的制定过程中如何进行成本—收益分析，行政机关面临着艰难的抉择，成本—收益分析意味着要以公众健康和环境资源为代价来维护污染者的经济利益。要想获得某种程度的平衡，行政机关不得不考虑保护健康和环境的目标和环境规制的成本以及其他不利后果，对所有有利和不利的结果进行经济分析。表面上看，这种分析和平衡是合理的。成本—收益分析能避免人们只关注问题的某个部分，而要求他们全局性地看待表面上孤立的各个行为所产生的总后果，有利于校正认知扭曲和建立资源配置的合理优先顺位。〔3〕然而要对所有有利和不利的结果作出准确的分析是相当困难的，因为无法穷尽所有可能的结果，而科学不确定性的存在使即使依靠现有科学技术也不能就某一行为可能造成未来的不良影响得出明确和确定结论。

行政机关在具体分析上也将面临困境。当环境风险规制要求减排时，就会产生直接的成本，例如被规制企业或者个人必须为符合规制要求花费金钱，同时也会产生有关雇用和经济问题的间接成本。由于减排所带来的环境改进的收益并不像成本那样容易计算。计算收益有两个步骤。首先，要进行量化的风险评估，然后需要将收益货币化。例如，将规制所带来的健康和环境的结果用具体的价格表示。量化的风险评估要求行政机关估计规制所预防的死亡、疾病或者其他后果，但是由于缺乏充足的数据很难

〔1〕 42 U. S. C. § 7412(d)(2).

〔2〕 See David M. Driesen, Rovert W. Adler, *Environmental Law: A Conceptual and Pragmatic Approach*, New York, Aspen Publishers 2007, p. 225.

〔3〕 参见[美]凯斯·R.孙斯坦:《风险与理性——安全、法律及环境》，师帅译，中国政法大学出版社2005年版，第131~132页。

对此进行量化,特别是生态损害。〔1〕有学者指出,生命、健康等与财富属于完全不同的领域,它们之间根本无法比较(incommensurability),更难以给生命健康定价。〔2〕在美国一个生命分配的数值曾是400万美元,〔3〕之后曾被认为值610万美元,〔4〕到2013年时约为900万美元。〔5〕但不管数值具体是多少,总是充满争议。而很多变量,例如美学或者娱乐上的价值根本无法用货币来表现,往往只能通过条件价值评估(contingent valuation studies)或陈述偏好研究法,〔6〕但是人们的偏好会随着时间的推移而改变。〔7〕因此,由于经济分析具有很大的不确定性和自由度,使这种成本—收益分析仍停留在定性阶段。

于是,作为成本—收益分析的变体,风险—收益衡量(risk-benefit balancing)将成本—收益分析适用于风险规制决策中,用于平衡风险和收益。〔8〕项目的消极结果用对个人或团体的风险的种类和大小来衡量,而不是货币单位来衡量。这一分析方法正是为了解决在科技工业社会中出

---

〔1〕 See David M. Driesen, Rovert W. Adler, *Environmental Law: A Conceptual and Pragmatic Approach*, New York, Aspen Publishers 2007, p. 239-240.

〔2〕 See Leon Rodriguez, *Constitutional and Statutory Limits for Cost-Benefit Analysis Pursuant to Executive Orders*, Boston College Environmental Affairs Law Review 15, 1988, p. 505.

〔3〕 See Cass R. Sunstein, *Cost-Benefit Default Principles*, Michigan Law Review 99, 2001, p. 1652.

〔4〕 See David M. Driesen, Rovert W. Adler, *Environmental Law: A Conceptual and Pragmatic Approach*, New York, Aspen Publishers 2007, p. 240.

〔5〕 统计生命价值会受到诸多因素的影响,例如背景风险(background risk)、年龄、经济条件、国家(地区)、种族、性别等都会导致得出不同的统计生命价值。参见[美]凯斯·桑斯坦:《为生命定价:让规制国家更加人性化》,金成波译,中国政法大学出版社2016年版,第110~114页。

〔6〕 参见[美]凯斯·桑斯坦:《为生命定价:让规制国家更加人性化》,金成波译,中国政法大学出版社2016年版,第64页。

〔7〕 对于法律经济学的确是褒贬不一的。See Katz, Avery Wiener, *Foundations of the Economic Approach to Law*, Beijing, Law Press, 2005, p. 344-391.

〔8〕 尽管风险—收益衡量和成本—收益分析大多数时候可以互换,但是有学者认为"收益"在两者中的含义是不同的。风险—收益衡量中的"收益"是指被规制物质所提供的收益,而成本—收益分析中的"收益"则是规制风险所得到的健康或者环境改进。See Robert V. Percival, Christopher H. Schroeder, Alan S. Miller, James P. Leape, *Environmental Regulation: Law, Science, and Policy*, 6th ed., New York, Aspen Publishers 2009, p. 246.

现的特殊决策难题,特别是与之伴随的大量科技和环境危害的出现。[1]这种方法得到广泛的肯定,在美国,正式的风险—收益衡量事实上逐渐成为每一项政策必须经过的基本测试。[2]

风险—收益衡量,是指在量化风险评估的基础上,将风险评估和成本—收益分析相结合。风险收益分析是正常成本—收益分析的倒置:它最初假设不对风险采取行动,这种不行动的代价就是风险发生的可能性,而不行动的收益则是预防费用的节余。如果费用低于收益,不行动是正确的。[3] 风险收益分析的目的在于根据成本—收益的比较确定是否应当对目标风险进行规制。和成本—收益衡量方法相比,风险—收益衡量的范围更为宽泛,除了经济性考虑外,还包括许多非经济性的考虑,如规制措施的效益,政治上的可行性等。从这一点来看,价值判断在风险—收益衡量中所占的比重更大,其科学确定性基础往往不很牢靠,有时候难免蒙上政治色彩。[4] 同时,正式和量化的风险收益分析也可能会导致"分析的僵局",虽然有时一个粗略和定性的比较就已经足够,但是在有些立法中,例如《联邦杀虫剂、杀真菌剂和灭鼠剂法》(The Federal Insecticide, Fungicide, and Rodenticide Act, FIFRA)和《有毒物质控制法》要求环保署在审查时进行定量比较。防腐蚀配件公司诉环保署案(Corrosion Proof Fittings v. Environmental Protection Agency)就显示出这种量化分析将延迟政府监管,增加监管难度。[5]

(二)从风险—收益衡量到风险—风险权衡

在环境、安全和健康等风险规制领域,必须追问以下几个问题:第一,风险规制会带来哪些直接或间接的成本;第二,是否会因遵守了风险规制

---

〔1〕 参见[美]弗兰克·费希尔:《公共政策评估》,吴爱明、李平等译,中国人民大学出版社2003年版,第39~40页。

〔2〕 参见[美]弗兰克·费希尔:《公共政策评估》,吴爱明、李平等译,中国人民大学出版社2003年版,第192页。

〔3〕 参见经济合作与发展组织:《环境项目和政策的经济评价指南》,施涵、陈松译,中国环境科学出版社1996年版,第25页。

〔4〕 参见周卫:《美国环境规制中的风险衡量》,载《中国地质大学学报(社会科学版)》,2008年第5期。

〔5〕 参见[美]詹姆斯·萨尔兹曼、巴顿·汤普森:《美国环境法》(第4版),徐卓然、胡慕云译,北京大学出版社2016年版,第82~83页。

而影响到我们其他方面的利益;第三,风险规制项目是否会带来新的风险;第四,风险规制实施过程中会有什么新的困难,会遭遇什么实际的问题。[1] 这就要求在考虑规制能在多大程度上实际消除特定风险的同时,考虑规制本身在多大程度上产生不同的风险;规制在多大程度上剥夺这些物质目前给使用者带来的收益,又会在多大程度上带来附加的成本。风险规制还意味着必须考虑一些实际的问题,如实施规制的困难,规制公布后可能引起的政治反应。第五,风险规制者可以根据已经确证的风险,根据与替代进路相关联的风险,在考察规制对收益和成本的影响及其可行性之后,得出自己的结论。[2] 因此,在进行成本—收益分析时不仅要考虑风险规制的直接后果,也需要考虑间接后果。而风险—风险权衡就是要求在进行风险规制时综合全面地看待规制的后果,避免“头痛医头,脚痛医脚”的情况出现。[3]

风险—风险权衡理论旨在揭示,一项以削减特定健康风险为目的的规制措施,有可能导致其他风险。例如,采取昂贵的方式减轻空气污染,虽然可以保护公众健康,但是也会提高能源的价格,而能源价格的大幅上涨会给人们特别是贫穷的人们带来困难。[4] 又如,禁止工业废物的海洋倾倒有可能鼓励了这些废物在陆地的处置或焚化,派生的风险离人类及脆弱的淡水生态系统更近。在研究规制措施时,不仅要考虑其削减目标风险的主要效果,还应考虑其抵消风险等派生的不利后果(见表3-3)。通过对目标风险和抵销风险的比较与权衡,确定优先规制的风险,从而实现从整体上削减

〔1〕 参见宋华琳:《风险规制与行政法学原理的转型》,载《国家行政学院学报》2007年第4期。

〔2〕 参见[美]史蒂芬·布雷耶:《打破恶性循环:政府如何有效规制风险》,宋华琳译,法律出版社2009年版,第10页。

〔3〕 我国在风险规制的过程中经常会出现“头痛医头,脚痛医脚”的现象。例如,在2008年年初的抗雪救灾过程中,不少地方为了尽快清除路面积雪,使用了大量工业盐等融雪剂。而随着天气的转暖,融化的冰水和雪汇成小溪,涌向京珠高速旁沿线的一些小村庄,造成村民们饮用水中的氯离子含量已经接近饮用水的上限标准,不少人喝了引起发烧、呕吐、喉咙痛。当地环保部门前往调查后,初步怀疑这与京珠北高速破冰除雪时撒下的千吨融雪剂有关。参见王羽:《抗雪救灾vs.水源污染,融雪剂岂能“一撒了之”?》,载人民网:http://env.people.com.cn/GB/6898527.html,最后访问日期:2011年12月15日。

〔4〕 参见[美]凯斯·桑斯坦:《为生命定价:让规制国家更加人性化》,金成波译,中国政法大学出版社2016年版,第4页。

环境风险的目的。

表 3-3　抵消风险和目标风险的比较与权衡

影响	风险种类	
	相同	不同
相同人口	风险抵消	风险替代
不同人口	风险转移	风险转变

资料来源:Jonn D. Graham, Jonathan Baert Wiener eds. , *Risk versus Risk*: *Tradeoffs in protecting Health and the Environment*, Cambridge, Harvard University Press, 1995, p. 19。

这种风险—风险权衡理论也反映出整合性之环境保护的基本要求。第一,对于造成环境负担之物质与行为的规制,必须以环境作为整体加以考量,个别环境问题的调查不能仅以隔离式的观点,亦必须考量相关环境利益。第二,规制并非仅仅基于个别领域环境法规之总和,必须将个别领域环境问题之交互影响关系加以考量。环境大于环境个别领域之总和。第三,避免解决某特定环境问题却反而造成环境问题之转移。例如,解决了废弃物问题反而造成空气污染或水污染问题,或是水资源耗费的问题。[1] 这种整合性的环境保护思想在 1982 年《联合国海洋法公约》(The United Nations Convention on the Law of the Sea, UNCLOS)中已经得到重视,该公约第 195 条规定了不将损害或危险或转移或将一种污染转变成另一种污染的义务:"各国在采取措施防止、减少和控制海洋环境的污染时采取的行动不应直接或间接将损害或危险从一个区域转移到另一个区域,或将一种污染转变成另一种污染。"[2]

在标准制定的实践中,确定标准的宽严程度也需要经过风险—风险权衡的检验。1989 年,美国高速公路交通安全管理局(NHTSA)因为没有放宽法定汽车燃油经济性标准而被认为低估了对于安全的影响,即严格的汽车燃料消耗量标准鼓励生产者制造更小、相对不那么抗撞击的汽车,却带来生命的代价——严格的规制可能带来每年数百条生命的逝去。按照法

〔1〕 参见王毓正:《论环境法于科技关联下立法困境与管制手段变迁》,载《成大法学》2006 年第 12 期。

〔2〕《联合国海洋法公约》,载联合国网:https://www.un.org/zh/documents/treaty/files/UNCLOS-1982.shtml,最后访问日期:2020 年 9 月 15 日。

官斯蒂芬·威廉姆斯(Stephen Williams)的见解,高速公路交通安全管理局拒绝放宽标准,它甚至都没能认识到可能的"以燃料换生命"(lives-for-fuel)问题,而是"掩藏于官僚机构的繁文缛节之下,蜷缩不前"。[1] 即使是零排放汽车也会消耗能源,而且这些汽车的电池在填埋以后也有可能会发生泄漏最终可能危及环境。

贝克也曾以水晶加工厂环境污染案例为例说明环境标准的制定需要考虑实施的效果。他指出,立法机构越是宽泛地将许多种排放物质确定为环境污染源,或者越是严格地将很小的排放量也认定为构成环境污染,那么从法律意义上确证其排放污染物质和有毒气体的烟囱和排气管道的数目就越大,每一个烟囱和排气管道所分担的环境污染之责任也就越小。换言之,立法机构将环境污染标准制定得越严格,环境风险和灾难的责任主体就越多,而责任主体越多,每一个责任主体所承担的责任就越小,而且还越容易造成相互扯皮、责任模糊、无人真正负责的怪现象,导致真正的责任主体缺位和虚位。[2]

风险—风险权衡理论的深层意义在于,它提出了在不确定性和复杂性情境中的环境规制的合理性和正当性问题。每一规制的背后都可能导致另一种风险的产生、转移或者转变,人们主观的愿望和事实上能够得到的结果未必存在一种必然的、线性的因果关系,必须从整体上全面地看待问题。有学者将风险—风险衡量的价值作为环境标准制定应当基于成本—收益进路的理由之一。[3] 但是风险—风险权衡理论至多只是提供了一种新的方法论或者定性分析的视角,却无法解决环境标准具体数值的设定问题。

实际上,无论是风险—收益衡量还是风险—风险权衡,都源于风险预防原则的要求,也体现出比例原则和公平原则对环境法风险预防原则的影响。[4]

---

〔1〕 Competitive Enterprise Institute V. NHTSA, 956 F. 2d 321,327(D. C. Cir. 1992).

〔2〕 参见[德]乌尔里希·贝克:《从工业社会到风险社会(上篇)——关于人类生存、社会结构和生态启蒙等问题的思考》,王武龙编译,载《马克思主义与现实》2003 年第 3 期。

〔3〕 See David M. Driesen, Rovert W. Adler, *Environmental Law: A Conceptual and Pragmatic Approach*, New York, Aspen Publishers 2007, p. 260.

〔4〕 参见[德]乌多·迪·法比欧:《环境法中风险预防原则的条件和范围》,陈思宇译,载刘刚编译:《风险规制:德国的理论与实践》,法律出版社 2012 年版,第 275 页。

（三）环境正义和平等保护问题

在进行成本—收益分析时，关键的问题在于谁付出成本和谁获得收益，以及付出的是什么成本，获得的是什么收益。经常会被忽略的是，规制会产生胜负双方。[1] 有学者主张污染设备所产生的产品和财富会有助于社会安全。[2] 但是这种设想是通过将风险强加给失败者而为经济上的胜利者提供安全。仅基于经济效率作出有关生命和健康的决定会存在很多问题，风险分配必须在有效率的同时兼顾公平。

但是如何确保公平绝非易事。立法要求制定出的标准足以保护公众健康，但是如何定义"公众"却可能产生不同的效果。每个人基于潜在的健康情况可能存在不同的阈值，此时"公众"的最佳代表是普通人的平均标准，还是那些更加敏感脆弱的个体，例如身患哮喘的儿童？显然，如果标准仅仅保护一般公众，法律规制所付出的经济代价会小很多，但是在制定诸如全国性的空气标准时，到底是否考虑成本以及是否应当保护每个人呼吸清洁空气的权利，这可能会是个政治决策问题。[3] 如果既要考虑高暴露人群或物种，又要考虑高敏感人群或物种，甚至有时高暴露和高敏感的情况重合在一起，如儿童的铅暴露问题，就需要实行最严格的保护。[4] 这样设定的统一的国家标准，必然会导致大部分人群被过度保护。

在上文提及的铅产业协会诉美国环保署一案中，争议的焦点就包括美国环保署署长选择了儿童这一敏感人群作为目标人群，并断定为允许适当的安全余地，保护特定高风险亚群，标准应当保障99.5%的目标人群免受对于一般公众来说健康无害的"亚临床"（sub-clinical）影响。这一目标人

---

〔1〕 See Robert W. Hahn, Cass R. Sunstein, *A New Executive Order for Improving Federal Regulation? Deeper and Wider Cost-benefit Analysis*, University of Pennsylvania Law Review 150, 2002, p. 1525.

〔2〕 See Peter Huber, *Safety and the Second Best: The Hazards of Public Risk Management in the Courts*, Columbia Law Review 85, 1985, p. 337.

〔3〕 参见[美]詹姆斯·萨尔兹曼、巴顿·汤普森：《美国环境法》（第4版），徐卓然、胡慕云译，北京大学出版社2016年版，第83页。

〔4〕 参见周扬胜、张国宁、潘涛等：《环境保护标准原理方法及应用》，中国环境出版社2015年版，第221~222页。

群的选择引发了对于环境正义和平等保护问题的讨论。[1] 所谓环境正义,是指在环境保护法律及政策之发展、实施以及执行方面,对于所有不同种族、文化乃至于不同的教育程度的人群,公平地予以对待。所谓公平对待,则是说明没有任何人会因为缺乏政治或者经济上的力量,而被强迫承担不合比例的环境污染所造成的危害。[2]

有些标准被认为并不能充分提供保护是因为标准的制定常常基于对健康成年男性的影响。一些标准没有将有些个人可能比一般公民接触污染源更多,可能由于某些基因上易受感染的特性或者健康状况更为脆弱,或者可能拥有更少可得利用的防护和健康护理等情况考虑在内。[3] 在环境标准的制定过程中,应当考虑不同人群对于疾病的基因易受感染性。[4] 法院在美国肺脏协会诉环保署案[5](American Lung Association, et al. v. Environmental Protection Agency)中也指出,国家环境空气质量标准必须不仅保护平均健康个人,同时也包括"敏感的公民"——老人、儿童、哮喘或者肺气肿病人,或者其他情况下对空气污染更为脆弱敏感的人群。如果某一污染物影响这些敏感个体的健康,美国环保署则必须提高整体国家标准。

但这一理论上的论断仍然无法回答如何在制定标准中具体确定目标人群及其百分比。事实上,有研究表明,有色人种和低收入群体面临的健康和环境影响更大。[6] 例如,哮喘看起来在穷人和非白人中更为集中。而根据亚特兰大疾病控制中心的统计,哮喘是最常见的儿童住院的原因,而且哮喘所导致的儿童死亡从1980年到1993年提高了78%,同时该疾病

---

〔1〕 有学者指出,风险评估固然可以提供风险管理正当化的依据,但是却难以与环境正义相融合。环境正义不是概率的问题,不是统计学下的人命问题,也不是对于致癌物质可接受暴露程度设定的问题,更不是以科学替代民主程序下的决定作成。参见官文祥:《当行政遇上科学:从风险评估谈起——以美国法为例》,载《月旦法学杂志》2008年第153期。

〔2〕 See Robert R. Kuehn, *The Environmental Justice Implications of Quantitative Risk Assessment*, University of Illinois Law Review 1996, 1996, p. 106.

〔3〕 See Clifford Rechtschaffen, Eileen Gauna, *Environmental Justice: Law, Policy, and Regulation*, Durham, N. C., Carolina Academic Press 2002, p. 134.

〔4〕 See Jamie A. Grodsky, *Genetics and Environmental Law: Redefining Public Health*, California. Law Review 93, 2005, p. 171.

〔5〕 134 F. 3d 388(D. C. Cir. 1998).

〔6〕 Robert R. Kuehn, *The Environmental Justice Implications of Quantitative Risk Assessment*, University of Illinois Law Review 1996, p. 105.

主要集中在人口密度大的城市。纽约市的研究则表明,在穷人中因哮喘的住院率更高,少数种族地区则比富裕地区更高。[1] 如果处于市中心的儿童的确在统计上更可能来自低收入或者少数种族家庭,那么,环保署在制定铅的国家环境空气质量标准时是否包含了对环境正义问题的考虑?有学者质疑在选择只保护99.5%的市中心儿童时是否隐含了对其余市中心儿童的歧视?[2] 如果对于明知风险更高的特殊群体适用全国统一的标准显然降低了对这一特殊群体的保护力度,同时这一群体又常常由于其弱势地位而难以参与标准制定的程序。

有意思的是,同时也有研究表明,穷人和黑人是纯粹的获利者,而富人和白人则是纯粹的受损者,因为空气污染的负面效应主要集中在大城市,经济上处于弱势地位的人是《清洁空气法》的最大受益者。[3] 可见,这样的判断可能已经不仅是科学判断和数学计算的问题,而是涉及政策选择甚至政治倾向的问题。

另一个涉及环境正义和平等保护的例子是对劳动者和公众的差别保护。职业标准通常比公众标准所允许的暴露水平高10~1000倍。例如,美国环保署对辐射照射的公众标准设定为职业标准的1/10,以提供"安全余地"。而空气中的铅含量的职业标准比公众标准宽松30多倍。当然,保护劳动者和公众的双重标准本身并不必然是不公正或者不公平的。然而,有研究指出,这种差别保护并没有实现社会福祉的最大化,因为将风险"转移"到劳动者身上,而不是采取更为有效降低风险的方案,会使得社会总体负荷的风险日益增加,并使采用成本—收益措施的动因降低。同时,劳动者内部存在具有不同敏感性的人群,有些被置于高风险状态下的群体其实并没有能力承受这种风险。即便面临更高的风险,也可能没有获得相应的补偿。此外,这里隐含着同意接受职业风险是在既自由又知情的情况下作出的,但是信息未必充足,而且失业的可能性甚至被认为比健康受到极度

---

〔1〕 See Craig N. Oren, *Run Over by American Trucking Part* Ⅰ: *Can EPA Revive Its Air Quality Standards*?, Environmental Law Reporter 29, 1999, p. 10,661.

〔2〕 See Robin Kundis Craig, *Environmental Law in Context*: *Cases and Materials*, second edition, St. Paul, Thomson/West 2008, p. 531.

〔3〕 See Mattew E. Kahn, *The Beneficiaries of Clean Air Act Regulation*, Regulation 24, 2001, p. 34.

损害的可能性要严重得多。[1]

可能正是认识到成本—收益分析所采用的方法、前提、数据的可信度等都将影响相应的结果,它很可能被操纵用来得出规制者想要的任何结论,并成为坏决策的有力辩护和证明工具,[2]因此对成本—收益分析的反思也得到了行政机关的认可。例如,克林顿总统的12866号行政命令取代了12291号行政命令,该命令虽然重申了成本—收益分析的重要性,但要求在单纯的经济考虑之外,增加公平和分配影响等因素。[3] 12898号行政命令要求所有的联邦行政机关在制定环境政策时都应当考虑对于少数种族和贫民聚居区环境的影响,该项命令还要求行政机关在作出影响公民生存环境的决定时,应给予公众有意义的参与机会。[4]

值得注意的是,对以上三种进路的严格程度无法简单排序。在大多数情况下基于成本—收益进路的标准要比基于风险或者基于健康的风险更宽松,例如,美国国会在1996年修改《安全饮用水法》时,允许美国环保署在污染物的风险与规制成本不匹配的情况下,放宽饮用水的"污染物最高标准",设置一个"与规制成本相匹配的最大程度减少健康风险"的"污染物最高标准"。[5] 但在有些情况下并非如此。例如,假设有一种化学物质没有什么经济价值,但风险也相对很小,如果采用基于风险的标准,因为风险微乎其微,政府可能会置之不理,但是在风险—收益标准下,政府可能会选择管理这类化学物质,因为其收益可能比风险更小。又假设禁止某类农药的使用会造成许多农场破产,根据可行性标准也许不会禁止该农药,而

---

[1] 参见[美]珍妮·X.卡斯帕森、罗杰·E.卡斯帕森编著:《风险的社会视野(上):公众、风险沟通及风险的社会放大》,童蕴芝译,中国劳动社会保障出版社2010年版,第208~213页。

[2] See Leon Rodriguez, *Constitutional and Statutory Limits f or Cost-Benefit Analysis Pursuant to Executive Orders*, Boston College Environmental Affairs Law Review 15, 1988, p. 505.

[3] *Executive Order* 12866 *of September* 30, 1993, Accessed September 15, 2020, http://www. archives. gov/federal-register/executive-orders/pdf/12866. pdf.

[4] *Executive Order* 12898 *of February* 11, 1994, Accessed September 15, 2020, http://www. archives. gov/federal-register/executive-orders/pdf/12898. pdf.

[5] 参见[美]詹姆斯·萨尔兹曼、巴顿·汤普森:《美国环境法》(第4版),徐卓然、胡慕云译,北京大学出版社2016年版,第165页。

根据风险—收益标准将禁止该农药,如果其健康风险大于其带来的经济效益。[1] 对此,迈克尔·利弗莫尔(Michael Livermore)和理查德·拉泽兹(Richard Rezesz)两位教授对初级环境空气质量标准控制的5种污染物质(铅、氮氧化物、硫氧化物、可吸入颗粒物和臭氧)分别通过成本—收益分析和仅考虑健康因素两种方法来确定标准。结果发现,除了臭氧外,其他4种污染物通过成本—收益分析确定的大气环境质量标准比仅考虑健康因素所确定的大气环境质量标准更严格。这也在一定程度上说明了成本—收益分析并非都不利于公众健康,而仅仅考虑健康因素则一定能促进公众健康。[2]

基于风险的标准也未必比基于技术的标准更严格。基于风险的标准也许看起来更为严格,但实际上基于技术的标准很多时候会进行过度保护。例如,有学者举例说明,一家沿海半岛上的化工厂,如果当地有吹向海洋的稳定强气流,排放的化学物质不会与当地居民发生接触,在排放物对于海洋生物无毒的情况下,强迫工厂安装无益的设备显然是没有效率的。而基于风险的标准由于高度依赖数学模型,涉及大量假设和推断,存在数据造假的空间,可能被用来保护产业利益,从而降低环保标准。[3] 当然,相对来说,基于技术的标准由于反映出对技术能力的判断,可能会比基于风险的标准以及成本—收益进路更为透明、简单,也就更容易被监督和实施。

第四节　本章小结

在确定环境标准最终数值的风险管理阶段中,首先需要回应风险行政对于预防风险的要求。风险预防原则在环境标准制定中的适用在各国立法和实践中多有体现,但是风险预防原则内容和适用上的模糊性隐含着与

---

〔1〕 参见[美]詹姆斯·萨尔兹曼、巴顿·汤普森:《美国环境法》(第4版),徐卓然、胡慕云译,北京大学出版社2016年版,第162页。

〔2〕 参见李智卓、刘卫先:《美国环境标准制定中的利益衡量——以美国〈清洁空气法〉为例》,载《环境保护》2019年第6期。

〔3〕 参见[美]詹姆斯·萨尔兹曼、巴顿·汤普森:《美国环境法》(第4版),徐卓然、胡慕云译,北京大学出版社2016年版,第44页。

比例原则的冲突,难以为环境标准的确定数值提供明确的依据,却潜藏着行政机关滥用权力的危险。

在风险管理的三个进路中,基于风险的标准表面上仅依据对于公众健康和环境影响的风险评估并需要结合风险预防的考量,却可能存在事实上的成本—收益分析,反而更加掩盖了环境标准制定的实质,加剧了科学的伪装。由于需要耗费大量的时间和精力仍然无法解决风险评估中信息不足和不确定性问题,在实用主义考量下,各国出现了从基于风险的标准到基于技术的标准的转变。然而,基于技术的标准可能过多考虑了成本和产业的利益,而忽视了健康价值和环境效益。同时,由于产业把持了更为全面的信息,在信息不对称的情况下,行政机关很难作出符合真实情境的可行性判断。而无论是基于风险的标准还是基于技术的标准都无法回避成本—收益进路。这一进路理论上可以为行政机关提供相对统一的风险管理规则和整合性的环境保护思路,同时可以使比例原则的操作更为精确化,[1]但是也面临着量化成本和收益的困难以及可能被操纵而产生环境正义和平等保护问题。

可见,立法对于行政机关制定环境标准的授权规定虽然在很大程度上提出了风险管理过程中需要考虑的因素、应当遵循的原则以及风险规制的目标,但抽象的价值或者不确定法律概念的运用却给行政机关留下了广阔的解释空间,即在环境标准的具体制定中缺乏确定、统一和透明的原则。英国著名的人类学家玛丽道格拉斯曾指出,“对风险的理解在本质意义上是政治问题。当国会和议会把这些问题移交给风险专家时,他们也让出某些权限。公众有关风险的争论就是有关政治的争论”。[2] 因此,环境标准制定中的风险管理意味着政治和经济利益的分配,需要面对复杂的经济、法律、社会政策甚至是政治难题。这一“跨科学”(trans-science)属性,[3]使行政机关无法仅凭风险评估的结果犹如“自动售货机”一般为何为“可接受风险”提供科学客观的答案。毕竟,确定环境风险的可接受水平本身就

---

〔1〕 参见赵鹏:《风险、不确定性与风险预防原则》,载沈岿主编:《风险规制与行政法新发展》,法律出版社2013年版,第265页。

〔2〕 参见[加]迈尔克·梅赫塔:《风险决策:科技冲突环境下的公共参与》,汤涛编译,载薛晓源、周战超主编:《全球化与风险社会》,社会科学文献出版社2005年版,第257页。

〔3〕 See Alvin M. Weinberg, *Science and Trans-Science*, Minerva 10, 1972, p. 484-486.

意味着某种权衡,因为不可能在完全不考虑收益的情况下孤立地决定接受或者拒绝风险,这其中蕴含着复杂的价值判断和政策选择。

科学在环境标准制定的风险评估过程中的作用是有限的,环境标准制定中的风险管理也缺乏一贯且坚实的基础,不确定性广泛充斥于科学和决策的全过程。如果科学和技术本身并不能证明风险规制决策的正当性,如何才能确保行政行为的审慎合法以及社会价值的维护?作为门外汉的公众对于风险的认知以及利益在风险规制当中又应当占据怎样的地位?

第四章　环境标准制定中的风险沟通

从表面上看，至少在美国的法律脉络之下，强调科学（science）、理性（rationality），而非价值（value）、妥协（compromise）等理念，作为公共政策正当化的依据。〔1〕各种公共决策的讨论重心，都在于决策所涉及的科学、数据或者理性基础，造成决策的"科技化"，进而使科技决策与其他决策的区分更加模糊。因此，有学者认为，现代政府的决策就是科技的决策。〔2〕立法、行政或是司法，没有哪一个权力部门更具有作出科技决策或处理科技事务的能力，权力集中在科学社群手中。〔3〕正是这种对科学的客观性和高度可信度的认可，以及立法和司法机关在专业智识上的欠缺，使科学知识和专业判断常常成为豁免裁量

〔1〕 See A. Dan Tarlock, *Who Owns Science?*, Penn State Environmental Law Review, 10, 2002, p. 135.

〔2〕 参见张文贞：《当科技遇上宪法：宪政主义的危机与转机》，载《月旦法学杂志》2005年第116期。

〔3〕 See Steven Goldberg, *The Reluctant Embrace: Law and Science in America*, Georgetown Law Journal 75, 1987, p. 1341-1366.

(discretion)[1]合法性审查的有力理由,环境标准数值的制定似乎成了专属于科学研究范畴的议题。

然而上文对环境标准制定过程的分析已经表明,环境标准的制定是一个"跨科学"问题。纯粹的科学(pure science)在公共政策和民主程序中是不可能的,一味将科技问题孤立考量,往往会产生更大的政策冲击。[2] 在大量科学不确定性存在的情况下,风险在推断线(extrapolated line)上的某一点可能与真实没有关系。[3] 在环境标准的制定过程中,行政机关常常将政策决断伪装于科学客观性的外表之下。[4] 美国原环保署署长威廉·拉克尔肖斯就曾坦言:"我刚听完八小时有关细微颗粒物标准的简报……我的科学家告诉我,我们可以答辩介于百万分之 150 到 250 之间的任何标准。所以,挑个数字吧。"[5]

显然,对于关乎公众健康和权利保护的重要议题,没有人希望用这种随意的方式决定所处环境的质量水平和受保护的程度。科学/民主二分法被打破,风险决策应当是专业和民主、科学和价值、政治和知识的混合体。[6] 风险评估和风险管理中存在的假设和推论特别是付出的代价和成本都应当被清楚、完整地说明和解释,从而为公众所了解和接受,并经由与公众之间的对话及讨论,就具有争议性的决定达成一致,使风险决策获得正当性。这需要公众、专家和行政机关通过持续的风险沟通来完成,故决

---

[1] 《美国布莱克法律辞典》中对行政自由裁量的解释是:"为法官和行政人员享有的、在他们认为合适或必需的情况下,行为或不行为的选择权;如果没有表明滥用裁量权,这种行为或不行为不能被推翻。"在英美法系中无论在法律要件方面还是在法律结果方面行政机关都享有裁量的权力。美国法上裁量的范围相当广泛,包括行政机关对法令的解释与适用、结果的认定以及手段的选择等。而大陆法系则将自由裁量的范围仅限定在法律后果方面。囿于篇幅,本书并未对此展开讨论并予以区分。

[2] See Alexander M. Capron, Patricia A. King, Steven Goldberg, Lawrence Gostin eds., *Law, Science and Medicine*, New York, Foundation Press 1996, p. 366-483.

[3] Natural Resources Defense Council, Inc., v. U. S. Environmental Protection Agency, 824 F. 2d 1146(D. C. Cir. 1987).

[4] See Cary Coglianese, Gary E. Marchant, *Shifting Sands: The Limits on Science in Setting Risk Standards*, University Pennsylvania Law Review 152, 2004, p. 1275.

[5] 参见[美]Walter A. Rosenvaum:《环境政治学》,许舒翔、李建宏、徐正能、吴丰帅译,台北,五南图书出版公司 2005 年版,第 157 页。

[6] 参见[英]伊丽莎白·费雪:《风险规制与行政宪政主义》,沈岿译,法律出版社 2012 年版,第 350 页。

策参与者之间某种形式的交流也是风险标准制定的一大特征。[1]

第一节 风险沟通的概念和类型

根据美国国家研究委员会在《改善风险沟通》(Improving Risk Communication)中对风险沟通的定义,“风险沟通是个体、群体和机构之间交换信息和观点的相互作用过程。这一过程涉及多方面的风险性质及其相关信息,它不只限于与风险有关的信息,也包括表达对风险信息的关注、观点和反应,或者风险管理的法律和制度安排”。[2] 这一定义指出了风险沟通的主体具有多元性,既包括个体,也包括群体和机构;内容具有广泛性,既包括风险性质和信息,也包括观点和风险规制手段;风险沟通的方式是一种双向的相互作用的交换,有别于单向的信息科普和灌输。

虽然有学者认为法律中的“风险沟通”和“公众参与”的含义相同,可以相互指代,[3]但本书将二者进行区分。首先,与通常作为法律概念以及法律原则的“公众参与”不同,“风险沟通”并非严格的法律概念。有关风险沟通的研究文献非常广泛多样并且来自多个学科,如心理学、决策科学、社会学、传播学等。相对来说,有关风险沟通的法学研究反而较为有限。其次,公众参与的形式实在太过多样,这也是公众参与之所以一直缺乏统一定义的原因。公众参与最广泛的形式,可以包括教育和信息、审查和反应以及互动和对话。[4] 国际公众参与协会(International Association for Public Participation, IAP2)甚至提供了包含多达几十种正式或非正式的参

---

〔1〕 参见[英]伊丽莎白·费雪:《风险规制与行政宪政主义》,沈岿译,法律出版社 2012 年版,第 27 页。

〔2〕 National Research Council, *Improving Risk Communication*, Washington, D. C., National Academy Press, 1989, p. 21.

〔3〕 参见[美]雷吉娜·E. 朗格林、安德莉亚·H. 麦克马金:《风险沟通:环境、安全和健康风险沟通指南》(第 5 版),黄河、蒲信竹、刘琳琳译,中国传媒大学出版社 2016 年版,第 25 页。

〔4〕 See Nancy Perkins Spyke, *Public Participation in Environmental Decisionmaking at the New Millennium: Structuring New Spheres of Public Influence*, Boston College Environmental Affairs Law Review 26, 1999, p. 263, 267.

与形式和技术的工具箱。[1] 但公众参与这些形式当中,显然并非所有形式均具有“双向”“互动”“合作”等特征。因此,本书将“风险沟通”理解为特定形式的“公众参与”,只有基于风险分析框架,具备上述概念和特征的参与,才能够称为“风险沟通”。

风险沟通有多种类型。按照功能可以将风险沟通分为保护沟通(care communication)、共识沟通(consensus communication)以及危机沟通(crisis communication)。其中,保护沟通针对的是那些危害后果及应对方法已为科学所确定,同时也被大多数受众[2]所了解与接受的风险;共识沟通致力于告知和鼓励各群体通过合作对风险的管理(如预防或减轻)达成共识;危机沟通面对的则是极端、突发的危险情况,如工厂突发的安全事故、堤坝濒临崩塌、致命传染病的暴发等。[3]

环境标准制定中的风险沟通属于上述三种类型当中的共识沟通,共识沟通相较于保护沟通和危机沟通可能需要更多地与受众进行互动。在共识沟通中,风险管理决策需要利益相关者的参与。共识沟通需要明晰利益相关者对风险本身、管理风险的组织以及作出决策的程序等多种因素的看法;告知而不是劝服;平衡存在利益冲突的利益相关者之间的需求;促成一个各方都能够接受的解决方案。[4] 共识沟通若想实现良好的沟通效果,必须包含信息和意见的交换以及利益相关者自始至终的参与。

---

[1] See “IAP2's Public Participation Toolbox”, Accessed September 15, 2020. https://icma.org/sites/default/files/305431_IAP2%20Public%20Participation%20Toolbox.pdf.

[2] 这里的受众指的是可能受风险影响或者认为自己可能受风险影响的人。参见[美]雷吉娜·E.朗格林、安德莉亚·H.麦克马金:《风险沟通:环境、安全和健康风险沟通指南》(第5版),黄河、蒲信竹、刘琳琳译,中国传媒大学出版社2016年版,第397页。

[3] 参见[美]雷吉娜·E.朗格林、安德莉亚·H.麦克马金:《风险沟通:环境、安全和健康风险沟通指南》(第5版),黄河、蒲信竹、刘琳琳译,中国传媒大学出版社2016年版,第2~4页。

[4] 参见[美]雷吉娜·E.朗格林、安德莉亚·H.麦克马金:《风险沟通:环境、安全和健康风险沟通指南》(第5版),黄河、蒲信竹、刘琳琳译,中国传媒大学出版社2016年版,第5页。

第二节 风险沟通的必要性——风险规制中的信任危机

由于环境标准的制定过程对公众关注缺乏回应,正当程序方面不完备,缺乏公开和透明,对环境正义问题不敏感等问题的存在,同时,环境标准制定的法律框架没有提供严格的责任机制要求行政机关作出合理和前后一致的解释,引发了公众对于环境标准的制定无效率、不一致、不符合公共利益等许多批评,[1]美国也出现了很多有关环境标准制定的诉讼案件。为了重新获得公众对风险规制者的信任,更好地调和公众和政府、企业、专家之间的利益冲突,风险沟通以及适用相应的法律规制尤其是程序设置保障风险沟通的有效进行成为一种迫切的需求。

一、公众和专家之间的风险认知差异和价值冲突

风险认知(perception of risk)是个体对外界环境中各种客观风险的感受和认识。公众与专家的风险认知结构存在明显的差异。[2] 对于相同的事件,不同公众可能会分配不同的盖然性,而且这种盖然性会随着时间的推移和新信息的获取而改变。通常,公众定性而不是定量地建构风险信息。因此,在风险评估尤其是量化风险评估和公众的风险认知之间存在巨大的鸿沟。[3]

公众和专家这种认知上的差异是很多因素造成的。有学者总结道,首先,公众关于科学领域的知识以及对于健康和环境风险信息的吸收和理解是有限的。即使专家之间对于风险是重大、微量或者不存在能够达成共识,但公众常常不能正确鉴别这些区别。其次,绝大多数的公众在掌握遍布于风险评估的浩如烟海且微小的数字时存在困难。因此,公众对于负面影响的恐惧不仅来自风险本身,还源于不能理解表达风险盖然性的数据和

---

〔1〕 See A. Jordan, *The Impact on UK Environmental Administration*, Philip Lowe and Stephen Ward eds., *British environmental policy and Europe: politics and policy in transition*, London, New York, Routledge, 1998, p. 180-182.

〔2〕 参见刘金平:《理解·沟通·控制:公众的风险认知》,科学出版社 2011 年版,第 3 页。

〔3〕 See David E. Henderson, *Science, Environmental Values, and Policy Prescriptions*, in John Martin Gillroy. eds., *Environmental Risk, Environmental Values, and Political Choices*, Boulder, Westview Press, 1993, p. 106-109.

技术术语。这种误解可能会导致风险的扩大或者低估。最后,公众更恐惧某些特定的风险。研究表明,当风险是非自愿的、反常的、不熟悉或者不确定时可能会造成更大的灾难。公众更害怕对于儿童或者后世的风险或者会造成死亡后果的风险,例如癌症;而且,当媒体关注时可能会进一步放大风险。[1]

相反,与一般公众不同,科学技术专家在评估风险时强调的是客观特征。专家将风险评估视为科学信息、统计数据和盖然性指数的综合体。因此,专家并不认为将成本的估计和给定的行为联系起来有多困难。理论上,专家相对来说很少会基于风险的主观特征信息而放大风险认知。[2]

可见,风险的概念是复杂的,对于相同风险信息的认知可能会由于生活经验和教育背景的不同而不同。专家可能会在决策和价值判断时更注重相对客观的风险评估,而公众则可能更多依赖主观感受。有学者认为,专家基于理性/规则模式,通过运用规范的定量分析方法(比如概率计算)能够较为客观地判断风险的严重程度,而公众对于风险的认知基于经验/直觉模式,通过相似的精力、联想、图像、情感等对风险进行认识。[3] 然而,人们关于风险的直觉是相当不可靠的,通常思维是会出错已经不是什么新鲜的观点。[4] 公众在风险认知中可能会出现非理性的态度和行为,

---

〔1〕 See Sheldon Leigh Jeter, *The Role of Risk Assessment*, *Risk Management*, *and Risk Communication in Environmental Law*, South Carolina Environmental Law Journal 4, 1995, p. 25.

〔2〕 See Lynton Keith Caldwell, *Between Two Worlds*: *Science*, *the Environmental Movement*, *and Policy Choice*, Cambridge, New York, Cambridge University Press, 1990, p. 33.

〔3〕 参见戚建刚:《风险认知模式及其行政法制之意蕴》,载《法学研究》2009年第5期。

〔4〕 凯斯·R. 孙斯坦在《风险与理性——安全、法律及环境》一书中举了很多有关的例子,例如虽然美国民众知道死于煤尘的人要比死于核反应的人多,但是他们更害怕核反应堆,即使实验数据表明更多的人死于煤炉释放的烟尘。正如飞机比火车和汽车更安全但许多乘客却取消了乘飞机的计划。人们易认为某事件更可能发生,如果他们能够回忆起它最近曾发生过,人们错误地认为,死于他杀的人要比死于自杀的人多,因为当风险不易接近时,人们好像就看不到其存在,看不到自然就更会想不到。当某人通过语言或行为,表示某物是否危险时,他制造了一个信息外部效应。当私人信息缺乏时,这种信号就可以激起“信息连锁流”(“羊群效应”或“从众效应”),给私人和公众的行为带来显著的影响,并可能会对规制政策造成扭曲性的影响。成千上万的人们接受同一个观点仅仅因为他们认为别人也这么想,人们经常冒险,甚至是愚蠢地冒险,仅仅因为其他人也在做同样的事情。人们心理的这种倾向,可能在环境损害发生的场合,被试有限且集中而易于相互影响,不具有代表性的情况下,放大或是弱化环境损害的程度。

容易导致风险规制的过度或者不足。例如,对于PX项目,即对二甲苯化工项目,专家和公众在对二甲苯是否具有毒性问题上的看法并不一致。专家一般认为对二甲苯属于低毒性的物质,只要科学管理,则风险较低。[1] 但是近些年来我国多个PX项目所遭遇的"一闹就停"的窘境,显示出公众的主观感受和专家提供的科学知识之间的碰撞,政府迫于压力,特别是在媒体的放大之下,不得不作出非理性的风险决策,严重损害了政府公信力。

但是,这并不意味着公众的认知对于风险规制是没有意义的。专家关于知识的信息对于风险沟通过程是必要的,然而,它们不足以使该过程成功。[2] 一方面,公众掌握了大量关于自身和日常风险的信息,而专家对公众的需求往往缺少真切的感知,来自公众的意见可以提醒政府机构察觉到自身知识的贫乏。[3] 例如,有关杀虫剂的规制决策应当征求当地农民的意见,因为他们最清楚其暴露的杀虫剂使用的真实情况。[4] 另一方面,更为重要的是,对于不确定性普遍存在、科学和政策难以分离、事实与价值相互纠结的环境标准制定问题而言,尽管应当认可专家在标准制定中所发挥的重要作用,但是确定"我们希望怎样生存"的环境标准应当由全体公民而不是专家作出价值判断,专家的意见在民主决策中应当始终处于从属地位。[5] 而且公众的风险认知时常反映了基本的价值,更有可能对经济价值之外的利益例如环境权益、健康权等予以关注。然而,危险的是,我们不可能依赖于风险专家的猜测来判断"公众的希冀如何"(what the public wants),但专家们却有太多的机会宣称,"如果我站在公众的立场上,我认

---

[1] 参见蔡文灿:《论环境风险治理中公众与专家的分歧与弥合》,载《华侨大学学报(哲学社会科学版)》2017年第6期。

[2] See National Research Council, *Improving Risk Communication*, Washington, D.C., National Academy Press, 1989, p.28.

[3] 参见[美]科尼利厄斯·M.克温:《规则制定——政府部门如何制定法规与政策》(第3版),刘璟、张辉、丁洁译,竺乾威校,复旦大学出版社2007年版,第176页。

[4] See Elaine Vaughan, Chronic exposure to an environmental hazard: Risk perceptions and self-protective behavior, *Health Psychology* 12, 1993, p.74.

[5] 参见刘金平:《理解·沟通·控制:公众的风险认知》,科学出版社2011年版,第171页;[美]凯斯·R.孙斯坦:《风险与理性——安全、法律及环境》,师帅译,中国政法大学出版社2005年版,第368页。

为我会希望……”乃至“我想公众希冀的是……”[1]因此,片面地割裂专家风险判断与公众风险认知的结果,强调客观和价值中立的专家治理模式,排斥公众的参与,在对专家中立性存在质疑的情况下,只会加剧公众对专家甚至整个风险决策的不信任。[2]

有学者指出,对科学权威的怀疑是美国公众对科学极度依赖的一个矛盾的结果。科学知识因其能影响立法而变得无比尊贵,但是个人的观点甚至已经确立的知识体系却总是引发各种质疑。科学可以被利益所塑造这一观念,已经成为公众对科学的理解中不可或缺的重要组成部分,受利益驱动的科学使客观、专业的权威荡然无存。[3] 这一现象与贝克所提出的“反思现代性理论”相符,因为人为风险必然会颠覆专家的知识权威。

可接受风险的争论本质上是一场关于专家和公众价值的争论。“困境是一目了然的,专家们不应该控制社会的技术性选择,但是公众及其政治代表由于不充分知情而无法充分实施控制。”[4]交流和对话可以用来“确认关于技术风险的不同描述和关于技术风险可接受性的不同观点”,[5]因此,设计出能够更好地促成专家判断和公众价值融合的机制成为一种现实需求。

二、环境标准制定的法律规制不足引发公众不满

由于规制者在事实、信息和价值上都不占有优势,公众在对专家产生信任危机的同时,对规制者也产生了怀疑。在环境标准的制定中,行政机关不具备制定环境标准所要求的专门知识,也不具有企业所掌握的最新技术信息,因此很难作出理性决策,也难以对标准将给经济利益和产业结构

---

[1] 参见[美]巴鲁克·菲施霍夫:《可接受的风险:一个概念建议》,汤雯雯译,宋华琳校,载《交大法学》(第2卷),上海交通大学出版社2011年版,第92页。

[2] 参见毛宝铭、许志晋:《科技风险民主治理的基本观念与原则》,载《理论与改革》2006年第2期。

[3] 参见[德]迈诺尔夫·迪尔克斯、克劳迪娅·冯·格罗特主编:《在理解与信赖之间:公众科学与技术》,田松、卢春明、陈欢等译,田松校,北京理工大学出版社2006年版,第37页。

[4] [英]谢尔顿·克里姆斯基、多米尼克·戈尔丁编著:《风险的社会理论学说》,徐元玲、孟毓焕、徐玲等译,北京出版社2005年版,第367页。

[5] [英]伊丽莎白·费雪:《风险规制与行政宪政主义》,沈岿译,法律出版社2012年版,第27页。

带来的影响进行精确的判断。[1]

更严重的是,对规制的质疑来自规制所追求的社会福利目标的缺失与其潜在的权力扩张的宪制危机。[2] 规制机构在满足公益目标上的低效,很可能是由于来自保护被规制者利益方面的压力、影响和"贿赂"以及对自身政绩的追求。从某种意义上说,政府的公共政策已经成为企业追求垄断利润的一种手段。现实中,政府不是服从于公众利益而是受到某些特定利益集团例如产业界的影响。[3] 行政机关不一定能成为公共利益的代表者,反而成了社会某个利益阶层或团体的代言人。[4] 但是现行的法律框架并没有为行政机关设置实体上的限制和严格的责任机制,造成了环境标准制定形式上的科学垄断和实质上行政机关几乎不受限制的自由裁量,这使得公众的疑虑和不满与日俱增。

(一)法律授权不明确

法律有时会直接设定标准。例如,上文提及的针对食品添加剂的德莱尼条款(Delaney Clause),美国国会曾立法全面禁止致癌食品添加剂。[5] 又如《固体废弃物处置法》(Solid Waste Disposal Act, SWDA)中"不得流入有毒组分"的条款。《美国清洁空气法》也规定了不同燃料中的污染物水平的特定量化标准。[6] 但有学者指出,美国国会很难为规制机构制定一份有效和详尽的规制议程来应对风险,甚至一般而言国会议员不知道他们表

---

〔1〕 See Jody Freeman, *The Private Role in Public Governance*, NYU Law Review 75, 2000, p. 641.

〔2〕 参见程岩:《风险规制的刑法理性重构——以风险社会理论为基础》,载《中外法学》2011 年第 1 期。

〔3〕 参见[美]乔治·J. 施蒂格勒:《产业组织和政府管制》,潘振民译,上海三联书店 1989 年版,第 210~212 页。

〔4〕 参见[英]约翰·亚伯拉罕:《渐进式变迁——美英两国药品政府规制的百年演进》,宋华琳译,载《北大法律评论》(第 4 卷第 2 辑),法律出版社 2002 年版,第 622 页。

〔5〕 上文也曾提及,基于对零风险的要求,此规定完全禁止有致癌可能的食品添加剂,而完全禁止的规定引起了很大争议。See Edward M. McDonald, Jr., Note, *The Food Quality Protection Act of* 1996: *By Removing Chemical Irritants from Our Environmental Will It Generate Trade Irritants to Replace Them*, William & Mary Environmental Law and Policy Review 25, 2001, p. 754.

〔6〕 CAA § 211(k), 42 U. S. C. § 7545(k).

决的究竟是什么。[1] 这些立法很容易沦为象征性立法(symbolic legislation),只不过是迫于来自选民的政治压力。[2]

实践中,各国主要通过法律授权行政机关制定环境标准。在法治国原则的要求下,若规范事项涉及对权利的限制或者是关乎权利义务的重要事项时,必须受到法律保留原则的拘束,即规范事项若具有上述情形时必须以法律定之。同时为避免法律保留原则被架空,法律规定必须受到"法律明确性原则"的拘束。[3] 大陆法系的法律保留和法律明确性原则与传送带理论(Transmission Belt Theory)所强调的理念是相吻合的。在美国,立法、行政和司法部门拥有的权力是人民授予它们的,它们就必须是这种权力的唯一所有者。[4]

环境标准的制定与公众健康和环境质量直接相关,当然属于具有重要性事项。但是,由于涉及科学技术及专业知识,立法者本身能力有所欠缺,同时标准常随科学技术的迅速发展、环境因素的改变、实际经验的获得以及人类生活价值观的转变而需要时常更新,立法机关的负荷过重,且容易出现"缓不济急"的现象。将环境标准以法律予以规范,不仅事实上不可能,而且基于上述理由,也有所不宜。[5] 此外,立法机关倾向于将难以处理的具有激烈价值冲突的事务推给行政机关,将普遍存在的科学不确定性问题和科学知识的固有局限通过授予行政机关自由裁量权的方式,在个案中处理。[6] 美国出现了从"禁止授权原则"(non-degelation principle)到

---

〔1〕 参见[美]史蒂芬·布雷耶:《打破恶性循环:政府如何有效规制风险》,宋华琳译,法律出版社 2009 年版,第 55~56 页。

〔2〕 See John P. Dwyer, *The Pathology of Symbolic Legislation*, Ecology Law Quality 17, 1990, p. 233.

〔3〕 参见王毓正:《论环境法于科技关联下立法困境与管制手段变迁》,载《成大法学》2006 年第 12 期。

〔4〕 参见[美]伯纳德·施瓦茨:《行政法》,徐炳译,群众出版社 1986 年版,第 31 页。

〔5〕 参见蔡志方:《论科技法律之概念与衍生之问题》,载《二十一世纪公法学的新课题:城仲模教授古稀祝寿论文集Ⅱ行政法总论篇》,台湾地区"法治暨政策研究基金会"2008 年版、新学林总经销,第 39 页。

〔6〕 Natural Resources Defense Council, Inc., v. U. S. Environmental Protection Agency, 824 F. 2d 1146(D. C. Cir. 1987).

"明确原则"(intelligible principle)的转变,以此作为法律保留的延伸。[1] 在美国货运协会诉环保署案[2](American Trucking Associations, Inc. v. U. S. Environmental Protection Agency)中,哥伦比亚特区巡回法院以违反禁止授权原则废弃环保署颁布的新臭氧标准,认为环保署没有在制定标准前提出国会要求的限制性标准(limited standard),也未提出明确的原则。该案被上诉至美国联邦法院后,法官援引了多项支持国会广泛授权的案例,最终推翻了巡回法院的判决。

因此,环境标准的制定由静态之形式合法,即法律本身直接规定数据规范,趋于复杂的动态之实质合法,即法律直接授权行政机关制定标准,或者仅以不确定法律概念规定,以便行政机关基于专业进行填补和及时修正,在具体个案中加以适用。[3] 法律大量授权行政机关制定法规更是环境法的特色之一。但是,无论是概括授权还是经由不确定法律概念授权,关于环境标准的法律授权难以满足"法律明确性"原则的要求。根据该原则,立法者应当"充分明确"甚至"毫无争议"地将授权的内容、目的和范围规定于法律当中,行政机关只能依一般的法律解释方法从授权条款所依附的法律的整体明确知悉授权的内容、目的、范围及解释的依据。[4] 显然,上文提及的"适当""必要""可行"等不确定法律概念存在广阔的解释空间。更何况我国2014年《环境保护法》中"国务院环境保护主管部门制定国家环境质量标准"的概括授权方式,没有作出任何实体性的限制。

正是认识到行政机关的裁量权应受节制,美国国会于《清洁空气法1990年修正案》第112条通过特定授权,明确列出规制有毒空气污染物之时间表(timetable)与各项应规制的有毒空气污染物,以及相对应的最低限度的限制标准。又如,在《资源保护和恢复法》中制定了详细的技术条款替

---

〔1〕 参见陈春生:《行政法之学理与体系(一)——行政行为形式论》,台北,三民书局1996年版,第147页;翁岳生编:《行政法》(上册),中国法制出版社2009年版,第525~527页。

〔2〕 195 F. 3d 4. (D. C. Cir. 1999). 该案上诉至美国联邦法院,即为上文提及的惠特曼诉货运协会案。

〔3〕 参见蔡志方:《论科技法律之概念与衍生之问题》,载《二十一世纪公法学的新课题:城仲模教授古稀祝寿论文集行政法总论篇》,台湾地区"法治暨政策研究基金会"2008年版、新学林总经销,第50页。

〔4〕 参见许宗力:《法与国家权力》,台北,月旦出版股份有限公司1995年版,第231页以下。

代广泛授权条款,明确规定所规制的物质与细节,以指导行政义务的实施,而不是仅规定抽象、上位之指导方针。从这一立法趋势可以看出美国国会取回部分立法主导权的意图。[1]

（二）法律性质不确定

既然法律多采取授权行政机关制定环境标准的方式,那么行政机关制定出的环境标准的法律性质是什么,这将直接影响对环境标准制定的程序控制以及法院司法审查的可能性及密度。[2] 环境标准本身是一个规范性不确定的法律概念。环境标准的法本质为何,无法一概而论,完全由环境标准被规定于法秩序之位阶高低而定。[3]

1. 美国:立法性规则与非立法性规则

美国《行政程序法》(Administration Procedure Act, APA),将规则区分为立法性规则(legislative rule)和非立法性规则(non-legislative rule)两类。[4] 立法性规则也被称为实体性规则(substantive rules),对公众的权利义务有显著和直接的影响,具有充分的法律效力;非立法性规则不创设义务、赋予权利或者带来显著的影响,所以缺少法律上的拘束力。[5] 其中,非立法性规则包括解释性规则(interpretative rules)、程序性规则(procedural rules)以及一般政策声明(general statements),解释性规则是"实体性的对现有法律或者立法性规则加以解释的非立法性规则"。[6] 美国绝大部分联邦法规是根据《行政程序法》第553条所规定的非正式程序制定的,在其他法律以及第533条没有规定其他程序或例外程序时,一切法规都按非正式程序制定,由于该程序的最主要的环节是公告和评论,所以也被称

---

[1] 参见蔡瑄庭:《美国风险法规之作用与其司法审查案件之分析》,载王贵松主编:《宪政与行政法治评论》(第5卷),中国人民大学出版社2011年版,第129页。

[2] 本书所指司法审查密度,是指法院对于行政行为审查的范围与深度。

[3] 参见陈慈阳:《环境法总论》,元照出版有限公司2011年版,第426页。

[4] 该法中文版参见[美]肯尼思·F. 沃伦:《政治体制中的行政法》,王从虎、牛文展、任端平、宋凯利等译,中国人民大学出版社2005年版,附录,第675~685页。

[5] See Ernest Gellhorn, Ronald M. Levin, *Administrative Law and Process*, 法律出版社2001年版,第302页。

[6] 程序性规则是行政机关颁布的规定机关履行其职责的内部程序规则和时间准则,不直接影响当事人的权利和义务;一般政策声明则表明行政机关对未来规则制定权如何运作的打算,但并不立即拘束任何人。参见宋华琳:《行政法视野中的技术标准》,浙江大学2006年博士学位论文,第39页。

为公告和评论程序。[1] 大多数情况下,一个行政机构只有使用了《行政程序法》第553条规定的公告与评论程序,才能颁布立法性规则。相反,行政机构能在任何时候颁布解释性规则,而不需要经过公告与评论程序。[2] 可见,规则的性质不同,其程序控制程度也不一样。

美国的环境标准有些属于立法性规则。立法性规则的颁布是行政机关运用其他机制实施制定法的不可或缺的基础。例如,《美国清洁空气法》授权环保署和其他机构采取一系列行动以执行环境空气质量标准,但该法本身并没有建立任何这样的标准。作为结果,在美国环保署经由规则制定程序颁布规定该污染物最高允许浓度的立法性规则之前,无论是环保署还是其他机构都无法采取行动减少污染物的浓度。[3] 因此,环境空气质量标准属于立法性规则,需要经过公告和评论程序,[4] 并以联邦公报(Federal Register)的形式加以公布。[5] 这也表明环境空气质量标准具有普遍的适用性和法律效力。

区分立法性法规和解释性法规并非易事,但是可以认为大多数行政人员制定的规则都是解释性规则。[6] 由于美国的《行政程序法》对规则制定作出了严格的程序上的规定,制定过程需要花费高昂的成本,因此,行政机构经常通过颁布解释性规则以规避规则制定程序,环境标准就是其中常见的一种类型。[7] 例如,对于不同污染源种类的有毒空气污染物的国家排

---

〔1〕 参见王名扬:《王名扬全集:美国行政法》(上),北京大学出版社2016年版,第268页。

〔2〕 [美]理查德·皮尔斯:《立法性规则和解释性规则的区别》,宋华琳译,载胡建淼主编:《公法研究》(第2辑),商务印书馆2004年版,第421页。

〔3〕 [美]理查德·皮尔斯:《立法性规则和解释性规则的区别》,宋华琳译,载胡建淼主编:《公法研究》(第2辑),商务印书馆2004年版,第426页。

〔4〕 有学者主张引入程序性的"公告评论标准"来区分立法性规则和非立法性规则,未经公告和评论的规则是非立法性规则。参见[美]威廉芬克:《规则何时构成一个规制》,宋华琳译,载《法大评论》(第3卷),中国政法大学出版社2004年版,第214~215页。

〔5〕 每年联邦公报办公室会将历年发布的联邦法规编纂为《联邦法规法典》(CFR),USEPA制定的法规编入CFR第40编,其编号为40 CFR。

〔6〕 参见[美]肯尼思·F. 沃伦:《政治体制中的行政法》,王从虎、牛文展、任端平、宋凯利等译,中国人民大学出版社2005年版,第277页。

〔7〕 参见郝自然:《环境标准的法性质及其法治化问题研究》,载《2004年重庆工程图学学会第十四届图学研讨会交流暨第二届CAD应用、CAI软件演示交流大会论文集》,第42页。

放标准(National Emission Standards for Hazardous Air Pollutants for Source Categories)[1]就属于解释性规则,其制定也就不需要经过公告与评论程序。

总的来说,美国环境标准主要由美国环保署根据各环保单行法,例如《清洁空气法》《清洁水法》《安全饮用水法》《资源保护与回收利用法》(The Resource Conservation and Recovery Act, RCRA)、《噪声控制法》(Noise Control Act, NCA)等的授权制定并发布于联邦公报上,每年编撰后纳入《联邦法规》(Code of Federal Regulations)第40部分。[2] 美国环境标准属于国会制定的法律的情形很少见,例如,20世纪七八十年代的机动车排放标准就属于国会制定的法律。[3]

2. 大陆法系:法规命令与行政规则

在大陆法系,行政规范体系包括具有外部效果的法规命令和对私人没有拘束力只有内部效果的行政规则。其中,法规命令是指行政机关颁布的法律规范,以法律的授权为依据;行政规则是指上级行政机关向下级行政机关发布的一般的抽象命令,以行政层级内部上级对下级的指挥权为根据。[4] 但基于国家对于风险规制可能欠缺经验,或是基于对科学技术变动快速性之适应或法律保留有漏洞等理由,通过行政规则来制定标准是具有实益与价值的。

因此,在大陆法系国家和地区,大量的环境标准是以行政内部规定的形式存在。作为行政规则的环境标准是行政机关根据法律授权或者出于实现环境保护任务的需要,依据组织法上的权限制定的。[5] 具体来说,环

---

[1] "National Emission Standards for Hazardous Air Pollutants for Source Categories", Accessed September 15, 2020. http://www.federalregister.gov/articles/2000/05/25/00-13196/national-emission-standards-for-hazardous-air-pollutants-for-source-categories#h-13.

[2] 参见刘卫先:《科学与民主在环境标准制定中的功能定位》,载《中州学刊》2019年第1期,第87页。

[3] 参见周扬胜、张国宁、潘涛等:《环境保护标准原理方法及应用》,中国环境出版社2015年版,第137页。

[4] 参见[德]哈特穆特·毛雷尔:《行政法学总论》,高家伟译,法律出版社2000年版,第591页。

[5] 参见栾志红:《论环境标准在行政诉讼中的效力——以德国法上的规范具体化行政规则为例》,载《河北法学》2007年第3期。

境标准属于行政规则中的规范具体化行政规则,因为环境标准不仅具有解释法律的功能,还能填补构成要件上模糊与不确定法律概念,同时具备规范补充性功能。德国联邦行政法院在1985年也曾认定环境标准为规范具体化的行政规则,行政法院虽可以进行审查,但审查的重点在于行政规则制定的程序,而非行政规则内容本身。[1]

德国将环境标准视为规范具体化的行政规则这一观点在欧盟的影响下发生了变化。欧盟的许多环境标准是以条例或指令的形式也就是环境法规的形式颁布的。欧盟法院并不支持规范具体化行政规则的存在。欧盟法院的判决曾认定,欧盟指令必须通过具有外部法律效果的法律命令转换,德国法中作为行政规则的空气指导技术标准不符合这个要求。尽管这种观点遭到了德国学界的批评,但是德国有关水资源利用法在1996年修订时,仍然接受了欧盟法院的观点,规定对于污水处理,未来不能以行政规则的形式规定,而必须依据法规命令来执行。[2] 基于上述原因,德国目前对规范具体化行政规则采取了较为谨慎的态度,联邦行政法院认为,原则上只能在原子能法及少数的环境法领域承认规范具体化行政规则的存在。[3] 在我国台湾地区,对于环境品质标准和排放标准,采取的规范手段是传统的法规命令,而非行政规则。在日本,国家环境标准则主要通过环境省公告和环境省令的方式被制定和发布。其中,环境质量标准是政府努力实现的环境质量目标,一般由内阁会议根据相关法律规定决定,以环境省公告这种具有行政色彩的形式对外发布。但在司法实践中,环境质量标准具有法律效力的现象时有发生。这在一定程度上倒逼环境质量标准的制定像立法那样考虑社会公众的态度。日本的污染物排放标准对社会公众产生法律约束力,是环境省在有关法律授权下以省令的形式制定和发布的,其制定过程实质上是一种立法过程。[4]

---

〔1〕 参见陈春生:《核能利用与法之规制》,台北,月旦出版股份有限公司1995年版,第286页;栾志红:《论环境标准在行政诉讼中的效力——以德国法上的规范具体化行政规则为例》,载《河北法学》2007年第3期。

〔2〕 参见陈慈阳:《环境法总论》,元照出版有限公司2011年版,第195~196页。

〔3〕 参见栾志红:《论环境标准在行政诉讼中的效力——以德国法上的规范具体化行政规则为例》,载《河北法学》2007年第3期。

〔4〕 参见刘卫先:《科学与民主在环境标准制定中的功能定位》,载《中州学刊》2019年第1期。

3. 我国:无法律效力的规则

我国的行政规范通常被分为两大部分,一是由行政立法活动制定的行政法规和行政规章;二是行政机关制定的其他规范性文件。从我国环境标准的外在名称、形式、结构和内容,以及制定和颁布的程序看,都不符合法律规范的外形。[1]

环境标准是由相关领域专家在科学认知基础上制定的由一系列符号、代码、编号和其他技术规定组成的技术性规范,本身并不属于法的规范,具体适用需要依附于法定环境行政决定即公法上的判断。[2] 由于我国的环境标准是各种技术规范的总称,因此加大了对于环境标准性质的判断难度。对标准法律性质的研究不属于科学家研究的范畴,相关立法及政策也未给出明确答案,导致出现纠纷时在司法适用上发生争议。环境标准模糊不清的性质和效力正是实践中标准制定不规范,适用随意等问题出现的原因。

我国的环境标准是环境行政的手段或工具,必须经过环境立法的确认并由环保部门决定适用后才具有相应的法律效力,是判断行为人是否承担环境行政责任的依据。其中,环境质量标准是为将环境污染控制在一定程度内,明确设定能体现环境状况的具体数值,以此作为环境行政展开、评估行政效果的依据。目前的环境质量标准更类似于行政机关努力的目标,尚不能直接规定具体权利义务,但当环境质量标准与具体环境行政政策相结合时,就会对行政相对人的权利产生影响。例如,如果将环境空气质量标准中有关"环境空气质量功能区的分类和标准分级"的规定和当地城市功能区划分的行政决定结合起来,就会对不同功能区的居民产生不同的影响。污染物排放标准是针对污染物排放所作出的限制,其本身并不能对污染物的排放行为产生直接的约束力,而是需要相关法律法规的指引。例如,2014年《环境保护法》第60条规定:"企业事业单位和其他生产经营者超过污染物排放标准或者超过重点污染物排放总量控制指标排放污染物的,县级以上人民政府环境保护主管部门可以责令其采取限制生产、停产

---

〔1〕 参见宋华琳:《论技术标准的法律性质——从行政法规范体系角度的定位》,载《行政法学研究》2008年第3期;杨朝霞:《论环境标准的法律地位——对主流观点的反思与补充》,载《行政与法》2008年第1期。

〔2〕 参见汪劲:《环境法学》(第4版),北京大学出版社2018年版,第122页。

整治等措施；情节严重的，报经有批准权的人民政府批准，责令停业、关闭。”

环境标准是依据科学原理对非为法律事实的现象确立事前的行为模式。[1] 即使具有强制力的环境标准在我国也不属于法的规范，其制定也就不属于《立法法》《行政法规制定程序条例》《规章制定程序条例》等调整的范畴。对于环境标准制定的具体规定主要根据环保部门出台的管理办法，层级较低。尽管我国学界目前对环境标准的法律效力存在不同的观点，但统一的认识是无论环境标准本身的法律性质如何，环境标准都在以不同的形式影响环境权利义务，从而实现其法律效力。[2]

（三）程序控制不足

如果从目的价值的角度对标准制定程序的形态加以考察，可以将其分为两大类型：作为过程的程序和作为装置的程序。作为过程的标准制定程序，是指相关主体从开始履行标准制定任务至完成该任务所必经的过程，为了使标准制定的运作过程更为科学合理，将标准制定程序设计为由诸如计划、起草、征求意见、审查、审批和发布等流程环节。作为装置的标准制定程序，则是指在标准制定过程中，为了实现作为装置的程序所难以实现的目的，以法律手段设置的程序环节，例如听证会、咨询委员会、说明理由等程序。[3] 作为装置的程序在很大程度上可以促进公众、企业、专家和规制者之间的风险沟通。

我国 1999 年《环境标准管理办法》第 11 条、2006 年《国家环境保护标准制修订工作管理办法》第 8 条、2017 年《国家环境保护标准制修订工作管理办法》第 5 条，以及 2020 年《生态环境管理办法》第 7 条和 2020 年《国家生态环境标准制修订工作规则》第 6 条有关工作程序的规定中，以法律手段设置的程序环节是相当匮乏的，主要表现为要求对环境标准草案征求意见。但是对于征求意见的程序应如何进行、征求意见的内容以及征求意见的具体对象，并没有作出进一步明确规定。由于制度的缺位，导致环境标准制定过程中公众很难真正介入。即使在美国，即使属于立法性规则的

---

[1] 参见汪劲：《环境法学》（第 4 版），北京大学出版社 2018 年版，第 24 页。

[2] 对于相关观点的梳理，参见王春磊：《环境标准的法律效力：问题梳理及实践动向》，载《中州学刊》2016 年第 11 期。

[3] 参见朱芒：《行政立法程序基本问题试析》，载《中国法学》2000 年第 1 期。

环境标准需要符合《行政程序法》和相关立法规定的严格程序，其作为装置的程序也难以起到真正限制行政机关自由裁量权的效果。

1. 公告与评论

通过加强公众参与的方式可以吸纳更全面的事实信息和更多元的价值。环境标准制定中的公众参与形式主要是听证和公告与评论。美国的立法性规则和非立法性规则分别对应两种程序类型：正式规则制定（formal rulemaking）与非正式规则制定（informal rulemaking）。在正式规则制定程序中，在公告中，行政机关必须说明将采取正式的听证程序，使利害关系人能够及早提出参与的请求。无论是正式规则制定还是非正式规则制定，都包含了公告与评论的要求。上文已经提及，美国《行政程序法》第553条规定了公告与评论程序，该程序分为公告、评论、正式公布及司法审查四个阶段。[1] 其中，公告的目的在于让广泛的利害关系人能够事先得知，且有充分的时间可以了解和准备。在公告之后是评论程序。行政机关必须给予利害关系人参与规则制定程序的机会，参与的方式主要是以书面方式提出资料、观点或者意见。行政机关在考量相关的评论意见或资料之后，必须在联邦公报上正式公布最终规则（final rule），让公众对于规则制定的目的与基本理由有大致了解。规则公布之后，利害关系人若有异议，可提起司法审查。[2] 公告与评论程序在形式上表现出不受限制的公众参与，即“任何人”都可以对拟议中的规则草案发表评论。[3] 这似乎可以在一定程度上克服有些利害关系人无法直接获得代表参与规则制定的问题。

美国在制定国家环境空气质量标准时使用了公告与评论程序，特定标准的选择是对基准文件、工作报告（staff paper）和清洁空气咨询委员会的建议中所提供的信息予以考虑，并且经过公众评论。[4] 但有学者指出，尽管这些评论无可否认地讨论了政策议题而不仅是健康影响的科学证据，但是美国环保署没有也不会基于这些评论为其履行职权提供正当性，而是仍

〔1〕 5U. S. C. § §553,706(a).

〔2〕 5U. S. C. § §553,556,557,706(e).

〔3〕 参见王锡锌：《公众参与和行政过程——一个理念和制度分析的框架》，中国民主法制出版社2007年版，第202页。

〔4〕 参见汪云岗、黄芳、钱谊：《美国环境空气质量标准制、修订程序的分析》，载《污染防治技术》1998年第2期。

然将科学作为合法正当性的依据。虽然所有的信息与风险管理决策都相关,但却不是制定某一水平而不是其他水平的标准的政策原因。[1] 因为尽管制定规则的机关必须将草案公布并接受公众评论、考虑所呈交的材料,解释作为其规则制定的基础,但是在实体性决定方面,行政机关并不受公众评论内容的约束和限制。在理想状态下,行政机关可以考虑更全面的事实,包括现状以及未来可能的变化,无法参与规则制定的弱势群体的利益,设想可能的方案及其效果,并权衡各种因素,作出最优化选择。但是由于削减了公众参与的因素,特别是削弱了公众对结果的控制权,行政专家在实体性方面获得了更大的选择空间,也就增大了行政机关滥用权力的可能性。[2] 行政机关可以运用规则制定程序一方面给公众留下参与的印象,另一方面却仅在形式上遵守民主仪式。[3]

更严重的是,公告和评论对于"解释性规则、政策的一般陈述或者与行政机关的组织、程序或管理有关的法规并不适用"。[4] 如前所述,美国的环境标准常以解释性规则出现,这意味着行政机关有广泛的自由裁量权,可以在各种规则类型以及不需要公告的规则制定方法中进行选择。

2. 协商式规则制定

美国的环境标准很多是通过协商式程序(Regulatory Negotiation, Reg-Neg)制定的,并且该程序的适用加快了标准制定的过程。例如,美国伊利诺伊州的 PM_{10} 标准就是通过协商式规则制定程序制定的。[5] 基于技术的环境标准的制定,例如排放自木炉(woodstoves)的新源执行标准的制定也是通过协商式规则制定程序完成的。[6]

---

〔1〕 See Cary Coglianese, Gary E . Marchant, *Shifting Sands: The Limits on Science in Setting Risk Standards*, University Pennsylvania Law Review 152, 2004, p. 1295.

〔2〕 参见王锡锌:《公众参与和行政过程——一个理念和制度分析的框架》,中国民主法制出版社 2007 年版,第 202~203 页。

〔3〕 参见[美]肯尼思·F. 沃伦:《政治体制中的行政法》,王从虎、牛文展、任端平、宋凯利等译,中国人民大学出版社 2005 年版,第 276 页。

〔4〕 5U. S. C. § 553(b)(3)(A).

〔5〕 See James T. Harrington, *The Importance of Negotiations in Illinois Environmental Rulemaking and Overview of the Illinois Environmental Regulatory Process*, North Illinois University Law Review 13, 1993, p. 543.

〔6〕 See William Funk, *When Smoke Gets in Your Eyes: Regulatory Negotiation and the Public Interest-EPA's Woodstove Standards*, Environmental Law 18, 1987, p. 78.

1990年,美国国会通过《协商式规则制定法》(Negotiated Rulemaking Act)正式建立了行政立法的协商程序,为协商制定规则行为提供了框架,是对《行政程序法》规定的公告与评论程序的补充,并鼓励行政机关在适用非正式规则制定程序时使用这一程序。[1] 协商式规则制定程序使相关利害关系人自己协商可以接受的符合实际的方案,如果行政机关决定适用协商式规则制定程序,就必须邀请利害关系人组成协商式规则制定委员会(negotiated rulemaking committee),并公告在联邦公报上,而未被邀请参加规则制定委员会的重要利害关系人,可以主动申请或者推荐其他代表人加入该委员会。在正式决定成立该委员会通过协商式规则制定程序后,行政机关应当依据该法及《联邦咨询委员会法》的规定,邀请利害关系人制定章程,正式组成委员会。行政机关可以派代表数人参加该委员会,享有与其他利害关系人相同的权利与义务。行政机关也可以提名"协进人"(facilitator),以公正的立场主持协商会议,协助委员会整理议题、进行讨论并管理会议记录。《协商式规则制定法》的立法前提之一就是不变动既有的行政程序法的相关程序。利害关系人并不是真的自己协商制定规则,而是协商制定规则的"草案"(proposed rule)。协商委员会必须全体一致同意(unanimous concurrence)草案的内容,或者虽未达成一致同意,也必须达成一般性的共识,对于未能达成协议的部分,并不会影响最后的结果,才算完成协商任务。草案公布于联邦公报,整个协商程序是在公告与评论程序之前进行的。[2]

在协商式规则制定中,行政机关确认重大利害关系方并且集合起来协商拟议规则。协商式规则在利害关系方涉及人数较少时具有很大的优势,通常该程序在6个月内形成拟议的规则。[3] 通过协商式规则程序,利益相关者之间可以就风险的信息和控制方法的选择进行风险沟通,而且经由协商式规则程序制定的环境标准很少引发司法上的挑战。但常常被忽视的是,这样的协商却可能会加剧科学成为价值判断的伪装。科学和政策在

---

〔1〕 该法中文版参见《美国协商式规则制定法》,王贵松译,载 http://www.calaw.cn/article/default.asp? id=4082,最后访问日期:2011年12月28日。

〔2〕 参见翁岳生编:《行政法》(上册),中国法制出版社2009年版,第567~570页。

〔3〕 See Patricia M. Wald, *Regulation at Risk: Are Courts Part of the Solution or Most of the Problem*? Southern California Law Review 67, 1994, p. 652.

协商式程序进行前、进行中以及协商之后都未分离。对于标准的解释在联邦公报上可能占有大量篇幅,这使公众产生数字是中立的、科学的印象。然而通过对标准的制定过程的考察可知,标准的数字化限值实际上并不是完全由科学方法导出的,而是经由协商和妥协得来的,参与协商的人甚至可能不具有科技专业知识,公众并不知道数据和方法所扮演的角色。[1]甚至连协商式规则制定程序的创造者之一也承认参与各方可以自由协商"事实",最终达成的规则并非源于大量的事实材料,甚至是在这些事实没有被全部调查的情况下,通过相关方对于相关事实和问题的同意达成的。同时,当问题是充满争议时又很难产生一致同意,在保护性的标准制定过程中,如果争议的问题关乎最根本的价值,那么协商式规则制定就可能是不适当的。[2]

此外,协商式规则制定可能仅代表部分人的利益,毕竟参与的人数有限,这使得操纵结果变得可能,协商的结果可能会偏向更有权力、更具经济实力、获取信息和技术专业能力更强的相关方,有损公共利益而使合法性存疑,[3]从而进一步妨碍有效的公众参与以及环境规则制定中对于最佳科学的纳入。

显然,对于环境标准制定的程序控制似乎并不成功。即便追求相关利益的全面参与,最终作出决定的仍然是行政机关。2009年,我国原环境保护部曾就修订《环境空气质量标准》(GB3095—1996)的有关问题,以环办函〔2009〕956号文件的形式向中国科学院、中国工程院等共计193家单位、部门,并在环境保护部网站征集意见。据统计,建议污染物项目应增加$PM_{2.5}$的单位比例高达92.6%。[4] 而征求意见后,原环境保护部科技标准司针对标准修改组织少数单位人员进行了3次研讨,讨论的结果却是"当前国家制定实施$PM_{2.5}$环境空气质量标准时机不成熟"。

---

〔1〕 See William Funk, *When Smoke Gets in Your Eyes: Regulatory Negotiation and the Public Interest-EPA's Woodstove Standards*, Environmental Law 18, 1987, p. 88-89.

〔2〕 See Philip J. Harter, *Negotiating Regulations: A Cure for the Malaise*, Georgetown Law Journal 71, 1982, p. 49-50.

〔3〕 See Lody Freeman, Laura I. Langbein, *Regulatory Negotiation and the Legitimacy Benefit*, NYU Environmental Law Journal 9, 2000, p. 73.

〔4〕 参见于华鹏:《$PM_{2.5}$未入环境质量国标 灰霾监测有限启动》,载经济观察网:http://www.eeo.com.cn/2011/0129/192687.shtml,最后访问日期:2020年12月10日。

毕竟,正当的程序不能解释所获取的信息到底在多大程度上被考虑并对最终的制定产生了影响。成功的风险沟通并不总是能够产生更好的决策,因为风险沟通只是风险决策框架中的一部分。政府对行政决策的最终掌控权,若不加以必要的规范,容易使公众参与、专家论证沦为“做秀”之举,民主、科学的价值也会随之流于形式。[1] 即使假设所有的参与者都公正无私,但这样的标准制定程序必然漫长而复杂,如果每一次的更新都必经这种程序,标准的制定也会显得过于僵化,不能适应实际的需求,同时也使环境规制的成本过高,效率过低。

(四)司法审查的局限性——一个比较法上的考察

通常,法院被委以判断公共行政合法性的重任。在我国现行的制度框架下,法院的职能是对行政机关所作具体行政行为进行司法审查,审查的标准也以形式意义上的合法性为主,在少数情形下检视行政行为的合理性。传统上,中国法院倾向于以既有的实在法作为评判被诉行政行为是否合法的量尺。而且,法院在现实国家权力结构之中,处于相对弱势的现实地位。[2] 环境标准的制定作为抽象行政行为无法直接作为司法审查的对象。对于环境标准的制定,日本同样更多采取了一种“密室程序”,环境标准制定仍被视为是一项不具强制约束力的行政计划,不能作为司法审查的对象。[3]

即使在普通法的传统中,对环境标准制定的司法审查也是有限的。法院被看做立法机关的代理人或仆役,一旦有关规制的立法所引起的争议进入司法程序,制定法的语词、史料和结构就显得极为重要,而背景规范、政策考虑或一般性原则却无关紧要。[4] 在相关知识和信息的获取上,法院也并不具有优势。法院并不能胜任高度技术性的或是政策问题,而且法院重复行政机关的工作,查找事实并适用法律的负担过于沉重,不能满足经

〔1〕 参见沈岿:《风险治理决策程序的应急模式——对防控甲型H1N1流感隔离决策的考察》,载《华东政法大学学报》2009年第5期。

〔2〕 参见沈岿:《行政自我规制与行政法治:一个初步考察》,载《行政法学研究》2011年第3期。

〔3〕 参见张宝:《环境规制的法律构造》,北京大学出版社2018年版,第164页。

〔4〕 参见[美]凯斯·R.桑斯坦:《权利革命之后:重塑规制国》,钟瑞华译,李洪雷校,中国人民大学出版社2008年版,第127页。

济和效率的要求。即使是法律问题,视自己为法律问题的最高权威的法院事实上也很尊重行政官员在解决问题时所持的观点,尤其是对于法律和事实相混合的问题。[1] 因此,法院在高度技术性的领域,很难介入实体的判断,往往仍旧转化为对标准的制定程序提出要求。

1. 制度能力

立法并不能为解决环境标准制定中面临的难题提供确定的答案。正如美国最高法院在惠特曼诉美国货运协会案中指出的,法院从未要求立法提供"明确的规则"来说明"所规制的损害多少是太多"。斯卡利亚(Scalia)大法官也曾指出:"裁量权和立法,在某种程度上,本质上即存在于行政或者司法活动中。"[2] 司法审查可以遏制行政权力的滥用,提高行政决策的质量,但是也存在让法官将自己的价值和政策偏好代替行政官员判断的可能。通常认为,法官不应就实体问题做出替代行政机关的判断,科学技术的复杂性要求法官恪守节制的姿态。

标准可能会涉及有着高度不确定性的未知事项,面对法律和事实的混合问题,法院很难肩负起对标准进行司法审查的重担。贝兹伦(Bazelon)法官曾明确提出了"制度能力"(institutional competence)的概念,他指出"这些更为微妙,更加不为人所见的科学判断事项,已经完全超越了我们法官的制度能力之外"。[3] 美国法院曾指出,"作为非科学家,我们必须回顾我们的专业并不是为排放控制制定标准而是决定该标准是否是合理决策的结果。……我们不能将自己的判断取代环保署的判断,我们的职责是考察该决策是否基于相关事实以及是否存在明显的判断错误。法院的任务不是决定环保署是否正确,也不是要求证据达到数字化的精确程度。当环保署的分析达到议题本身所能允许的精确和清晰程度的分析时,就可以满足要求"。[4]

---

〔1〕 参见[美]欧内斯特·盖尔霍恩、罗纳德·M. 利文:《行政法和行政程序概要》,黄列译,中国社会科学出版社1996年版,第47页。

〔2〕 Mistretta v. United States, 488 U. S. 361, 416(1989)(Scalia, J., dissenting).

〔3〕 International Harvester Company v. William D. Ruckelshaus, 478 F. 2d 615(D. C. Cir. 1973).

〔4〕 Natural Resources Defense Council, Inc. v. U. S. Environmental Protection Agency, 655 F. 2d 318(D. C. Cir. 1981).

对于环境标准的制定,德国实务也采取相似的态度。在有关非游离辐射的案件中,德国联邦宪法法院于2002年2月28日作出裁决,之后遭到欧洲人权法院驳回诉讼。在该案中,法院认为,基于科学尚无法证实的事由要求行政机关提高标准,是否应该由国家采取预防措施,属于政策决定的范畴。法院指出,从权力分立的角度看,确保预防性措施能符合科学认识的现状,属于行政机关而非司法机关的任务。在风险评估(Risikoeinschätzung)的任务分配上,应考虑到两种国家权力在功能以及决策程序性质上的差异,只要具有高度复杂的危害状况在未来仍旧保持不确定的状态,则健康权的保障更适合通过行政权适当以专业知识的导入,确保及时、适当地依据新的知识予以回应。之后,欧洲人权法院也指出,对于国际科技知识现状的随时观察,以及对于电磁辐射健康风险进行评价,主要仍是作为行政权的任务。倘若没有具有足够说服力的证据显示行政权所采取的措施不够充分,则法院没有义务进行证据调查。如果没有足够的证据说明未超过现行标准值的电磁辐射将造成健康损害结果,法院无法认定行政权已经逾越其判断余地。[1]

2. 审查标准

根据美国《行政程序法》第10条的相关规定,法院只能审查行政机关的最终决定(final agency action)。[2] 对于行政行为的审查标准是“恣意专断(arbitrary),反复无常(capricious),滥用自由裁量权,或者其他不符合法律规定的情形”。[3] 适用该审查标准时,法院必须基于机构提交给法院的行政记录(Administrative Record, AR)。这份记录由该机构在作出最后决定时考虑的材料组成,包括其他机构和公众的评论。记录规则(record rule)是为了保护机构决策的完整性,避免法院就高度技术性的问题进行冗长的诉讼。[4] 法院的职责在于决定行政机关是否考量了相关的事实,以

〔1〕 案情具体内容参见王毓正:《论基本权之保护义务在不确定科技健康风险预防上之适用——以奈米科技与非游离辐射应用之相关健康风险预防为例》,载《兴大法学》2010年第7期。

〔2〕 APA § 10(c), 5 U. S. C. § 704.

〔3〕 APA § 10(e), 5U. S. C. § 706.

〔4〕 See Susannah T. French, *Judicial Review of the Administrative Record in NEPA Litigation*, California Law Review 81, 1993, p. 929, 931.

及将所发现的事实及所作出的决定做合理的联结。[1] 20世纪70年代,为了促进对行政行为的司法审查,美国法院要求环保署在规则制定中适用比《行政程序法》更为严格的程序。[2] 例如,对于行政程序和司法审查,《清洁空气法》第307条第(d)款规定,法院必须维持署长的决定除非查明他们:(1)恣意专断,反复无常,滥用自由裁量权,或者其他不符合法律规定的情形;(2)与宪法权利、权力、特权或者豁免相违背;(3)超过法定权限,职权或者限制,或者缺乏法定权利。[3] 另外,法院将撤销其查明的"没有遵守法律规定程序"的行为,如果(1)未能遵循规定的程序是恣意专断、反复无常的;(2)程序异议在公众评论期间提出,或者没有适当的原因解释为何未被提出,以及(3)程序错误"是如此严重并且与规则具有重要关系的事项相关以至于存在实质上的可能性使该错误将会导致规则的重大变化"。[4]

法院在有关环境法的判例中一再重申司法审查必须是彻底和仔细的,并且坚持较为严格的"严格检视"规则(hard look doctrine)。"严格检视"规则由美国联邦最高法院在保护奥弗顿公园市民协会诉沃尔普案(Citizens to Preserve Overton Park, Inc. v. Volpe)中确立。该规则要求法院对机构行为作出"全面、彻底、深入的审查"。[5] 根据这一规则,虽然法院不得对机构决策的实质性的是非曲直作出判断,或"在行政自由裁量权范围内插嘴",但是法院必须确保该机构"严格检视"与其最后决策有关的资料。行政机关的义务,即便基于其专业,仍必须尽到说理的责任。[6] 甚至在行政机关政策的改变上,行政机关也应当提出合理的基础。[7] 法院认为应当确定行政机关是否对其行为的结果进行了"严格检视",即"基于对相关因

---

〔1〕 See Celia Campbell-Mohn, John S. Applegate, *Learning from NEPA: Guidelines for Responsible Risk Legislation*, Harvard Environmental Law Review 23, 1999, p. 131.

〔2〕 Kennecott Copper Corporation v. Environmental Protection Agency, 462 F. 2d 846(D. C. Cir. 1972); Portland Cement Association v. William D. Ruckelshaus, 486 F. 2d 375(D. C. Cir. 1973).

〔3〕 CAA § 307(d)(9), 42U. S. C. § 7607(d)(9).

〔4〕 CAA § 307(d)(8), 42U. S. C. § 7607(d)(8).

〔5〕 401 U. S. 402, 416 (1971).

〔6〕 See Motor Vehicle Manufacturers Association of the United States, Inc., et al. v. State Farm Mutual Automobile Insurance Company et al., 463 U. S. 29(1983).

〔7〕 See A. Aman, *Administrative Law in A Global Era*, Ithaca, Cornell University Press, 1992, p. 33-35.

素的考虑”,并且提供了“令人信服的理由陈述以解释拟议项目并不重大的原因”。[1] 法院要求行政机关必须审查相关的数据并且就其行为明确表达令人满意的解释包括“查明事实和作出选择之间的合理联系”。如果行政机关基于国会无意考虑的因素,完全忽略问题的重要方面,为其决定提供了与行政机关掌握的证据相反的解释,或者说理太不合情理而不能归因于与行政机关专业判断或者观点的不同,将会被认为是恣意专断、反复无常的。[2] 上文提及的美国全国石灰协会诉环保署案中,法院指出,虽然我们在技术复杂性难题中仍然保持谨慎谦虚,不能将自己的判断取代行政机关,但是我们的责任是考察是否“该决定是基于相关因素的考虑并且是否存在明显的判断错误”。“严格检视”规则被认为是对于行政机关专业判断的实体审查标准。

当然,法院认为对于进入环保署决策的所有事实不应当要求具有95%的确定性,而是要求环保署为证明解决问题的系统的进路提供了充分的证据。法院并不试图限制环保署的自由裁量权以作出理由充足的假定即使该假定可能会被有效的检测结果取代,但是法院认为,第一,该假定应当被陈述;第二,检测数据应当证实假定,应当提供不检测或者不基于该数据的原因。[3] 这被认为构成实质性证据(substantial evidence)标准。在上文提及的苯案中,最高法院对实质性证据标准作出了更为具体的说明,要求在采取任何规制行为之前,应能表明“显著风险”的存在,“显著风险”应该是一个能为实质性证据所确证的技术性概念,涉及如何在科学知识并不完美且难以量化风险时,界定并且分配证明风险的重大程度的责任。劳工部职工安全与健康协会主张在记录中有实质性证据支持对于某一致癌物来说没有绝对的安全水平,因此产业界应当承担举证责任来证明暴露存在安全水平。但是法院认为证明责任在于劳工部职工安全与健康协会,基于实质性证据要求,至少长期暴露于10ppm苯将对实质上的健康损害产生重大风

---

〔1〕 在 National Parks & Conservation Association v. Bruce Babbitt, 241F. 3d 722,730(9th Cir. 2001)案中,法院提出了同样的审查标准。

〔2〕 Motor Vehicle Manufacturers Association of the United States, Incl, et al. v. State Farm Mutual Automobile Insurance Company et al. , 463 U. S. 29,43(1983).

〔3〕 See David M. Driesen, Rovert W. Adler, *Environmental Law: A Conceptual and Pragmatic Approach*, New York, Aspen Publishers 2007, p. 208.

险是更为可能的。在2009年美国农场主联合会诉环保署案〔1〕(American Farm Bureau Federation v. Environmental Protection Agency)中,环保团体与企业团体请求法院审查环保署修订的细微颗粒物$PM_{2.5}$空气质量标准。法院认为,环保署无法充分解释其所制定的$PM_{2.5}$的标准满足《清洁空气法》要求,并为保护儿童以及其他敏感人群的健康风险提供"适当安全余地"。法院认为仅仅根据长期暴露所得的研究成果,而没有采纳其他关于短期暴露影响评估的研究报告,无法为儿童及其他敏感人群如老人提供适当安全余地,标准应予废止。

马歇尔(Marshall)大法官在苯案中阐述了司法审查标准:"记录中的实质性证据应当作为整体加以考虑。"实质性证据检测相当困难。第一,问题常常达到技术复杂性的高水平,法官将陷于他们通过训练和经验并不熟悉的问题。第二,因果关系和理论推论可能不是确定的,无法得出确定的结论。第三,很难用统计学的方法来定义风险,在确定可接受的风险水平时,风险是否能够被接受并不仅仅基于事实,最终的决定必须基于政策考虑以及经验主义的可证实的事实。因此,审查法院必须谨记其有限的角色。必须认识到最终的决定并非仅仅基于事实,而且得出的事实上的结论是法院单凭自己无法解决的。〔2〕可见,在实质性证据检测下的司法审查最终仍然是尊重行政机关决定的。如果行政机关考虑了相关因素,且行为与立法一致,则其最终的决定应当受到极大的尊重。

总的来说,法院是程序问题而非实体问题的专家,在对标准制定的司法审查中,法院会较少地介入实体面的争议,而是将目光投射到程序面上进行考量。〔3〕正如德国联邦宪法法院Simon所说,也许只有经由程序法,才能防止法与技术之间成为司法之无人之境。〔4〕有学者则认为,在结合高科技和不确定性的领域内,司法审查必须有所退让。法院的审查会增加

---

〔1〕 559 F. 3d 512 (2009).

〔2〕 Industrial Union Department, AFL-CIO v. American Petroleum Institute, 448 U. S. 607, 706(1980)(Marshall, J., Dissenting).

〔3〕 参见叶俊荣:《环境行政的正当法律程序》,台北,三民书局1997年版,第19页。

〔4〕 参见陈春生:《核能利用与法之规制》,台北,月旦出版股份有限公司1995年版,第427页。

决定做成的成本，且最终对行政机关的裁量毫无影响。[1]

政府规制风险的行为表现出高度的复杂性、情境依赖性和不确定性，以至于它无法事先在想象中被充分认识，也无法事后在规范上加以最后确定。[2] 而法律既难以为行政机关提供行动的规范和依据，也难以对行政机关的行为提供约束和控制，风险规制中的环境标准制定面临着理性和合法性的双重危机。

第三节　风险分析框架中的风险沟通——从“传达”到“协商”

风险规制中的信任危机使公众不再仅满足于知情，而是需要在风险分析框架下，重构风险沟通的价值和目标，真正参与到风险决策当中。良好的风险沟通机制被认为是成功的风险评估和风险管理的核心，能够更好地促进各种事实、信息、价值的融合。

一、风险沟通实践的三个阶段

风险沟通最初是为了缓解公众认知和专家判断的紧张关系，作为向公众传达专家评估的效果的方式出现的。但是由于大多数的公众拒绝被专家教育，坚决主张其独立的地位，并且认为风险决策应当由试图降低和管理现代技术风险的专业共同体作出。[3] 因此，这种最初教育公众的目标发生了转变，风险沟通实践经历了三个发展阶段。[4]

风险沟通的第一阶段强调的是向普通公众传达(convey)盖然性的思想并且教育外行公众承认和接受公共机构的风险决策。在第一阶段中，占

---

[1] See Peter H. Schuck, *Foundations of Administrative Law*, New York, Oxford University Press, 1994, p. 367.

[2] 参见[德]哈贝马斯：《在事实与规范之间——关于法律和民主法治国的商谈理论》，童世骏译，生活·读书·新知三联书店2003年版，第533~535页。

[3] 例如，在美国的风险沟通实践中，最初是忽视公众的，认为由于公众无可救药的愚蠢，以及极度不理智，政府应当尽可能忽略他们的需求，如果有必要的话，误导、欺骗公众也不失为解决问题的好方法。但是在20世纪80年代中期，这种方法失效了，民众发起示威游行，试图夺回环境政策的制定权。参见孙颖：《食品安全风险交流的法律制度研究》，中国法制出版社2017年版，第93页。

[4] See International risk governance council, *White Paper on Risk Governance-Towards an Integrative Approach*, 2005, p. 54-55.

据主导性的风险沟通工具主要是风险比较的适用。例如,如果公众愿意接受某一自愿活动导致的死亡可能性,公众就应当接受相较之下导致较低死亡可能性的自愿活动。但是这种逻辑并不能说服公众,人们并不愿意脱离承受风险和相关的社会条件,而且也不愿意将预期值作为评价风险的唯一参照标准(benchmark)。

这种沟通的尝试失败后,发展出风险沟通的第二阶段,这一阶段强调的是说服(persuation)并且集中于公共关系的努力,使公众确信有些行为是不可接受的(如抽烟和酗酒),这些行为使公众暴露于高风险水平下,而有些公众担忧和关注的有关技术和环境风险(如核反应堆、食品添加剂等)被过分关注但并不属于重大风险水平。虽然这样的风险沟通过程会促成个人行为的一些改变,例如戒烟戒酒,但并不能使大多数公众确信针对大量的技术设施和环境风险作出的风险决策的确是对风险的适当反应。

在上述两个阶段中,风险沟通被认为是风险评估、风险管理之后,由专家向公众传递科学技术信息的过程,风险沟通是专家说服和教育公众的工具,遵循的是 DAD 模式,即决定(decide)、宣布(announce)和辩护(defend)。[1] 在这种传统的单向(one-way)的风险沟通过程中,公众被排除在风险规制决策之外,并不能起到缓解信任危机的效果。因此,目前的风险沟通阶段转而成为一种双向(two-way)沟通过程。在这一过程中,公众不仅能够参与到社会学习的过程当中,而且也是风险管理者。正如美国环保署在 1992 年《风险沟通七大原则》(Seven Cardinal Rules of Risk Communication)当中指出的那样,应当接受并接纳公众成为合法的合作者,风险沟通的目标不是缓解公众的关切或者避免公众采取行动,而是要创造出知情的、感兴趣的、理性的、认真思考的、致力于解决问题的、合作的公众。[2] 通过对公众和利益相关者关注的反应可以建立相互的信任。第三阶段的风险沟通,最终目标是让利益相关者理解风险评估结果以及风险管理决策的理性,并且协商作出能够反映他们手中与自身利益和价值的相关事实信息的全面判断。因此,该阶段的核心在于风险协商(risk deliber-

---

〔1〕 参见张洁、张涛甫:《美国风险沟通研究:学术沿革、核心命题及其相关因素》,载《国际新闻界》2009 年第 9 期。

〔2〕 See EPA.,"Seven Cardinal Rules of Risk Communication",Accessed October 17, 2020. https://nepis. epa. gov/Exe/ZyPDF. cgi/40000IZM. PDF? Dockey=40000IZM. PDF.

ation)。这种双向的进路意味着在得出真正的管理结果之前应当包含公众对于降低风险偏好,沟通者应当聆听公众的关注并且需要清楚地证明公众的关注已经被充分考虑。〔1〕良好的风险沟通能够帮助公众对相关事项作出明智的选择并且能够产生相互信任。

可见,风险沟通就是要将公众观点投射到公共决策中,促进明智的决策、化解具有竞争关系的利益冲突,建立公众对决策的信任,揭示关于争议的重要信息并教育公众。〔2〕双向的风险沟通不仅能够对公众进行教育和启发,告知公众风险和对风险的评估和管理,培训和引导公众行为的改变,帮助人们应对风险和潜在的灾难,同时能够使公众对负责风险评估和风险管理的机制产生信心,让人们确信现行风险分析框架能够以有效的、有效率的、公平和可接受的方式处理风险。最重要的是,双向风险沟通能够让公众有机会参与到风险决策和冲突解决当中。

风险沟通实践的三个阶段反映了从认为公众缺乏理性和知识向强调风险治理程序和框架缺陷的转变。国家风险治理框架不再仅因其科学专业性而获得证成,也不能基于"代议制+传送带"的间接民主理论就获得合法性,国家治理角色面临调整的必要性。〔3〕风险的特性要求一系列不同利益相关者的合作和配合,风险治理的目标转变为风险决策能够更值得信赖,更负公共责任以及更能够调整冲突。〔4〕贝克曾指出,由于现代风险的高度复杂性已经超出任何单一专家系统可以解释和控制的范围,影响广泛地波及每一个社会成员,在新的风险社会中,应该建立起双向沟通的"双向合作风险治理"模式,在政府、企业、社区、非营利组织之间构筑起共同治理

〔1〕 OECD, *Guidance Document on Risk Communication for Chemical Risk Management*, 2002, p. 30, Accessed September 15, 2020, http://www.oecd.org/officialdocuments/publicdisplaydocumentpdf/?cote=env/jm/mono(2002)18&doclanguage=en.

〔2〕 See Thomas C. Beierle, Jerry Cayford, *Democracy in Practice: Public Participation in Environmental Decisions*, Washington D. C., Resources for the Future, 2002, p. 25-26.

〔3〕 参见黄泽萱:《现代风险治理框架下的民意困局及其出路探讨——兼评张小燕等人诉江苏省环保厅环评行政许可案》,载《清华法学》2018年第5期。

〔4〕 See Les Levidow, *European Public Participation as Risk Governance: Enhancing Democratic Accountability?*, Accessed September 15, 2020, http://www.macaulay.ac.uk/PATHconference/outputs/PATH_abstract_4.3.1.pdf.

风险的网络联系和信任关系。[1] 值得注意的是,治理(governance)作为近年来社会科学中的流行语(catchword),[2]成为处理具有高度争议性“科技法律”的主流思维。[3] 治理意味着从统治(government)进路——由上而下(top-down)地试图通过具体规制行为的支配模式(power over)——向个人与跨机构间,通过自我规制(self-regulation)、合作、持续互动与协调的过程,并在多元参与、多方互动的情形下,由下而上(bottom up)地达到更高的管理目标的转变。[4] 虽然治理在社会科学中的概念相当广泛,但其核心是决策并非由少数人垄断,而是通过多元角色、跨机构合作、沟通与协商等程序,达成共识并作出最符合公共利益的决策。[5]

在欧盟,良好的风险治理离不开协商式参与要素。《欧洲治理白皮书》指出,善治(good governance)意味着更多公众和组织共同塑造和实现了欧盟的政策。[6] 这包含了民主化专门知识,改进接近和参与的机会以及在过程的每一步从“风险的识别到风险管理政策的评估”中都包含利益相关者的努力。[7] 就风险规制决策来说,要使过程更审慎主要是使它们更为

---

〔1〕 参见薛晓源、刘国良:《全球风险世界:现在与未来——德国著名社会学家、风险社会理论创始人乌尔里希·贝克教授访谈录》,载《马克思主义与现实》2005 年第 1 期。

〔2〕 See Gabriele Abels, Alfons Bora, *Public participation, stakeholders and expertise: Multi-actor spaces in the governance of biotechnology State-of-the-art report*, Accessed September 7, 2020, https://www.uni-bielefeld.de/soz/personen/bora/pdf/PublicParticipation.pdf.

〔3〕 See Noel Cox, *Technology and Legal Systems*, Aldershot England, Burlington VT, Ashgate Publishing Limited 2006, p. 65-67.

〔4〕 See Catherin Lyall, Joyce Tait, *Shifting Policy Debates and the Implications for Governance*, in *New Modes of Governance*, Accessed September 15, 2020, http://citeseerx.ist.psu.edu/viewdoc/download;jsessionid=FE6DFF85790EA751E6B406C3BFC57FB8? doi=10.1.1.522.450&rep=rep1&type=pdf; Karin Backstrand et al. eds., *Environmental Politics and Deliberative Democracy: Examining the Promise of New Modes of Governance*, Cheltenham, Northampton, Edward Elgar Publishing Limited, 2010, p. 4-5.

〔5〕 See Joseph Murphy, Les Levidow, *Governing the Transatlantic Conflict over Agricultural Biotechnology*, London, New York, Routledge 2006, p. 17, 29.

〔6〕 See Commission of the European Communities, *European Governance-A White Paper*. COM(2001) 428 final, Accessed September 15, 2020, http://aei.pitt.edu/1188/1/european_governance_wp_COM_2001_428.pdf.

〔7〕 See Commission of the European Communities, *Democratising Expertise and Establishing Scientific Reference Systems*, Accessed September 15, 2020, http://www.lauer.biz/methodenstreit/quellen/report_en_democratising_expertise.pdf.

广泛,专家、官员、政治家等的职权范围,必须以某种方式在公众面前进行充分的评论、辩论,以及在特定情况下作出决定,寻求并达成大家都可以接受的方案或决策。[1] 双向的风险沟通反映了善治的要求,能够对民主缺陷和狭隘的技术治国论(technocratics)的救济需求作出适当的回应,[2]从而使原本以行政机关为主体的风险规制呈现治理的色彩。在治理理念上,当前的技术官僚体系应当承认风险的社会建构属性,以更平等的姿态尝试理解民众的风险认知和恐慌根源,并承认民众作为风险后果的最终承受者,应当具有风险决策的最终话语权。[3] 在风险沟通过程中,行政机关从单纯的决策者或领导者转变成促使多元意见交流与政策整合的协助者,提供具有弹性、综合性、信息透明与交换的机制与程序来达成风险规制的目标。[4] 有学者形象地描述了这一转变:权威性的决策和行动的国家正在让位于协商性的国家;协商性的国家的作用是搭台唱戏、安排对话并给予指导。[5]

二、风险沟通的理论基础——协商式民主

双向的风险沟通能够容纳多元的社会角色以及公共代表,并确定争议风险的框架,形成不同的沟通策略,进而进行相互诠释、了解以及理性协议之公共论述,最终得出对于争议问题的暂时性有效定义与理解。这种风险沟通的正当性来自协商式民主的参与要求。[6] 按照主体范围,可以将民

[1] See European Commission, The CARGO Project(Comparison of Approaches to Risk Governance) Risk Deliberation, 2008, p. 3.

[2] See European Commission, The CARGO Project(Comparison of Approaches to Risk Governance) Risk Deliberation, 2008, p. 6.

[3] 参见黄泽萱:《现代风险治理框架下的民意困局及其出路探讨——兼评张小燕等人诉江苏省环保厅环评行政许可案》,载《清华法学》2018年第5期。

[4] See Catherin Lyall, Joyce Tait, *Shifting Policy Debates and the Implications for Governance*, in *New Modes of Governance*, Accessed September 15, 2020, http://citeseerx.ist.psu.edu/viewdoc/download;jsessionid=FE6DFF85790EA751E6B406C3BFC57FB8?doi=10.1.1.522.450&rep=rep1&type=pdf.

[5] 参见[德]乌尔里希·贝克、[英]安东尼·吉登斯、[英]斯科特·拉什:《自反性现代化——现代社会秩序中的政治、传统与美学》,周宪、许钧主编,商务印书馆2001年版,第50页。

[6] 参见许耀明:《风险管理与风险治理——以GMO/GMF为例》,载邱文聪主编:《2007科技发展与法律规范双年刊——公卫风险的法律建构》,"中央"研究院法律学研究所2008年版、新学林出版股份有限公司总经销,第212页。

主的实现形式分为选举民主、协商民主和精英民主。20 世纪 80 年代以后兴起的协商式民主(deliberative democracy)[1]理论有可能避免容易导致多数人暴政的选举民主和导致被少数人操纵的精英民主的弊端。实际上,这种理论并非创新,协商民主观念及其实践与民主本身一样古老,在古典民主中就可以找到源头。[2] 有学者指出,协商式民主的政治模式,存在某些与贝克所提出的生态民主政治灵感和内容亲密的关系。这是因为协商式民主政治倾向于把普通利益放在核心地位,如维持生态多样化或自然资源的质量,至少比自由民主政治具有更多这样的内容。[3] 更重要的是,风险规制过程中需要决定的很多重大问题都是社会价值问题,尤其旨在应对风险的预防决定本身也不可能避免地包含风险时,更有必要通过协商讨论并"共同决定"我们要冒什么样的风险以及冒多大程度的风险。[4]

可以从多个方面理解协商式民主:它可以理解为一种理性的决策方式,通过倾听并考虑相反的观点,基于公共利益的理性讨论作出决定;它也可以理解为一种治理形式,强调对于公共利益的责任、促进政治话语的相互理解、辨别所有政治意愿,以及支持那些重视所有人需求与利益的具有集体约束力的政策;它还可以理解为一种组织形式,它是为政治生活中的理性讨论提供基本空间的民主政府形式。[5]

协商式民主的重大意义在于可以为行政决策提供合法性和理性基础。协商式民主理论的着眼点是,面对高度多元的社会,如何通过制度化的机制来化解社会冲突,塑造一种公正而有活力的公共生活。[6] 法兰克福学派代表人物哈贝马斯指出,"商议性政治的确定合法性力量,是从意见形成和意志形成过程——它之所以能够履行其社会整合功能仅仅是因为公民

[1] 也有学者将 deliberative democracy 翻译为审议式民主、商议民主、慎议民主、商谈民主、话语民主等。

[2] 参见李龙:《论协商民主——从哈贝马斯的"商谈论"说起》,载《中国法学》2007 年第 1 期。

[3] 参见[荷]沃特·阿赫特贝格:《民主、正义与风险社会:生态民主政治的形态与意义》,周战超编译,载薛晓源、周战超主编:《全球化与风险社会》,社会科学文献出版社 2005 年版,第 330 页。

[4] 参见金自宁:《风险中的行政法》,法律出版社 2014 年版,第 80 页。

[5] 参见陈家刚:《协商民主引论》,载《马克思主义与现实》2004 年第 3 期。

[6] 参见戚建刚:《共治型食品安全风险规制研究》,法律出版社 2017 年版,第 83 页。

们期望它的结果具有一种合理的质量——的商谈结构中来的”。[1] 同时，“商谈论引入了另外一个观念：民主的意见形成和意志形成过程的程序和交往预设的作用，是为一个受法律和法规约束的行政部门的决策提供商谈合理化的最重要渠道。行政部门应该始终同一种民主的意见形成和意志形成过程保持联系，而这种过程不仅仅要对政治权力之行使进行事后监督，而且也要为它提供纲领”。[2]

有学者指出，协商式民主的参与进路具有三方面的特征：规范性、工具性和实质上的理性。其中，规范性的理性是基于所有的公民有权参与对其有影响的决策，公民享有权利、公平和社会正义；工具性的理性是基于参与可以增加信任和接受度，可以消除冲突以及不信任；实质上的理性则是指更为广泛的参与意味着更大范围和深度的知识的输入从而可以提高决策的质量，尤其在环境保护和人体健康方面，公众参与可以产生更具有预防性的结果。[3]

尽管存在多个角度的理解，可以明确的是，协商式民主理论要求对“协商”作出基本的规范性要求与限制，协商是协商式民主的核心，协商的主要目标不是狭隘地追求个人利益，而是利用公共理性（public reason）寻求能够最大限度地满足所有公众愿望的政策，协商的重点是经由理性的对话、讨论、审议达成共识。协商式民主的“理想程序”必须具备一定的条件，例如，必须在信息公开和理性对话的基础上，使平等、自由和负责的利益相关者各方拥有同等机会参与协商，通过公开审议的程序提出各种相关理由，说服他人，或者改变自身的观念，在广泛考虑公共利益的基础上作出决定，从而赋予立法和决策以合法性。这体现出决策基础的反思性。同时，基于协商式民主的决策程序具有对话性。[4] 公共协商是一种联合性的社会活动，是一种由多元主体进行的动态性活动，在（促进政治决策的正当化的质

〔1〕［德］哈贝马斯：《在事实与规范之间——关于法律和民主法治国的商谈理论》，童世骏译，生活·读书·新知三联书店2003年版，第378页。

〔2〕［德］哈贝马斯：《在事实与规范之间——关于法律和民主法治国的商谈理论》，童世骏译，生活·读书·新知三联书店2003年版，第373页。

〔3〕See European Commission, The CARGO Project（Comparison of Approaches to Risk Governance）Risk Deliberation, 2008, p. 6.

〔4〕参见赵鹏：《风险社会的行政法回应：以健康、环境风险规制为中心》，中国政法大学出版社2018年版，第160~161页。

量的)理性之间的互动中才能维持的一种活动。这样的对话过程必须在一个可修正的制度和解释框架之中,参与协商的公众及其制度之间的对话使得这个框架保持开放性和民主性。〔1〕 其中,所有利益相关者都应当参与(而不限于政治家、律师、评论家、技术官僚和其他精英)共同决策,将风险规制从封闭的规制转变为更为开放的责任体制,达成决策的共识是协商的结果,共识意味着经过充分协商表现出来的一致性,缺少共识的决策很难具有合法性。〔2〕

因此,基于协商式民主理论,风险沟通的构建应当围绕如何为所有人提供平等的表达机会、消除参与公共协商的制度性障碍、形成公众能够自由参与协商过程的可获得性论坛,从而保证对所有公民的需求和利益进行系统考虑。〔3〕

三、风险沟通的范围和时机

风险沟通在环境标准制定过程中的适用范围和时机受到多大程度的限制,将会直接影响最终制定出的环境标准的正当性。假定公共政策的产出通常会反映公共决策的投入。因此不民主的投入必然带来不民主的产出。〔4〕

(一)风险沟通的范围

有学者通过对风险的类型化,提出协商的范围和程度应当取决于风险的类型,不同的风险类型则对应不同的风险管理策略。第一,基于风险的管理(risk-based management),即基于科学的风险评估,这种管理策略对应着较低的不确定性和模糊性,并且只需要科学家和专家的参与,协商仅在专家之间进行认识论上的对话即可;第二,基于风险预防的管理(precaution-based management),这对应着对于因果链条的确定性较低,需要在过度预防与预防不足之间作出权衡,需要科学家、决策者和重大利益方,例如企业和直接受影响的组织参与;第三,基于对话的管理(discourse-based management),此时科学可能判断是无害的但却可能威胁他方,模糊性不能

〔1〕 参见[美]詹姆斯·博曼:《公共协商:多元主义、复杂性与民主》,黄相怀译,中央编译出版社2006年版,第3、199页。

〔2〕 参见肖巍:《风险社会中的协商机制》,载《学术界》2007年第2期。

〔3〕 参见[美]乔治·M.瓦拉德兹:《协商民主》,何莉编译,载《马克思主义与现实》2004年第3期。

〔4〕 参见[美]肯尼思·F.沃伦:《政治体制中的行政法》,王从虎、牛文展、任端平、宋凯利等译,中国人民大学出版社2005年版,第276页。

得到解决且充满争议,需要在不同的价值间进行平衡,而不能由技术风险专家来判断,此时参与的主体不仅包括基于风险预防的管理中的主体还包括公众的代表。[1] 可见,这种观点表明,只有在第三种情况下才需要进行风险沟通。但是这种观点基于能够清楚正确地将风险分类的前提,然而这种分类本身也存在问题。有学者认为几乎没有什么问题属于第一种类型,相反,很多风险有可能从前两种类型转化成第三种类型。正因为风险的这种分类是充满疑问的,因此在风险规制中需要采取辩论式、协商式和参与式的方式使问题的全貌可以"逐渐地浮现出来"(emerge gradually)。[2]

因此,风险沟通应当适用于更为广泛的风险规制议题,正所谓"真理越辩越明"。而风险协商范围的考虑实际隐含着对于风险沟通效率的追求,需要从风险沟通的方式选择和配套制度的安排中加以考量。

(二)风险沟通的时机

经验不断证明,缺乏早期和持久的介入是公众参与风险沟通项目失败的根源。[3] 一般认为,风险沟通是把风险评估的结果告诉公众,并邀请公众参与风险管理的过程。[4] 也有学者指出,不管标准方法在法规中是作为政策引导还是命令禁止,在环境管制中的最后一步都是磋商的过程。[5] 在这种思路之下,风险协商似乎应当在风险管理中进行。然而,通过上文对环境标准制定中的风险评估和风险管理的过程的考察可以发现,由于风险信息的匮乏和不确定性的普遍存在,以及风险规制决策的复杂性和其中的利益冲突,风险评估和风险管理难以明确区分。因此,有学者指出,公众参与应当提前在风险评估过程中介入。[6] 公众的参与将有助于廓清标准

---

〔1〕 See Andreas Klinke, Ortwin Renn, *A New Approach to Risk Evaluation and Management: Risk-Based, Precaution-Based, and Discourse-Based Strategies*, Risk Analysis 22, 2002, p. 1071-1094.

〔2〕 See Robin Holt, *Risk Management: The Talking Cure*, Organization 11, 2004, p. 251-270.

〔3〕 参见[美]珍妮·X. 卡斯帕森、罗杰·E. 卡斯帕森编著:《风险的社会视野(上):公众、风险沟通及风险的社会放大》,童蕴芝译,中国劳动社会保障出版社2010年版,第43页。

〔4〕 参见张涛:《食品安全法律规制研究》,厦门大学出版社2006年版,第99页。

〔5〕 参见王彬辉、高霞:《加拿大环境标准制定程序及对我国的启示》,载《法学杂志》2011年第9期。

〔6〕 See Ashley C. Schannauer, *Issues in Environmental Law: The WTI Risk Assessments: The Need for Effective Public Participation*, Vermont Law Review 24, 1999, p. 31.

制定中的不确定性,也有助于将公众的价值融入环境标准的制定过程中。

美国国家研究委员会研究指出:“尽管投入了大量的资源用于理解‘风险’,但风险信息的不确定性依然存在,现有的方法无法满足提高风险决策的期望。”1996 年,美国国家研究委员会提出了一个新的风险决策框架,对传统的风险特征分析环节进行改良,将传统专注于科学、概率或者数值定量化的风险特定化环节改成了一个吸收与反馈并行的各方信息交流、互动、协商的过程,即分析—协商程序(analytic-deliberative process)。分析和协商是互补的,并且应当在风险特定化的整个环节中相互结合:协商塑造(frame)了分析,分析为协商提供信息,并且该过程从二者的反馈中获益。[1] 1997 年,美国总统和国会风险评估与风险管理委员会(The Presidential/Congressional Commission on Risk Assessment and Risk Management, PCCRARM)提出了新的风险管理框架,将风险利益相关各方的参与置于风险评估和风险管理的核心地位,贯穿于其框架的整个环节(见图 4-1)。[2]

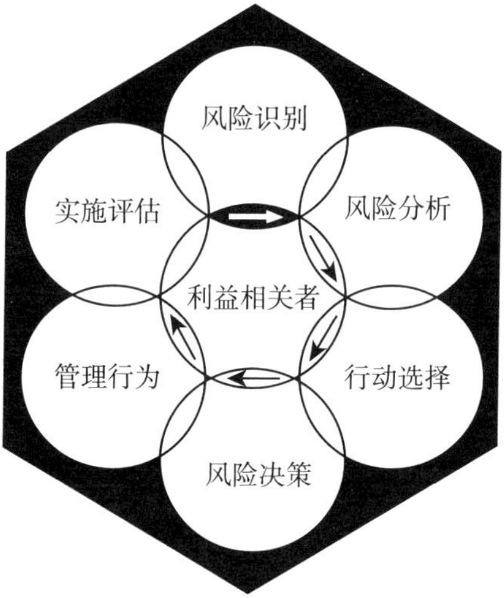

图 4-1 风险管理框架

[1] See Paul C. Stern and Harvey V. Fineberg, *Understanding Risk: Informing Decisions in a Democratic Society*, The National Academies Press, 1996, p. 1-10.

[2] See Presidential Commission on Risk Assessment and Risk Management, *Risk Assessment and Risk Management in Regulatory Decision-Making*, Accessed September 15, 2020, https://cfpub.epa.gov/si/si_public_record_report.cfm? Lab=NCEA&dirEntryId=55006.

有学者在评价风险评估和风险管理模型多年来的进步趋势时指出：风险管理模型正趋向于较少的技术统治论，而是强调风险相关各方在风险决策和管理手段选择上的参与，实现风险管理的多重社会目标。[1] 传统的、刚性的、科学程序化的风险管理模式逐渐被打破，代之以多向交流互动的、"弹性"和"参与式"的模式，这样的模式将有助于对公众的教育及信息公开。风险相关各方对于风险识别、风险分析、行动选择、风险决策、管理行动以及实施评估的整个过程进行广泛参与和协商合作，成为其最核心的改良，风险沟通应当适用于风险规制的全过程。

因此，作为风险分析框架的重要组成部分，风险沟通并非独立于风险评估和风险管理过程而是贯穿于整个风险决策链条（chain），从议题的最初构想直到监督风险管理的影响和效果。

第四节　环境标准制定的风险沟通模式

风险沟通的必要性和重要性要求相应的法律框架提供既能保障参与主体之间平等、对话、协商、信任与互惠的制度，同时也能够提供对决策主体进行有效监督与问责的制度安排。[2] 正如哈贝马斯指出的那样，"商议性政治的成功并不取决于一个有集体行动能力的全体公民，而取决于相应的交往程序和交往预设的建制化，以及建制化商议过程与非正式地形成的公共舆论之间的共同作用"。[3]

有研究表明，风险虽然对法律作为社会调控的手段提出了极大的挑战，但法律的重要性并没有降低。但同时，法律的调控形式必须作出相应的调整，才可能适应已经发生变化的社会特征。这种法律调控形式的调整主要体现在：告别直接的、干预型的、强调实质治理的传统法律调控形式，

---

〔1〕 See Power M., McCarty L. A., *Comparative Analysis of Environmental Risk Assessment/Risk Management Frameworks*, Environmental Science & Technology 32, 1998, p. 224-231.

〔2〕 参见［美］埃莉诺·奥斯特罗姆：《公共事物的治理之道：集体行动制度的演进》，余逊达、陈旭东译，上海三联书店2000年版，第51页。

〔3〕 ［德］哈贝马斯：《在事实与规范之间——关于法律和民主法治国的商谈理论》，童世骏译，生活·读书·新知三联书店2003年版，第371页。

迈向间接的、合作型的、强调程序治理的现代法律调控形式。鉴于科学技术本身固有的不确定性和社会理性价值的多元性,很难找到一个绝对"正确"(right)的决策结果,绝对正确的结果可能根本不存在。"共善"(common good)目标的实现需要借由公众参与达成的共识。[1] 正因如此,有学者指出,环境法和环境标准的合法性基础"在方法上,而不是在结果里"。[2]

一、环境标准制定中的多元主体及其利益冲突

风险沟通意味着需要构建多中心、多角色互动与合作的政策形成过程机制。要想构建风险沟通的程序机制首先需要明确参与到风险评估和风险管理过程中的主体构成。在科技决策、科技政策与管理活动中,应当开展包括政治主体、科技主体和各类普通公民在内的公众多方参与的规范化活动。这种多元参与方式既是实现民主政治的基本途径,也是将科技活动置于人类公共利益基础上的根本保障。正如哈贝马斯在《作为意识形态的技术与科学》一文中指出的那样,"只有展开一场政治上有效的、能够把社会在技术知识和技术能力上拥有的潜在能力同人们的实际需要和愿望联系起来的深入讨论,才能走向一个健全的社会"。[3]

但是,谁是"利益相关者"的判断并非易事。"利益相关者"(stakeholder)、"公众"(public)、"公民"(citizen)、"利害关系人"(interested party)等用语在相关著述中常常交替使用,但是很少有学者专门给出定义。美国国家研究委员会风险描述委员会(Committee on Risk Characterization, National Research Council)指出,利益相关者的数量和类型将基于风险的特定背景。[4] 公众的范围与特定决策与风险的程度和特征有关。

首先,公众的范围与特定环境决策的程序性和实质性风险的程度有关,风险的程度决定了公众参与的强度(intensity)。程序性风险是指民主

---

〔1〕 参见俞可平主编:《治理与善治》,社会科学文献出版社2002年版,第4页。

〔2〕 参见周志家:《不确定性条件下的风险管理——以德国大气质量标准化为例》,载《公共管理研究》2010年第0期。

〔3〕 参见徐治立:《科学治理多元参与政策理念、原则及其模式》,载《中国人民大学学报》2011年第6期。

〔4〕 See Paul C. Stern and Harvey V. Fineberg, *Understanding Risk: Informing Decisions in a Democratic Society*, The National Academies Press, 1996, p. 87.

进程中面临的风险，如果公众未能经由适当的形式充分参与，将削弱公众对于机构及其决策合法性的信任。实质性风险则是指威胁环境和人类健康的风险，当实质性风险很高或者未知时，应当加强公众参与以明确公众利益。因此，具有低风险和低不确定性、明确的政策方向，以及达成高度一致的决策只需低度的公众参与，尤其在结果是短期或可逆转的情况下。而具有高风险和高不确定性、不明确的政策方向、与以往实践相背离，或者不可逆转的重大决策，则要求更为深入的公众参与，尤其是在最佳处理方式上存在重大分歧的情况下（见图4-2）。[1]

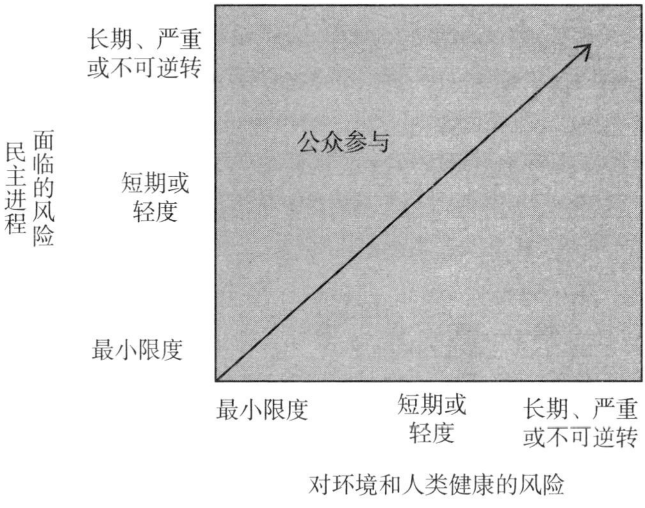

图4-2　公众参与的适当水平

随着程序性风险和实质性风险程度的提高，公众参与的强度或水平也将随之提高，公众的范围反而会限缩，甚至可能变得更不具有代表性。因为公众参与的程度越深，对决策的影响力也就越大，也就越难通过诸如调查、咨询等这类能够囊括广泛公众以获取信息的参与形式达成。从形式上

---

〔1〕 See Marion Hourdequin, Peter Landres, Mark J. Hanson, David R. Craig, *Ethical implications of democratic theory for U. S. public participation in environmental impact assessment*, Environmental Impact Assessment Review 35, 2012, p. 42.

看,从公共会议和听证会到咨询委员会再到协商和调解,公众参与的强度逐渐增强。要想就决策达成一致,越深入的公众参与进程越具有忽略某些参与者或者忽视问题的倾向。〔1〕

其次,公众的范围还与风险的特征相关。有些风险结构简单,损害的可能性很好理解,对风险(以及减少风险的措施)并无争议,这些被称为线性风险(linear risks)。〔2〕所有其他类型的风险都是复杂性(complexity)、不确定性(uncertainty)和模糊性(ambiguity)的组合。复杂性风险是指原因和结果间的关系受到很多干预因素的影响,不确定性指的是因果关系链条的判断不足以确信,而模糊性则产生于个体参与者或利益相关者对于与风险相关事件的输入和结果出现争议时。〔3〕根据公众参与环境评价和决策小组成员奥特温·雷恩(Ortwin Renn)的研究,不同的风险特征对应着不同的公众范围。〔4〕

其中,简单线性风险背景下的公众参与,和传统决策一样,通常以直接受影响的利益相关者的参与为主。当风险呈复杂性时,往往与复杂的剂量—反应(dose-effect)关系或减少脆弱性措施的有效性的重大科学分歧有关。此时,参与主体应当包括来自不同科学阵营的专家,将新知识或额外的知识引入协商,需要经由专家小组、专家听证等达成专家共识。当风险的特征呈不确定性时,应当适用风险预防进路,通过集体性反思来平衡过度保护和保护不足的可能性,决策者、重大利益相关者代表和专家应当共同参与其中,公众参与的主要形式为协商式规则制定、调解、利益相关者会议等。而当风险的特征呈模糊性时,不再只是涉及有关风险的争议,还包括对未来的看法、基本价值观和信念之间的差异,以及对人类控制自身技术

---

〔1〕 See Thomas C. Beierle, Jerry Cayford, *Democracy in Practice: Public Participation in Environmental Decisions*, Washington D. C., Resources for the Future, 2002, pp. 46-48.

〔2〕 需要说明的是,简单的线性风险不应等同于小的或可忽略的风险,只是潜在的负面后果是显而易见的,应用的数值是无争议的,剩余的不确定性很低。

〔3〕 See Ortwin Renn, *Stakeholder and Public Involvement in Risk Governance*, International Journal of Disaster Risk Science 6, 2015, p. 9.

〔4〕 本书为确保书中概念一致,对此图所涉及的概念表述作了一定修正。See Ortwin Renn, *Stakeholder and Public Involvement in Risk Governance*, International Journal of Disaster Risk Science 6, 2015, p. 12.

命运能力的信心程度，因此决策应当面向公众公开，要求最为广泛的参与，不仅应当包括直接受影响群体也应当包括间接受影响群体，不仅包括公司部门、非政府组织、协会、科学界的利益相关者，还包括一般公众代表，主要的参与形式是公民咨询委员会、公民小组、公民陪审团等（见图4-3）。[1]

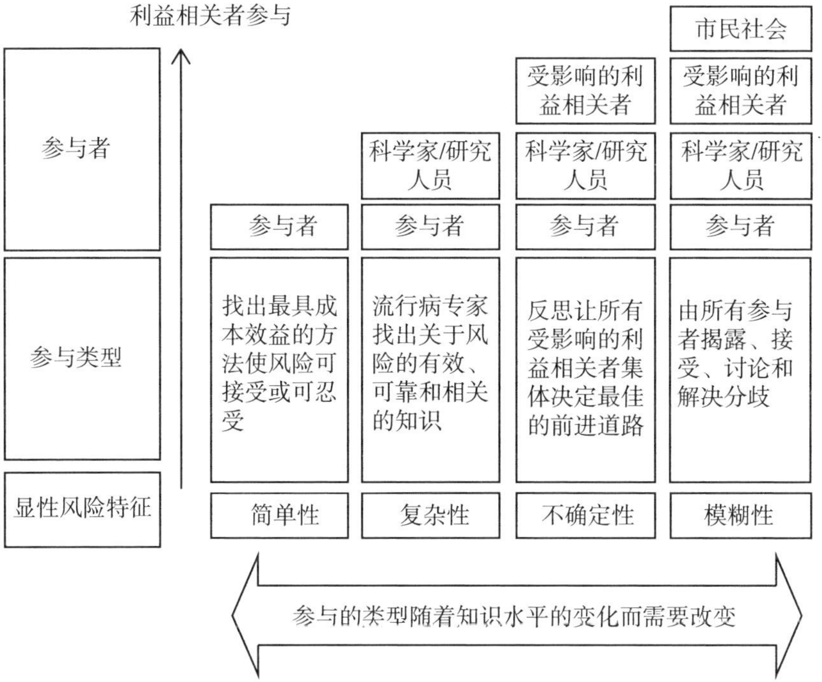

图4-3　风险的特征和公众参与

具体到环境标准的制定，所涉及的利益相关者相当广泛。由于环境的公共物品特性，甚至可以说，环境标准的制定可能关系到标准适用范围内的任何主体，尤其是适用于全国范围内的国家环境标准。不同利益相关者所处的地位和作用是不同的，基于的利益基础也不同，可能会存在激烈的利益冲突。规制者参与环境标准制定的基础是其代表的公共利益和所具备的行政专长；科学技术专家参与的基础在于专家所具备的科学技术等方

[1] See International Risk Governance Council, *White Paper on Risk governance: Towards an Integrative Approach*, 2005, p. 51-52.

面的专业知识;企业参与的基础在于对自身的经济和非经济的利益包括信誉、企业形象的重视,以及所享有的信息和市场优势;公众及相关团体参与的基础在于其经济利益以及对自身甚至子孙后代健康和环境生态等非经济利益的关注。

具体来说,以河川附近工厂的污水排放标准的制定为例,其相关的利益可能包括:工厂所有权人、股东、经营者、工人的权益、附近公众的身体健康和主观感受、附近社区居民的就业、发展空间与经济利益、下游公众对清洁水质的本能利用、中下阶层公众对低价格货品供应的需求、其他同行的竞争利益、地方政府的政绩考量、全体国民对美好生态环境维持的利益、全体国民的经济发展需求等。[1] 行政机关内部各部门之间也可能出于部门各自规制目标的考虑会出现冲突。例如对于 DDT 的禁用问题,我国环保部门倾向于完全停止 DDT 的生产、使用和出口,卫生部门则主张继续暂时保留 DDT 的病媒防治用途和生产能力,而农业部门则认为应当继续保留三氯杀螨醇(DDT 是三氯杀螨醇的生产中间体),以符合其农药品种多样性政策。[2] 这时显然需要对多元主体的不同需求和利益冲突进行全面的考量并且在特定情况下进行上文提及的风险—风险权衡。

环境标准的制定因涉及多元主体及其利益冲突,自然难免产生错综复杂的利害关系与争议,这给环境标准制定过程中进行有效的风险沟通带来了困难。美国曾就新火力发电厂的新污染源执行标准的制定在环保署、电力公司和环境保护主义者之间有过一场激烈且旷日持久的争论,[3]最终经由联邦哥伦比亚特区上诉法院塞拉俱乐部诉科斯特尔案[4](Sierra Club v. Douglas M. Costle)的判决所确认。其中,如何科学地计算和设定标准的具体数值固然是争议的焦点,但制定的最大困难在于如何妥当地协调各有关利害关系,尤其是污染者的经济利益和社会的公共环境利益。

多元主体由于能力不同,在社会结构中的作用和地位不同,因此在环境标准制定过程中发挥的作用也就不同。有学者指出,多元角色存在明显

---

[1] 参见翁岳生编:《行政法》(上册),中国法制出版社 2009 年版,第 571 页。

[2] 参见刘建国:《化学品环境管理——风险管理与公共治理》,中国环境科学出版社 2008 年版,第 58 页。

[3] 参见王曦:《美国环境法概论》,武汉大学出版社 1992 年版,第 261~262 页。

[4] 657 F. 2d 298(D. C. Cir. 1981).

的不平等，最强大的利益集团则最有可能影响最终决策，使他们变得更强大、更安全。弱势利益集团，例如许多小企业、消费者集团、公众很少有机会影响强势集团，例如大型跨国公司或者协会，会制定对自己有利的法规，因为游戏中的全部好牌都已经发给强势利益集团。[1] 多元主体作用和地位的不同在环境标准的制定当中更为明显，尤其是在规制者和专家都有可能被“俘获”的情况下，最不应当被牺牲的公众健康却往往首当其冲。

因此，环境标准制定中如此多元的主体、复杂的利益冲突和明显的地位差别，给风险沟通的顺利进行带来巨大障碍的同时也使风险沟通的需求更为迫切。有必要设计出更合理的风险沟通程序，以便贯穿风险评估和风险管理的全过程，更好地汲取专业意见，凝聚社会共识，保障不同利益的有效表达，让环境标准的制定能够成为政府、企业、协会、专家和消费者等具有各自立场的团体之间达成合意的一种统合性过程。[2] 只有保障环境标准制定过程的民主性，才有可能达至内容的正当性和可接受性。

二、共识会议的引入——环境标准制定的可能模式

近年来，能够反映协商式民主的各种公众参与方式不断蓬勃发展起来，成为风险沟通程序设计的有益参考。例如共识会议（consensus conference）、公民陪审团（citizens’ juries）、情景研讨会（scenario workshops）、焦点小组（focus groups）、协商式民意调查（deliberative polls）以及战略生态位管理（strategic niche management）。[3] 也有学者认为，这些方式包括投票（referenda）、公共听证（public hearing）、公共意见调查（public opinion surveys）、协商式规则制定、共识会议、公民陪审团/小组（panel）、公民/公众咨询委员会以及焦点小组等。[4] 有学者对各类风险沟通中各利益相关者[5]

---

〔1〕 参见［美］肯尼思·F. 沃伦：《政治体制中的行政法》，王从虎、牛文展、任端平、宋凯利等译，中国人民大学出版社 2005 年版，第 279 页。

〔2〕 参见朱芒：《论行政程序正当化的法根据——日本行政程序法的发展及其启示》，载《外国法译评》1997 年第 1 期。

〔3〕 See Frank Fischer, *Reframing Public Policy: Discursive Politics and Deliberative Practices*, Oxford University Press 2003.

〔4〕 Gene Rowe, Lynn J. Frewer, “Public Participation Methods: A Framework for Evaluation”, *Science, Technology & Human Values* 25, 2000, p. 3.

〔5〕 这里的利益相关者指的是与采用何种风险评估或风险管理方式有利害关系或利益影响的个人。参见［美］雷吉娜·E. 朗格林、安德莉亚·H. 麦克马金：《风险沟通：环境、安全和健康风险沟通指南》（第 5 版），黄河、蒲信竹、刘琳琳译，中国传媒大学出版社 2016 年版，第 400 页。

参与形式以及不同参与阶段的优点和缺点进行了比较(见表4-1)。[1]

表4-1 风险沟通中各利益相关者参与形式的优缺点

互动类型	优点	缺点
正式听证会	容易实施; 达到了某些法律的最低要求; 允许跨地域的群体参与	可能增强敌意; 只关注最突出的关切; 使部分受众成员感到不满; 参与感较弱
自助小组	促使受众行动; 授权于受众	只有受众能影响风险时才会奏效; 需要组织和利益相关者的长期投入
焦点小组	规模小,目标和时间表明确,所以对一些组织而言更易操作	规模和时间有限; 可能无法代表所有受众; 对某些利益相关者来说算不上实质性参与
研讨会	既是参与也是教育; 可以获得多元的观点	需要技术知识;需要组织和利益相关者协同工作,但在有敌意的情况下不太可能做到这一点
咨询小组	有更多的时间供利益相关者了解风险; 可以帮助制定决策	有效性随着时间的推移而降低;需要组织进行回应;需要相当多的资源(时间、金钱、人员)
风险评估互动	提供针对流程的可靠意见;提高风险评估被接受的可能性	需要技术知识;对于一些技术专家而言"挑战性"太强
决策制定互动	可以形成更易接受的决策; 参与程度最高	需要组织让渡部分控制权; 在一些情况下可能不合法
风险管理互动	使利益相关者了解风险; 授权于利益相关者	需要技术知识; 只有受众能影响风险时才会奏效

[1] [美]雷吉娜·E.朗格林、安德莉亚·H.麦克马金:《风险沟通:环境、安全和健康风险沟通指南》(第5版),黄河、蒲信竹、刘琳琳译,中国传媒大学出版社2016年版,第256页。

环境标准制定的风险沟通应当贯穿于风险规制的全过程,需要多元的信息和价值的交流,需要最高的参与程度并且能够影响甚至共同制定决策,上文对于公告、评论和协商式规则制定程序的分析也已经表明现有的标准制定程序设计存在一定弊端。在上述各种诸多形式中,共识会议是在社会科学和政策讨论中最常被提及的公众参与方式,它作为政策工具满足了许多与协商进路相关的要求,[1]同时实践中也是重要的风险沟通方式之一。[2] 作为一种新的规制科技风险的民主治理模式,共识会议赋予公众和专家在面对科技风险问题时同等重要的法律地位,充分体现了协商民主规范基础下的治理原则。[3] 作为公众参与科学事务模式,共识会议提供了在科技专家与作为门外汉的非专业公众之间进行双向甚至多向的交流平台,形成彼此之间的互相理解、求同存异、达成共识的沟通模型,主要应用于科技、环境、健康等技术较为复杂的领域。[4] 当然,在多元主体多重价值共存的社会背景下,与其说共识会议的目标是达成普遍接受的一致意见,不如说是给予公众各抒己见的机会,将争议进行深入的讨论和协商,并将讨论后的观点和意见公开,从而影响决策。正如美国国家研究委员会所指出的那样,成功的风险沟通并非要求产生有关争议的共识或者一致的个人行为。[5]

对于环境标准的制定这样的"跨科学"问题,共识会议的引入将有助于公众达成对于可接受风险水平的一致见解。值得关注的是,共识会议的实践已经显示出对于环境标准制定相关问题的关注。例如,丹麦在重型机动车的颗粒物排放进行成本—收益分析时,关于如何决定环境的金钱价值存在严重的方法论问题,于是对如何决定环境收益和污染的价格,使这些因

---

〔1〕 See Frank Fischer, *Reframing Public Policy: Discursive Politics and Deliberative Practices*, Oxford University Press, 2003.

〔2〕 例如,德国联邦风险评估所将共识会议作为风险沟通当中"为研究目的的对话"这一类型的沟通方式之一。参见孙颖:《食品安全风险交流的法律制度研究》,中国法制出版社2017年版,第144页。

〔3〕 参见戚建刚:《共治型食品安全风险规制研究》,法律出版社2017年版,第245页。

〔4〕 参见任丙强:《西方国家公众环境参与的途径及其比较》,载《东北师大学报(哲学社会科学版)》2010年第5期。

〔5〕 See National Research Council, *Improving Risk Communication*, Washington, D. C., National Academy Press, 1989, p. 28.

素可以通过可接受的方式成为经济分析的一部分,丹麦曾于2003年就如何分配环境价值问题召开了共识会议。[1] 可见,共识会议有可能为环境标准的制定提供可行的风险沟通模式。

(一)共识会议的起源

1. 美国共识发展会议

1977年,美国国家健康研究所(US National Institutes of Health, NIH)首次就乳腺癌筛查设计问题使用共识发展会议(Consensus Development Conferences)。乳腺癌筛查是一个具有争议的话题,因为存在筛查的价值是否能够抵消辐射的风险问题。为讨论该问题,健康研究所设立了包括医学专家、科学家和其他专业人员的小组进行科学交流,就研究和发现达成某种共识,对新的医学技术做出专业评估。[2] 共识发展会议的功能与同行评审制度相当,而外行公众的参与是有限甚至是不存在的。[3]

2. 丹麦共识会议

与美国的共识发展会议不同,丹麦的共识会议是以公民/外行公众的参与作为首要特征的。美国模式的在医学争议领域的共识会议于1983年引入丹麦。关于技术问题的共识会议与医学问题并行发展但却出现了不同的机制。1987年,丹麦的技术委员会[4](Technology Board)就生物技术议题召开了共识会议,这一会议被称为"第一次丹麦模式的共识会议",因为该会议设立了外行小组(lay-panel),从而将共识会议民主化,创造性地将共识会议发展成为一种公众参与科学事务的新工具。[5]

丹麦的这种创造源于其良好的公共启蒙传统。丹麦法律明文规定,凡

---

〔1〕 See *How can we assign value to the environment*? Accessed December 31, 2011, http://www.tekno.dk/subpage.php3? article=772&toppic=kategori11&language=uk.

〔2〕 See David H. Guston, *Evaluation the First U. S. Consensus Conference: The Impact of the Citizens' Panel on Telecommunications and the Future of Democracy*, Science, Technology & Human Values 24, 1999, p. 451-482.

〔3〕 See European Commission, The CARGO Project (Comparison of Approaches to Risk Governance) Risk Deliberation, 2008, p. 17.

〔4〕 1995年,丹麦技术委员会(Danish Board of Technology, DBT)的设立取代了原先的技术委员会。

〔5〕 See European Commission, The CARGO Project (Comparison of Approaches to Risk Governance) Risk Deliberation, 2008, p. 19.

涉及重大争议的科技政策问题，在决策前必须让社会公众了解科技发展对社会、环境和公众生活带来的影响，也必须让社会公众或其代表对存在争议的科技议题进行公共讨论。[1] 在假定建立关于科学技术政治与市民之间的对话既是可能的、又是必要的这一民主视野下，技术委员会很自然地将基于广泛民主基础的公众讨论、积极的公众参与意识，与原本仅由专家参与的美国共识发展会议相结合，创造了丹麦特色的共识会议。[2]

目前，世界范围内已经有超过 20 个国家引入了丹麦模式的共识会议，这些国家通过共识会议的方式讨论科学和技术政策等相关问题。[3] 我国也曾于 2008 年 11 月，召开过以“转基因食品”为议题的第一次试行性共识会议。[4]

（二）共识会议的程序

丹麦技术委员会首先选定一个社会特别关注的主题，该主题与国会将要审议的议题相关且规模适中。之后，技术委员会通过各种公开媒体向公众说明共识会议的主题，征集志愿参加者，并从中随机选出 14～16 名公众组成公民小组（citizen panel），要求与会公众是与会议主题没有任何特殊关系的外行市民。换句话说，他们就会议主题不需要具有任何预先存在的专门知识和资格，也不属于利益团体的代表，选择的标准原则上应保证所有将受到未来决策影响的人都有平等的机会参与。[5] 在仔细安排的预备会

---

〔1〕 参见刘锦春：《公众理解科学的新模式：欧洲共识会议的起源及研究》，载《自然辩证法研究》2007 年第 2 期。

〔2〕 See The Danish Board of Technology, *The Consensus Conference*, Accessed August 20, 2020, http://www.tekno.dk/subpage.php3? survey=16&language=uk.

〔3〕 See *Tracking Danish-style, Citizen-based Deliberative Consensus Conferences World-wide: An Innovative Way to Involve the Public in Science & Technology Policy Deliberations*, Accessed September 15, 2020, http://www.loka.org/TrackingConsensus.html.

〔4〕 参见刘兵、江洋：《对共识会议之“共识”的反思》，载中国科普研究所编：《中国科普理论与实践探索——2010 科普国际论坛暨第十七届全国科普理论研讨会论文集》，科学普及出版社 2010 年版，转引自戚建刚：《共治型食品安全风险规制研究》，法律出版社 2017 年版，第 241 页。

〔5〕 这里和学者提出的“类似陪审团”（jury-like）程序一致，该程序通过某种适当的随机过程（不包括利害关系方）选出一般公众的代表组成“类似陪审团”，给予他们时间和资源以理解和提供有关重要规制议题的见解。See Ortwin Renn, Thomas Webler, Horst Rakel, Peter Dienel, Branden Johnson, *Public Participation in Decision making: A Three-step Procedure*, Policy Sciences 26, 1993, p. 191.

议(preparatory sessions)中,公民小组的成员学习和阅读相关资料,通过专家授课、谈话来了解基本的政策议题,并提出他们关注的问题。基于这些问题,技术委员会组建由权威科学家和技术专家、社会科学方面的专家、利益相关群体代表等组成的专家小组。在第二次预备会议上,公民小组再次对更多背景资料进行讨论并提问。技术委员会制定专家小组对公民小组的问题进行讨论答复,并用公民小组能够理解的语言进行表述。之后,公民小组在开放给媒体与社会公众旁听的公开论坛中,针对他们自行设定的问题询问专家,专家进行答复,公民小组与专家小组进行交叉询问和讨论,并就政策议题所涉及的利益与价值冲突进行讨论。

共识会议的直接结果是凝聚了公民小组共识的最后文件。这个结果本身并不当然具有法律拘束力,但它为决策者提供了他们从专家那里无法得到的来自公众的信息。决策者可以更清楚地知道什么是最重要的冲突。共识会议本身的公开形式和会议主题所体现的社会问题,也往往会使会议的结果引起媒体和公众的广泛关注,这也会对决策者的决策构成相当的影响力,也具有一定的指标作用。[1]

(三)共识会议的优势

1. 外行公众的参与

公众参与有关科学和技术的协商已经成为政治的正统做法。今天"即便是最为集中于科学(science-centred)的政府报告如果没有公众的参与也被认为是不完备的"。[2] 基于科学和技术的决策以及风险评估和管理从确定的、狭隘的、量化的、不透明的、仅基于专家的程序,如盖然率的风险评估和成本—收益分析向新型的、相对自愿的、定性的、透明和全面的程序转变。[3] 然而,即使是专家对于例如有害物质的认识、流行病学的研究,都

---

〔1〕 See The Danish Board of Technology, *The Consensus Conference*, Accessed August 20, 2020. http://www.tekno.dk/subpage.php3? survey = 16&language = uk;翁岳生编:《行政法》(上册),中国法制出版社2009年版,第574页;刘锦春:《公众理解科学的新模式:欧洲共识会议的起源及研究》,载《自然辩证法研究》2007年第2期;许志晋、毛宝铭:《共识会议的实质及其启示》,载《中国科技论坛》2006年第3期。

〔2〕 See European Commission, The CARGO Project (Comparison of Approaches to Risk Governance) Risk Deliberation, 2008, p. 3.

〔3〕 See European Commission, The CARGO Project (Comparison of Approaches to Risk Governance) Risk Deliberation, 2008, p. 5.

很难有确信的论据,更何况是一般公众。尽管专家在有关科技决策中发挥着相当重要的作用,但是如何确定“我们希望怎样生存”的环境标准需要价值判断。外行公众的参与是在程序性地合法化行政机关的决定,让由非经民选的行政机关人员所作的决定有合法的基础,并且改善决定的质量使人民对机关决定更具信心。[1] 也有学者从共和的理论加以论述,认为公众之间的对话及讨论是国家行政程序上的关键特征,只有通过讨论,人们才得以追求公众的利益。[2]

丹麦的共识会议就是一种使公众在科学技术问题或相关问题领域的评估中扮演重要角色的方法。[3] 共识会议的一个突出特点是外行公众的参与,并让他们在会议中担任重要角色。外行公众就有争议的科技议题向专家提问,评估专家予以回应,并在新闻发布会上发表他们的看法。与其他公众参与科学事务的工具相比,共识会议独具的特点表现为对参会公民不做具备专业背景的要求和随机选择机制。这种随机的方式,正可以应对环境标准制定中难以界定利益相关者的问题。

有学者认为,共识会议与传统基于专家建议进行评估的模式相反,兜售了更多的民主和平等,让外行公众扮演了关键性角色。[4] 共识会议对高新科技议题进行协商,其总体目标是通过扩展超越传统精英群体的方法与视野,完善关于科学技术的决策制度。[5] 共识会议既益于公众对特定议题的了解,也益于获得不同立场或观点,实现多元价值观的融聚和碰撞,促成议题相关的主流民意与价值的形成,改善目前政治精英与专家学者垄断政策制定的情形。共识会议已经突破了公众理解科学早期的理论模

---

〔1〕 See Alfred C. Aman, Jr., *Administrative Law and Process*, Lexis-Nexis, 2006, p. 19-23.

〔2〕 See Cass R. Sunstein, *Interest Groups in American Public Law*, Stanford Law Review 38, 1985, p. 29.

〔3〕 See The Danish Board of Technology, *The Consensus Conference*, Accessed August 20, 2020. http://www.tekno.dk/subpage.php3? survey=16&language=uk.

〔4〕 See Edna F. Einsiedel, Deborah L. Eastlick, *Consensus Conferences as Deliberative Democracy: A Communications Perspective*, Science Communication 21, 2000, p. 323-343.

〔5〕 See David H. Guston, *Evaluation the First U. S. Consensus Conference: The Impact of the Citizens' Panel on Telecommunications and the Future of Democracy*, Science, Technology & Human Values 24, 1999, p. 451-482.

型——缺失模型,成为民主模型在实践层面的标志。[1] 此外,经由媒体和公开的力量,可以更好地平衡多元主体之间的差别地位,尤其可以提升处于弱势地位的公众的力量和影响力,更重要的是将强化共识会议最终文件对决策者的约束力。

2. 多元的专家

共识会议设立的专家小组,由 4~6 名涉及议题领域的专家组成。专家需要能够代表广泛的、平衡的利益、专家观点以及知识。专家小组需要广泛的知识基础并且具有相关的知识网络:专业/技术、社会/社会科学和哲学/伦理等,并且专家小组的成员在其专业上必须是杰出的。专家小组由组织者根据公民小组想要了解的问题,给出可供公民小组选择的专家名单,经公民小组确认后组成专家小组。[2]

这样的设计,包含了同行评审的要求,符合分解技术垄断的要求,公众可以自由地怀疑和质询科学技术方面的权威专家们就有关巨大风险和灾难问题而展开取证、评估、鉴别、裁决的具体过程与真实结果。而且公民小组最终的确认权,也保证了公众对于专家人选的决定权,可以保证专家小组中产生各种不同的甚至截然相反的声音,有相互持不同意见甚至相反意见的专家。

对专家的知识基础和知识网络的要求,为"跨科学"问题的解决提供了基础。有学者指出在考虑许多不同且往往无法衡量的因素,例如健康、政策、经济利益、技术可行性等时,需要特定的知识和经验。风险规制中"expertise"的概念不仅仅是指科学家或者对于事实能够有技能适用特定方法加以解决的人,而是指专门知识。这种专门知识要求直觉、创造性和对议题的敏感把握,必须平衡"一般与特别",考虑"痛苦的权衡",以及致力于广泛学科的智力探索与钻研。[3] 这样的专门知识也可以填补诸如法律人

---

〔1〕 参见刘锦春:《公众理解科学的新模式:欧洲共识会议的起源及研究》,载《自然辩证法研究》2007 年第 2 期。

〔2〕 See The Danish Board of Technology, *The Consensus Conferenc*, Accessed August 20, 2020, http://www.tekno.dk/subpage.php3? survey=16&language=uk.

〔3〕 Elizabeth Fisher, *Drowning by Numbers: Standard Setting in Risk Regulation and the Pursuit of Accountable Public Administration*, Oxford Journal of Legal Studies 20, 2000, p. 109.

和科技人之间的沟通落差,从而有利于理解科技议题的内涵,有效解决科技争议。[1] 交叉学科背景的要求也会促使进行联合攻关的各种综合性学科和交叉性学科及各种复合型人才源源不断地涌现出来,[2]这反过来也会为公众提供更为多元化的专家选择。

3. 面对面的风险沟通

共识会议旨在通过传达公众对于拟议的科技问题的见解和态度充实和扩大传统的专家、政治家和利益关系方之间争论的内容。公众关于科学技术发展的见解在社会的整体技术评估中占有重要的作用。通过共识会议,公众获取了所有信息以评估给定的技术问题。共识会议创造了公众和专家、利益相关方和决策者就各自观点和建议进行面对面(face to face)讨论的框架。通过这种方式,关于科技的争论得以充实和发展。[3] 经由透明的风险沟通,专家和规制者作出的所有假设、模式以及推断都能够被完整地解释及正当化,使得即使是原本要求科学主导的风险评估过程也不再是“与世隔绝”的,[4]也就更易获得广泛的大众认可以及接受,从而促成具有争议性的决定。

面对面的风险沟通可以更好地解决公众和专家风险知识之间的冲突。风险沟通的主要挑战就是如何使得非专业技术人员能够认识到各种复杂现象,同时为异常多变的公众捕获其关注的主要信息。[5] 个体在信息不够充分的情况下,风险的后果可能会被放大或者弱化,从而导致风险规制

---

[1] 参见牛惠之:《“科技法律”议题之研究》,载《月旦法学杂志》2005 年第 116 期。

[2] 参见[德]乌尔里希·贝克:《从工业社会到风险社会(上篇)——关于人类生存、社会结构和生态启蒙等问题的思考》,王武龙编译,载《马克思主义与现实》2003 年第 3 期。

[3] See The Danish Board of Technology, *The Consensus Conference*, Accessed August 20, 2020, http://www. tekno. dk/subpage. php3? survey = 16&language = uk.

[4] See Celia Campbell-Mohn, John S. Applegate, *Learning from NEPA: Guidelines for Responsible Risk Legislation*, Harvard Environmental Law Review 23, 1999, p. 121.

[5] 参见[美]珍妮·X. 卡斯帕森、罗杰·E. 卡斯帕森编著:《风险的社会视野(上):公众、风险沟通及风险的社会放大》,童蕴芝译,中国劳动社会保障出版社 2010 年版,第 49 页。

对较小的风险投入了较大的成本,却忽视了真正可能存在的风险。〔1〕 实际上,贝克有关风险社会的论文从没有真正质疑过专门技术和知识的含义,只是更为关注人们如何决定相信和信任哪个专家,而不是去讨论专家的知识类型的有用性和恰当性。〔2〕 因此,风险沟通程序的建立,可以帮助公众克服风险认知中的偏见或障碍,尽最大可能让公众对风险事件进行客观的解读,不轻易被无关因素所干扰,从而对风险事件作出相对准确的判断。同时,又可以让专家更易于全面了解公众的价值偏好,从而使风险规制目标的选择更具有正当性。共识会议中讨论与问答的模式以及对于语言易于理解的要求更加有助于专家和公众之间信任关系的建立,增加了反思和对话的可能性,也增强了程序的透明度和理性。风险沟通就是要使专家和公众的风险知识重新归位,在价值选择与事实判断领域各自发挥应有的功能。即便事实判断与价值选择经常纠结在一起,也应当通过沟通、协商和反思过程获得一种共识,在共识的基础上作出合理选择。〔3〕

此外,面对面的沟通能够更好地促进专家、规制者、作为利益相关者的产业以及公众之间就信息进行共享与沟通。当关于风险的信息无法符合公众期待,风险所产生的正负面效果不能被有效地预见和掌控时,就会增加风险规制的复杂性。而当规制者无法就争议性科技议题的风险内涵提

---

〔1〕 美国联邦环保署1987年颁布《未竟的事业》(Unfinished Business)的报告。在该报告中,环保署管理官员对项目的合理优先次序发表了自己的见解,并将其于已有的优先次序相比较。诸如有毒废弃物清理之类的主题,虽然在风险管理者处排序较低,却在资金资助方面居于较为优先的地位;诸如室内空气污染和全球变暖这类被环保署排序处于较高地位的主题,却在资金资助方面居于较为靠后的地位。在1990年环保署科学咨询委员会也进行了类似的实践,经过仔细的研究之后,确证了风险管理者之前的见解。公众对安全优先次序的排序,与这些专家的见解大相径庭。规制机构的优先次序和议程设定,并非由环境专家审慎创设,其最直接反映的可能是公众的排序、政治、历史或偶然。这在一定程度上是不可避免的。参见[美]史蒂芬·布雷耶:《打破恶性循环:政府如何有效规制风险》,宋华琳译,法律出版社2009年版,第27页。

〔2〕 参见[美]弗兰克·费舍尔:《乌尔里希·贝克和风险社会政治学评析》,孟庆艳编译,载《马克思主义与现实》2005年第3期。

〔3〕 参见戚建刚:《风险规制过程合法性之证成——以公众和专家的风险知识运用为视角》,载《法商研究》2009年第5期。

供指标性的信息时，就会削弱公众的信任。[1] 多元主体之间的信息并不是完全共通和共享的，这必然导致规则的制定成为一个重复博弈的过程。由于多元角色在共识会议程序进行中，可以进行问答和讨论，可以为信息的共享提供良好的对话机制，从而有利于突破信息不对称的状况。

正因为上述优势的存在，共识会议被认为是成功的。这种成功意味着对于争议、大众媒体以及立法的影响。虽然共识会议可能不会得到特定的结论，也不意味着之后立法机关将根据共识会议所达成的意见进行立法，但是共识会议引发了对于问题的认识，激发了多元主体的讨论，而这有利于科技争议问题的解决。[2] 共识会议使公众而不是专家或者规制者确定争论的待议事项，并且作为风险评估的基础。共识的要求提高了最终文件中明确地包含来自一般公众评估和建议的可能性。

共识会议这种面对面的沟通形式，体现出微观协商民主的特征，同时共识会议所具有的上述优势可以在一定程度上应对环境标准制定中广泛的主体及其利益冲突。当然，共识会议并非环境标准制定中风险沟通方式的最优和唯一选择。即使是共识会议这一看起来不区分风险评估和风险管理，而且将多元主体集中就事实、信息、价值进行协商的“一揽子”模式也遭到了效率低下的批评。多元角色在协商中达成共识，在共识中建立信任的过程，可能会造成行政的迟延，从而影响效率目标的达成。共识会议中专家的授课与谈话也存在误导的可能，容易使风险沟通沦为专家误导和教育外行公众并将价值偏好强加给公众的过程。此外，共识会议随机选取公众的方式，有可能不能对弱势群体给予特别的关注，也难以揭示不同种族、性别和社会团体对风险的敏感度或受风险影响的差异。

---

〔1〕 See Catherin Lyall, Joyce Tait, *Shifting Policy Debates and the Implications for Governance*, in *New Modes of Governance*. Accessed September 15, 2020, http://citeseerx. ist. psu. edu/viewdoc/download;jsessionid = FE6DFF85790EA751E6B406C3BFC57FB8? doi = 10. 1. 1. 522. 450&rep = rep1&type = pdf.

〔2〕 European Commission, The CARGO Project (Comparison of Approaches to Risk Governance) Risk Deliberation, 2008, p. 19.

第五节 本章小结

在环境标准的制定中,专家和规制者相较于公众来说处于主导地位。然而,由于公众与专家对于风险的认知存在差异,同时专家有可能在利益的驱使下得出偏颇的结论,公众对专家判断的科学性和中立性存在质疑。

另外,基于环境保护、经济、科学以及政策的多方面考量,行政机关在制度上居衡量之优位,立法者也正是以此为前提加以授权,并且行政机关对风险进行调查与评价,比立法者与司法者具有更佳之行为形式。〔1〕但事实却是,规制者在事实、信息和价值方面均不占有优势。同时,现有的法律框架不能为规制者制定环境标准的行为设置明确的实体限制,作为装置的程序虽然能够促成一定程度的风险沟通,但由于公众缺少对最终决策的实质控制,难以真正限制规制者的自由裁量权。肩负判断公共行政合法性重任的法院囿于其制度能力局限于对程序面的关注,在个案上就相关风险决策,广泛承认行政机关的裁量余地。法律规制不足导致环境标准的制定成为行政机关自由裁量权几乎不受限制的领地。

虽然环境标准在形式意义上层级较低甚至不被认为是法律规范,但从实质意义上却对公众的权利义务尤其是对人体健康和环境利益产生了法律效果。为了保证公众参与并对社会需要作出反应,同时又能有效地解决问题,克服公众和专家、规制者之间的紧张关系和信任鸿沟,风险沟通成为一种迫切需求。正如学者总结的那样,将公共行政解释为立法机关的"工具",严格遵循预先确定的、由立法表达的民主意志,这种理性—工具模式并不能适当地应对技术风险的复杂性。与理性—工具模式相反,商谈—建构模式授权公共行政就特定问题行使实质性的、持续解决问题的裁量权以应对技术风险评定所具有的实施与规范混合的复杂性。〔2〕作为风险分析框架中的重要组成部分,风险沟通能够促成不同的知识体系和价值判断进入和参与到决策的过程中并在这个过程中得以呈现并产生影响。由于客

〔1〕 参见陈春生:《行政法之学理与体系(一)——行政行为形式论》,台北,三民书局1996年版,第147页。

〔2〕 参见[英]伊丽莎白·费雪:《风险规制与行政宪政主义》,沈岿译,法律出版社2012年版,第37~45页。

观上环境标准难以达至科学合理的美好状态，合法性和可接受性则是更为实际的目标追求。如何确定“可接受”，显然不仅要基于科学，更需要进行价值判断，这需要科学家、规制者、法律人与作为门外汉的公众协力合作，以调和在他们彼此不同的利益、立场与目标下所掩藏的时有冲突的各种价值观。[1]

对可接受风险水平的判断应当是一个开放的、双向沟通、协商的过程。单纯的告知与知情，已经不能满足公众的需求，因此在风险沟通的实践中出现了从“传达”到“协商”的转变，最终发展为目前双向的风险沟通。这种以协商式民主理论为基础的风险沟通贯穿于风险评估和风险管理的全过程，通过各方的反思与平等的协商、对话，使多元主体认识到不同知识体系和价值判断的合理性，从而达成关于如何制定环境标准的共识。

在保证公众参与和促进风险协商的各项现有制度当中，成型于丹麦的由外行公众参与的共识会议所具备的优势可能有助于环境标准制定问题的解决。丹麦共识会议的实践也已经显示出对于环境标准制定相关问题的关注。共识会议中外行公众和多元专家的参与以及面对面的风险沟通能更好地应对环境标准制定中的多元主体和广泛的利益冲突，促使公众达成对于可接受风险水平的一致见解，特别是其借助于媒体和公开的效应，能够更好地约束规制者的最终决策，这为保障环境标准制定的理性和合法性提供了有益的思路。

---

〔1〕 See David L. Bazelon, “Risk and Responsibility”, *Science* 205, 1979, p. 278.

第五章　我国环境标准制定的现状与完善

环境标准的制定是环境规制的起点和环境管理的重要依据,也是环境风险规制最重要的进路之一。我国环境法当中的诸多规范例如环评、"三同时"、排污许可等制度都有赖于环境标准的演进和运行。截至"十二五"末期,累计发布国家环保标准 1941 项(其中"十二五"期间发布 493 项),废止标准 244 项,现行标准 1697 项。在现行环保标准中,环境质量标准 16 项,污染物排放(控制)标准 161 项,环境监测类标准 1001 项,管理规范类标准 481 项,环境基础类标准 38 项。[1] 可见,我国的环境标准已经形成了一个较为完整的标准体系。但是环境标准表面的数量繁荣并不意味着内容的合理与正当。

贝克曾指出,在环境保护领域,法律难以明文规定标准、比率或者参数,只是提出了最笼统、最一般性的要求和标准,既没有具体的数据和详尽的说明,也不具备法律上的可操作性,结果人们只能从《大型燃器设备使用指南》或《有关空气质量的技术指导手册》等文件中获取相关的文字数据。技术专家们提出这些不具备

〔1〕《国家环境保护标准"十三五"发展规划》,载生态环境部网:http://www. mee. gov. cn/gkml/hbb/bwj/201704/W020170414581772760139. pdf,最后访问日期:2020 年 8 月 17 日。

法律效力的数据和条目时往往更多地考虑到生产企业所能达到的技术水平，却很少甚至并没有真正考虑到普通公民所能忍耐和接受的污染程度。[1] 我国目前的状况正是如此。在我国的语境下，由于相关立法的授权并不明确，同时缺乏程序正义的保障，又由于环境标准的制定属于抽象行政行为，法院难以提供有力救济，环境标准的制定变成行政机关几乎绝对自由的领域。长久以来，在经济至上理念的主导下，环境标准的制定从事前预防和控制风险的措施沦为为企业和经济发展保驾护航的工具，呈现过于宽松的态势，不利于公众健康和生态环境的保护。环境标准制定过程中存在的种种争议和法律规制的消极姿态，使有关标准制定变革的讨论不再集中于是否需要改变，而是应当如何改变。[2] 而这一变革应当聚焦于如何运用具有控制功能的规则和程序，使行政机关对私人利益行使权力的行为得以合法化(legitimating)。[3]

第一节　我国环境标准制定的现状

有学者指出，行政机关规制风险的活动若要符合现代行政法治的基本要求，至少需要满足两个条件：一是价值合理性，即行政机关设定的风险规制目标能够为民众所接受，符合民众的需要，反映民众的偏好，体现卢梭所说的"公意"的要求，从而具有正当性；二是工具合理性，即行政机关规制风险的手段或措施基于精确的计算和预测，追求功效最大化，具有科学性。[4] 然而，我国环境标准制定的状况却对应着价值合理性和工具合理性的双重缺失。

一、环境标准制定的目标不明确

(一)风险规制目标的缺失

环境问题，很大程度上说，就是环境风险问题。环境标准的制定，属于

---

〔1〕 参见[德]乌尔里希·贝克：《从工业社会到风险社会(上篇)——关于人类生存、社会结构和生态启蒙等问题的思考》，王武龙编译，载《马克思主义与现实》2003年第3期。

〔2〕 See Elizabeth Fisher, *Drowning by Numbers: Standard Setting in Risk Regulation and the Pursuit of Accountable Public Administration*, Oxford Journal of Legal Studies 20, 2000, p. 109.

〔3〕 参见[美]理查德·斯图尔特：《美国行政法的重构》，沈岿译，商务印书馆2002年版，第3页。

〔4〕 参见戚建刚：《风险规制过程合法性之证成——以公众和专家的风险知识运用为视角》，载《法商研究》2009年第5期。

典型的风险规制领域。环境标准作为环境法的一项基本制度,环境标准的制定首先应当符合相关立法的目的和要求。我国环境保护领域的基本法即《环境保护法》[1]和一系列单行法开篇即明确规定了立法目的,并且在总则中明确了环境保护和污染防治的原则,如表 5-1 所示。

表 5-1 有关立法目的和原则的法律规定

法律名称	相关规定
《环境保护法》(2014 年)	第 1 条 为保护和改善环境,防治污染和其他公害,保障公众健康,推进生态文明建设,促进经济社会可持续发展,制定本法。
	第 5 条 环境保护坚持保护优先、预防为主、综合治理、公众参与、损害担责的原则。
《水污染防治法》(2017 年)	第 1 条 为了保护和改善环境,防治水污染,保护水生态,保障饮用水安全,维护公众健康,推进生态文明建设,促进经济社会可持续发展,制定本法。
	第 3 条 水污染防治应当坚持预防为主、防治结合、综合治理的原则,优先保护饮用水水源,严格控制工业污染、城镇生活污染,防治农业面源污染,积极推进生态治理工程建设,预防、控制和减少水环境污染和生态破坏。
《大气污染防治法》(2018 年)	第 1 条 为保护和改善环境,防治大气污染,保障公众健康,推进生态文明建设,促进经济社会可持续发展,制定本法。
	第 2 条第 1 款 防治大气污染,应当以改善大气环境质量为目标,坚持源头治理,规划先行,转变经济发展方式,优化产业结构和布局,调整能源结构。

[1] 一般认为,《环境保护法》属于环境保护领域的基本法。虽然 2014 年《环境保护法》并未明确规定其基本法的性质和定位,但是《全国人民代表大会法律委员会关于〈中华人民共和国环境保护法修正案(草案)〉修改情况的汇报》指出:"应当将环境保护法定位为环境领域的基础性、综合性法律,主要规定环境保护的基本原则和基本制度,解决共性问题。"袁杰主编:《中华人民共和国环境保护法解读》,中国法制出版社 2014 年版,第 267 页。

续表

法律名称	相关规定
《土壤污染防治法》（2018 年）	第 1 条　为了保护和改善生态环境，防治土壤污染，保障公众健康，推动土壤资源永续利用，推进生态文明建设，促进经济社会可持续发展，制定本法。
	第 3 条　土壤污染防治应当坚持预防为主、保护优先、分类管理、风险管控、污染担责、公众参与的原则。

从这些具体条文来看，我国环境立法的目的，一是保护和改善环境，防治污染和其他公害，这是基础的、直接的目标；二是保障公众健康，推进生态文明建设，促进经济社会可持续发展，这是最终的发展目标。〔1〕 2017 年《水污染防治法》、2018 年《大气污染防治法》和 2018 年《土壤污染防治法》等单行法也都遵循了这种立法模式，均确定了保护和改善环境、防治污染和其他公害、保障人体健康、推进生态文明建设、促进经济社会可持续发展等一系列目标，但是并没有在立法目的中明确规定环境风险的预防和管理。当然，如果要真正实现上述目标，就不得不考虑环境风险规制，未必需要在字面上体现。但是，上述立法在有关原则的规定当中，除《土壤污染防治法》明确提到“风险管控”之外，其他立法均停留在传统的预防原则层面，还没有对“风险”予以充分关注，这为各部立法奠定了基调。虽然有学者将“保护优先”解释为风险预防原则，但是学界对此尚未达成共识，绝大多数学者将“保护优先”放置在环境保护和经济发展的关系当中予以阐释。〔2〕

即便是在《土壤污染防治法》中规定了风险管控原则，并且在第四章专门规定了“风险管控和修复”，但是和第三章“预防和保护”不同，所谓的

〔1〕 参见汪劲：《环境法学》（第 4 版），北京大学出版社 2018 年版，第 31 页。

〔2〕 对于“保护优先”内涵的不同学理解读，参见王社坤、苗振华：《环境保护优先原则内涵探析》，载《中国矿业大学学报》（社会科学版）2018 年第 1 期。本书认为，这里的“保护优先”并不等同于“环境保护优先”。我国台湾地区的“环境基本法”确认了“环境保护优先”原则，其中第 3 条规定：“……经济、科技及社会发展均应兼顾环境保护。但经济、科技及社会发展对环境有严重不良影响或有危害之虞者，应环境保护优先。”

"风险管控"并不是指预防土壤污染,而是指通过切断或者阻碍污染物影响受体的途径,以及限制或者避免受体与污染物接触的可能性,以减少风险事件发生时造成的损失。强调的是对已经存在的土壤污染采取控制措施,防止污染物对食用农产品和人体健康造成直接影响。[1] 可见,这里的"风险管控"并非针对污染源,而是针对污染源经传播途径到达环境介质产生环境污染之后,再通过暴露途径影响人群健康的第二阶段。根据对农产品质量和人居环境安全的影响确定是否对已经产生的土壤污染进行修复和治理,显然是不够的,环境污染无论如何修复,也无法达到被破坏之前的水平。[2] 从末端进行治理,难以真正实现风险预防的目的。

具体到对于环境标准制定的授权规定,上述立法关于制定目标和考虑因素的规定虽各有不同,但也延续了有关目的和原则的规定,除《土壤污染防治法》外,均未在环境标准制定的目标和考虑因素中提及"风险",环境标准在风险规制中的功能和意义尚未得到充分体现(如表5-2所示)。

表5-2　有关环境标准制定的法律规定

法律名称	相关规定	制定目标和考虑因素
《环境保护法》(2014年)	• 第15条第1款　国务院环境保护主管部门制定国家环境质量标准。	• 空白
	• 第16条第1款　国务院环境保护主管部门根据国家环境质量标准和国家经济、技术条件,制定国家污染物排放标准。	• 国家环境质量标准 • 国家经济、技术条件

[1] 参见生态环境部法规与标准司编:《〈中华人民共和国土壤污染防治法〉解读与适用手册》,法律出版社2018年版,第95页。

[2] 关于土壤环境风险评估的"源头—路径—接受者路径模式",参见吴贤静:《土壤环境风险法律规制研究》,中山大学出版社2019年版,第109~110页。

续表

法律名称	相关规定	制定目标和考虑因素
《水污染防治法》（2017年）	• 第12条第1款　国务院环境保护主管部门制定国家水环境质量标准。	• 空白
	• 第13条　国务院环境保护主管部门会同国务院水行政主管部门和有关省、自治区、直辖市人民政府，可以根据国家确定的重要江河、湖泊流域水体的使用功能以及有关地区的经济、技术条件，确定该重要江河、湖泊流域的省界水体适用的水环境质量标准，报国务院批准后施行。	• 国家确定的重要江河、湖泊流域水体使用功能 • 有关地区的经济、技术条件
	• 第14条第1款　国务院环境保护主管部门根据国家水环境质量标准和国家经济、技术条件，制定国家水污染物排放标准。	• 国家水环境质量标准 • 国家经济、技术条件
《大气污染防治法》（2018年）	• 第8条　国务院生态环境主管部门或者省、自治区、直辖市人民政府制定大气环境质量标准，应当以保障公众健康和保护生态环境为宗旨，与经济社会发展相适应，做到科学合理。	• 保障公众健康 • 保护生态环境 • 与经济社会发展相适应
	• 第9条　国务院生态环境主管部门或者省、自治区、直辖市人民政府制定大气污染物排放标准，应当以大气环境质量标准和国家经济、技术条件为依据。	• 大气环境质量标准 • 国家经济、技术条件
《土壤污染防治法》（2018年）	• 第12条第1款　国务院生态环境主管部门根据土壤污染状况、公众健康风险、生态风险和科学技术水平，并按照土地用途，制定国家土壤污染风险管控标准，加强土壤污染防治标准体系建设。	• 土壤污染状况 • 公众健康风险 • 生态风险和科学技术水平 • 土地用途

其中,我国2014年《环境保护法》第15条对于国家环境质量标准的制定仅规定由“国务院环境保护主管部门制定国家环境质量标准”。可见,对于国家环境质量标准,该法仅规定了环境标准管理体制,即制定环境标准属于环保部门的职权,对规制目标、保护价值的优先顺位,以及需要考虑的实体要素进行了留白处理。这种概括授权的方式,仅称得上是对事权的划分,没有提供规制目标和实体性限制。该法第16条进一步规定制定国家污染物排放标准的依据是国家环境质量标准和国家经济、技术条件。由于没有明确国家环境质量标准和污染物排放标准之间的推导关系,同时条文并未贯彻立法目标,而是强调了经济技术条件,这为实践中污染物排放标准的制定以经济技术可行性为主要目标甚至唯一目标埋下了隐患。

有学者指出,价值选择是政治过程应当完成的一个任务,而行政仅仅是选择手段来实现这些价值。〔1〕作为我国环境保护领域的基本法,却将环境标准制定的价值选择和手段都完全交由环保部门来完成,没有对行政机关的自由裁量权进行实体上的限制。对此,2017年《水污染防治法》在第12条第1款中也作出了类似留白处理。同时,为考虑实际需求,使上下游地区就省界水体适用的水环境质量标准达成一致,避免跨界水污染,对于重要江河、湖泊流域的省界水体使用的水环境质量标准,第13条规定以水体的使用功能以及有关地区的经济、技术条件为水环境质量标准的制定依据。〔2〕将原本隐含在环境质量标准制定中的可行性考量明文加以规定,大大弱化了环境质量标准制定本身应当承载的风险规制目标。

当然,一些新修订或新出台的单行法在环境标准特别是环境质量标准的制定问题上并没有完全复制上述空白授权的立法模式以及侧重于经济技术可行性的制定思路。例如,2018年《大气污染防治法》同2014年《环境保护法》和2017年《水污染防治法》的相关规定相比,在授权中增加了制定大气环境质量标准应当遵循的原则。由全国人大法工委作出的解读指出:“保护公众健康是制定大气环境质量标准的最主要目的,也是制定该标准的出发点和归宿。同时大气环境质量标准的制定还要考虑生态环境的

〔1〕参见王锡锌:《公众参与和行政过程——一个理念和制度分析的框架》,中国民主法制出版社2007年版,第178页。

〔2〕参见陆浩主编:《中华人民共和国水污染防治法解读》,中国法制出版社2017年版,第45页。

因素。制定大气环境质量标准要做到科学合理。所谓‘科学’，是指制定标准要有充分的科学依据，是经过科学的监测与评估而得出的科学结论；所谓‘合理’，是指制定的标准能够与经济社会发展相适应，体现国家关于大气环境保护的方针、政策，符合我国国情，能够促进环境效益、经济效益和社会效益的统一，使标准切实可行。”〔1〕可见，法律明确我国大气环境质量标准的制定需要考量的因素包括公众健康、生态环境、经济社会发展等一系列因素，而大气污染物排放标准的制定在此基础上还需要考虑我国经济、技术条件。但是如何才能充分保障公众健康，如何做到既“科学”又“合理”，从条文本身无法得知。经过上文的分析可知，对于无阈值污染物的风险管理，“科学”和“合理”可能根本无法并存。

值得注意的是，2018年《土壤污染防治法》中将标准名称“土壤环境质量标准”调整为“土壤污染风险管控标准”，体现了风险管控的思路。从该法第12条第1款的条文来看，国家土壤污染风险管控标准的制定，要区分不同的土地用途，综合考虑土壤污染状况、公众健康风险、生态风险和科学技术水平，确保科学合理、符合实际。〔2〕可见，同《大气污染防治法》一样，《土壤污染防治法》也对环境标准的制定增加了制定的目的、原则以及应当考虑的因素，特别是突出了“风险”的视角。但是，立法同样无法解释“科学”“合理”“符合实际”这样一些可能本身存在冲突的目标如何能够同时达成的问题，更何况由上文分析可知，这里的“风险管控”并不具有“源头预防”的意蕴。

除了环境保护领域的基本法和一些污染防治法中对环境标准的制定作出了原则性的规定外，针对环境标准国务院环境保护主管部门还出台了专门的部门规章和规范性文件，进一步对环境标准制定的目的、原则、依据、程序等内容进行了规定。其中，环境标准制定目标、制定中需要考虑的因素以及制定原则的相关规定参见表5-3。这些文件虽然法律层级不高，且多属于技术性、内部程序性规范，难以达到指导我国环境标准制定的目的，但却能反映出特定时期我国环境标准具体制修订工作中实际追求的目标和侧重的因素。

---

〔1〕全国人大常委会法制工作委员会行政法室编著：《中华人民共和国大气污染防治法解读》，中国法制出版社2015年版，第26~27页。

〔2〕参见生态环境部法规与标准司编：《〈中华人民共和国土壤污染防治法〉解读与适用手册》，法律出版社2018年版，第39页。

表 5-3 关于环境标准制定的部门规章和规范性文件

文件名称	相关规定	制定目标和考虑因素
《环境标准管理办法》(1999年)	• 第7条 对下列需要统一的技术规范和技术要求,应制定相应的环境标准: (一)为保护自然环境、人体健康和社会物质财富,限制环境中的有害物质和因素,制定环境质量标准;	• 保护自然环境 • 保护人体健康和社会财富 • 限制环境中的有害物质和因素
	(二)为实现环境质量标准,结合技术经济条件和环境特点,限制排入环境中的污染物或对环境造成危害的其他因素,制定污染物排放标准(或控制标准)……	• 环境质量标准 • 技术经济条件 • 环境特点
《国家环境保护标准制修订工作管理办法》(2006年)	• 第6条 标准制修订工作遵循下列基本原则: (一)以科学发展观为指导,以实现经济、社会的可持续发展为目标,以国家环境保护相关法律、法规、规章、政策和规划为根据,通过制定和实施标准,促进环境效益、经济效益和社会效益的统一; (二)有利于保护生活环境、生态环境和人体健康; (三)有利于形成完整、协调的环境保护标准体系; (四)有利于相关法律、法规和规范性文件的实施; (五)与经济、技术发展水平和相关方的承受能力相适应,具有科学性和可实施性,促进环境质量改善; (六)以科学研究成果和实践经验为依据,内容科学、合理、可行; (七)根据本国实际情况,可参照采用国外相关标准、技术法规; (八)制订过程和技术内容应公开、公平、公正。	• 以实现经济、社会的可持续发展为目标 • 促进环境效益、经济效益和社会效益的统一 • 保护生活环境、生态环境和人体健康 • 形成完整、协调的环境保护标准体系 • 相关法律、法规和规范性文件的实施 • 经济、技术发展水平和相关方的承受能力 • 科学性和可实施性 • 科学、合理、可行 • 本国实际情况

续表

文件名称	相关规定	制定目标和考虑因素
《国家环境保护标准制修订工作管理办法》（2017年）	• 第29条　在环境质量标准制修订工作中，应对国内环境质量状况进行充分的调查研究，收集有关监测数据和环境基准研究成果，对比分析其他国家的环境质量标准。在此基础上提出环境质量标准草案，并对其可行性进行论证和说明。	• 国内环境质量状况 • 有关监测数据和环境基准研究成果 • 其他国家的环境质量标准 • 可行性
	• 第30条　在污染物排放（控制）标准制修订工作中，应对相关行业的情况进行调查和了解，掌握国家的环保和产业发展相关政策，确定标准的适用范围和控制项目，根据行业主要生产工艺、污染治理技术和排放污染物的特点，提出标准草案，并对标准实施进行成本效益分析，预测行业的达标率。	• 行业主要生产工艺、污染治理技术和排放污染物的特点 • 成本效益分析 • 行业达标率
	• 第39条第2款　环境质量标准、污染物排放（控制）标准送审稿技术审查结果由专家组长综合各专家的意见确定，明确是否通过技术审查，并就标准对环境管理的适用性、标准的技术经济可行性和标准实施所具备的条件和存在的问题给出明确意见。……	• 对环境管理的适用性 • 标准的技术经济可行性 • 标准实施所具备的条件和存在的问题
《生态环境标准管理办法》（2020年）	• 第3条　为防治环境污染、防控环境风险、保护生态环境、保障公众健康，由国务院生态环境主管部门和省、自治区、直辖市人民政府依法制定生态环境标准，统一规定生态环境保护技术要求。	• 防治环境污染 • 防控环境风险 • 保护生态环境 • 保障公众健康
	• 第7条第1款　制定生态环境标准，应遵循合法合规、支撑管理、体系协调、科学可行、程序规范的原则。	• 合法合规 • 支撑管理 • 体系协调 • 科学可行 • 程序规范

续表

文件名称	相关规定	制定目标和考虑因素
《生态环境标准管理办法》(2020年)	• 第10条　为保护生态环境，保障公众健康，增进民生福祉，促进经济社会可持续发展，限制环境中有害物质和因素，制定生态环境质量标准。	• 保护生态环境 • 保障公众健康 • 增进民生福祉 • 促进经济社会可持续发展 • 限制环境中有害物质和因素
	• 第12条　制定生态环境质量标准，应当反映生态环境质量特征，以生态环境基准研究成果为依据，与经济社会发展和公众生态环境质量需求相适应，科学合理确定生态环境保护目标。	• 生态环境质量特征 • 生态环境基准研究成果 • 与经济社会发展和公众生态环境质量需求相适应 • 科学合理
	• 第15条　为保护生态环境，保障公众健康，推进生态环境风险筛查与分类管理，维护生态环境安全，控制生态环境中的有害物质和因素，制定生态环境风险管控标准。	• 保护生态环境 • 保障公众健康 • 推进生态环境风险筛查与分类管理 • 维护生态环境安全 • 控制生态环境中的有害物质和因素
	• 第17条　制定生态环境风险管控标准，应当根据环境污染状况、公众健康风险、生态环境风险、环境背景值和生态环境基准研究成果等因素，区分不同保护对象和用途功能，科学合理确定风险管控要求。	• 环境污染状况 • 公众健康风险 • 生态环境风险 • 环境背景值和生态环境基准研究成果 • 科学合理
	• 第20条第1款　为改善生态环境质量，控制排入环境中的污染物或者其他有害因素，根据生态环境质量标准和经济、技术条件，制定污染物排放标准。	• 改善环境质量 • 生态环境质量标准 • 经济、技术条件

续表

文件名称	相关规定	制定目标和考虑因素
《生态环境标准管理办法》（2020年）	• 第22条第1款　制定行业型或者综合型污染物排放标准，应当反映所管控行业的污染物排放特征，以行业污染防治可行技术和可接受生态环境风险为主要依据，科学合理确定污染物排放控制要求。	• 污染物排放特征 • 可行技术 • 可接受生态环境风险 • 科学合理
	• 第22条第2款　制定通用型污染物排放标准，应当针对所管控的通用生产工艺、设备、操作过程的污染物排放特征，或者特定污染物、特定排放方式的排放特征，以污染防治可行技术、可接受生态环境风险、感官阈值等为主要依据，科学合理确定污染物排放控制要求。	• 污染物排放特征 • 可行技术 • 可接受生态环境风险 • 感官阈值
	• 第22条第3款　制定流域（海域）或者区域型污染物排放标准，应当围绕改善生态环境质量、防范生态环境风险、促进转型发展，在国家污染物排放标准基础上作出补充规定或者更加严格的规定。	• 生态环境质量 • 生态环境风险 • 促进转型发展
《国家生态环境保护标准制修订工作规则》（2020年）	• 第33条　在质量标准制修订工作中，应对国内生态环境质量状况进行充分的调查研究，收集有关监测数据和生态环境基准研究成果，对比分析其他国家的质量标准，并对编制的质量标准的科学性、合理性、合法合规性和可行性进行论证和说明。风险管控标准的编制要求可参照质量标准。	• 国内生态环境质量状况 • 有关监测数据和生态环境基准研究成果 • 其他国家的质量标准 • 科学性、合理性、合法合规性和可行性

续表

文件名称	相关规定	制定目标和考虑因素
《国家生态环境保护标准制修订工作规则》(2020年)	• 第34条　固定污染源大气、水污染物排放标准应分别按照《国家大气污染物排放标准制订技术导则》(HJ 945.1)和《国家水污染物排放标准制订技术导则》(HJ 945.2)的规定开展制修订工作。 生态环境监测分析方法标准应按照《环境监测分析方法标准制订技术导则》(HJ 168)的规定开展制修订工作。 其他有相应标准制订技术导则的,应按照技术导则的规定开展制修订工作。	• 相关技术导则 • 合法与支撑原则 • 绿色与引领原则 • 风险防控性原则 • 客观公正性原则 • 体系协调性原则 • 合理可行性原则
	• 第36条第2款　对质量标准、风险管控标准和排放标准项目,归口业务司局除审查项目材料的完整性和规范性外,应重点审查标准的体系协调性、控制项目的全面性、排放限值对公众健康和生态环境安全的保障性,以及与产业发展的协调性和技术经济可行性等。技术支持单位应协助归口业务司局做好审查工作。	• 标准的体系协调性 • 控制项目的全面性 • 排放限值对公众健康和生态环境安全的保障性 • 与产业发展的协调性和技术经济可行性

如表5-3所示,1999年《环境标准管理办法》和2006年《国家环境保护标准制修订工作管理办法》沿袭了相关法律条文对环境标准制定目的和原则的规定,例如,“防治环境污染,维护生态平衡,保护人体健康”“实现环境质量标准,结合技术经济条件和环境特点”“促进环境效益、经济效益、社会效益的统一”“以科学发展观为指导,以实现经济、社会的可持续发展为目标”,这些字眼给出了制定环境标准时应当考虑的因素,在当时以污染治理为核心的背景下,还没有涉及风险问题。现行2017年《国家环境保护标准制修订工作管理办法》将《国家环境保护标准制修订工作管理办法》《国家环境保护标准制修订项目计划管理办法》《关于核辐射与电磁辐射国家

环境保护标准制修订项目管理工作的通知》予以修订和整合,对原条文作出了较大调整。该办法没有对制修订环境标准的原则或者应当考虑的因素进行规定,只是在第29条和第30条中突出了环境质量标准和污染物排放标准制定中的可行性考虑,并在第39条第2款中规定了环境标准送审稿技术审查时重点审查的三方面内容,包括标准对环境管理的适用性、标准的技术经济可行性和标准实施所具备的条件和存在的问题。这些规定从侧面反映出,在环境标准制修订中,环境标准的科学性要求让位于可行性和技术性考虑。对此,2020年《国家生态环境保护标准制修订工作规则》也没有实质性突破。是否符合实际,能否实现达标,成为环境标准制修订的主要依据。

和上述文件不同,随着我国环境立法的不断更新、环境管理目标的不断调整和我国环境标准体系的不断发展,2020年《生态环境标准管理办法》根据《土壤污染防治法》在现行标准体系基础上增加了生态环境风险管控标准,用于风险筛查和分类,并在污染物排放标准的制定中将可接受生态环境风险作为主要依据之一,这些规定体现了从传统污染治理向环境质量改善和风险防控的转变,展示出环境标准制定理念的重大进步。但是,有关"风险"的规定也遗留了不少问题。例如,有关"风险"的规定集中在"生态环境风险管控标准"一章,但是生态环境风险管控标准和生态环境质量标准的关系不明,生态环境质量标准的制定欠缺对风险的考虑,既未将风险评估作为确定环境基准的方法,也未将风险评估纳入环境标准制定的程序,尚未建立起风险分析框架。此外,对于何为"可接受生态环境风险",该办法也未予以解释。

总之,我国的立法现状表明,风险预防还没有成为环境立法的目的或原则之一,环境标准的制定也未能与风险的预防与管理真正联系在一起。虽然新近立法和相关文件的制修订开始逐渐关注"风险",开始将"风险管控""防控环境风险"等纳入制定目标,但是如果风险管控介入过晚,或者脱离风险分析框架,仅从字面上引入"风险",并不能真正实现风险规制目标。

(二)健康优先理念的忽视

美国的经验表明,环境标准科学技术性的背后存在着复杂的经济、法律、社会政策甚至是政治难题,需要对相互冲突的利益进行合理衡量。如何调整及调和相互冲突的利益,对不同利益的先后位序进行安排?美国的做法显然是健康优先(health first)。我国也在不断强调公众健康的突出地位。李克强总理在第七次全国环境保护大会上发表讲话时强调:“把解决损害群众健康的突出环境问题作为重中之重,切实解决影响科学发展和损害群众健康的突出环境问题。基本的环境质量、不损害群众健康的环境质量是一种公共产品,是一条底线,是政府应当提供的基本公共服务。”[1]的确,公众最为关注、环境保护行政最为关切的应该是环境污染对人体健康和环境的影响和危害。基于健康的标准具有价值合理性,可以看作是一种提倡性规范,或者理想状态。以健康安全为目标的标准能够使人们清楚自己应当享有什么样的空气质量,为公众的知情与监督提供依据,也能够为企业更好地执行标准提供参照,并且通过不断采取措施去实现目标以及进行技术更新,从而实现良性循环。然而,我国现行相关规定还没有确立公众健康优先的价值理念。

环境法最根本的价值诉求首先就是保障人体健康,这在不同国家和地区的环境立法中都有体现。例如,美国1969年颁布的《国家环境政策法》第1条规定:“本法的目的在于……增进人类的健康与福利。”1967年日本《公害对策基本法》也明确了谋求全面推进公害对策,从而在保护国民健康的同时保全生活环境的立法目的。《欧洲经济共同体条约》第2条和第3条第1款规定,促进“高水平的环境保护和改善环境质量”以及“高水平的健康保护”都是欧盟的任务,且应融入欧盟的政策和行动。这两个目标的重要性和基础性也为《欧洲联盟基本权利宪章》第37条和第35条所确认。环境保护和健康保护密切联系,这明显体现在《欧洲经济共同体条约》第174条第1款(现《欧洲联盟运行条约》第191条第1款)中,该条规定,保护人类健康是欧盟环境政策的目标。[2] 相较之下,我国《环境保护法》、各单项污染防治法和相关文件均确立了保护和改善环境、防治污染和其他公害、保障人体健康、推进生态文明建设、促进经济社会可持续发展等一系列目标,这些目标并存,共同构成了环境立法的目的,但这些目标之间的关系是不明确的。例如,《环境保护法》在最终的发展目标方面,并没有规定保

---

〔1〕 李克强:《不损害群众健康的环境质量是底线》,载中国新闻网:http://www.chinanews.com/gn/2012/01-05/3581208.shtml,最后访问日期:2020年9月16日。

〔2〕 参见李雪:《欧盟环境法经典判例与评析》,中国政法大学出版社2020年版,第73页。

护人群健康为国家制定环境法的唯一目的，而是采取了“目的二元论”[1]的观点，一方面保护人群健康，另一方面保障经济社会可持续发展，也并没有明文规定在这两方面的目标中，何者处于主导地位。各污染防治法以及相关文件既没有说明上述目标之间的关系，也没有明确当上述目标和价值之间出现冲突时应该如何进行选择。在诸多目标和需要考虑的因素中，保护人体健康固然是其中重要的一项，但还不是决定性的一项。

在环境标准的制定问题上，保护人体健康理论上应当是最重要的一项考虑因素，同时也被认为是制定环境质量标准的最主要目标。但是，现行规定表明，环境标准的制定需要考虑的因素相当复杂，不仅要考虑人体健康，还要考虑生态环境保护，同时还需要考虑国家经济技术水平包括企业的承受能力，至于如何在可能存在一定冲突的因素之间进行衡量，人体健康或环境保护是否在利益衡量中具有压倒性的优势等，相关立法和文件同样没有明确规定。[2] 即使是人体健康和生态环境保护这两个看起来不存在冲突的因素，如何在制定环境标准中予以考量也会存在问题。我国绝大多数环境标准并没有将人体健康标准和生态环境标准区分开来。但是在人体健康标准和生态环境标准混同的情况下，如何兼顾人体健康和生态保护的不同要求？如果两个目标用同一数值兼顾，则必须采取最严格的标准限值，进而可能造成过度保护问题，反而不利于人们对环境的利用。[3]

（三）“自下而上”的惯性思维

与美国以环境质量标准为目标值引导甚至强制产业进行技术更新的“自上而下”的思路不同，我国环境标准在制定时更多考虑了经济发展状况和技术条件，标准的宽严程度取决于是否符合国情、能否实际达标，具体数值的确定在很大程度上由各地环境标准的达标率和排污企业的经济和技术能力决定。在实践中，环境标准的制定俨然成为保障政府绩效和企业经

[1] “目的一元论”是指环境法的唯一目的是保护人群健康，而“目的二元论”是指环境法的最终目的，首先是保护人的健康，其次是促进经济社会可持续发展。关于环境立法“目的一元论”和“目的二元论”的具体内容，参见金瑞林主编：《环境法学》（第4版），北京大学出版社2016年版，第18～19页。

[2] 参见刘卫先、刘菁元：《环境标准制定中的利益衡量》，载《河南财经政法大学学报》2019年第4期。

[3] 参见刘卫先：《环境风险类型化视角下环境标准的差异化研究》，载《中国人口·资源与环境》2019年第7期。

济效益的工具。

以环境空气质量标准的制定为例。具体到标准编制的过程中,虽然也认可“改善环境空气质量,创造适宜清洁的环境,以保护公众健康和公共福利”的规制目标,[1]但除了在总体上描绘环境标准制修订任务和说明环境标准的地位作用外,2010年出台的《〈环境空气质量标准〉(征求意见稿)编制说明》和2011年出台的《〈环境空气质量标准〉(二次征求意见稿)编制说明》在说明理由时反复出现“我国的经济社会发展阶段和环境管理需求”“综合考虑到我国目前环境质量状况和经济技术水平”“充分考虑我国的污染特征”“考虑国家环境空气质量阶段性管理目标”“结合我国经济技术承受能力”等内容,却没有对制定出的环境标准能否充分保护公众健康和公共福利给出详细的说明并提供充足的理由。

2011年10月以来,北京频繁出现灰霾天气,公众对于空气质量的直观感受与空气污染指数指示的“轻度污染”甚至“良好”出现背离,究其原因,是因为我国当时的环境空气质量标准与WHO2005年全球更新版《关于颗粒物、臭氧、二氧化氮和二氧化硫的空气质量准则》在数值上存在很大差别,并且未将$PM_{2.5}$纳入一般项目制定具体数值。$PM_{2.5}$对于健康的严重影响并不存在科学争议,环境保护部也早于2008年就下达了环境空气质量标准修订项目。[2] 专家指出,无论是环保部门的认识还是技术和资金都不是问题,唯一的问题是如果将$PM_{2.5}$列入强制考核标准,全国大部分城市空气质量有可能大范围超标。这或许才是$PM_{2.5}$难以成为法定考核标准的真正原因。[3] 在将$PM_{2.5}$纳入强制性目标考核指标呼声很高的情况下,2010年《〈环境空气质量标准(征求意见稿)〉编制说明》虽然认可“由于WHO给出的准则较为严格,全球发展中国家短期内难以达到,因此WHO给出了三个过渡期目标值,如果达到这些目标值,相应的健康风险也将显著降低”。但是,“颗粒物是我国的大气首要污染物,一直以来浓度水平都比较高,如果标准限值与WHO的准则值一致,全国绝大部分城市都难以达到”,“因此本次颗粒物浓度限值

---

[1] 《〈环境空气质量标准〉(征求意见稿)编制说明》(2010年),第1页。

[2] 《〈环境空气质量标准〉(征求意见稿)编制说明》(2010年),第1页。

[3] 参见郄建荣:《环境标准制定为何远离人的健康 专家建议$PM_{2.5}$应尽快纳入城市空气质量强制监测标准》,载《法制日报》2011年11月9日,第6版。

的修订标准在考虑 WHO 的准则值的基础上尽可能延续现行标准”。〔1〕可见,未将 $PM_{2.5}$ 纳入指标背后的理由不是 $PM_{2.5}$ 没有健康风险,而是“如果制定实施 $PM_{2.5}$ 环境空气质量标准,将大范围超标”。〔2〕

即便对于 PM_{10} 这一传统规制项目,编制说明也秉持相同的思路。“根据国际上最新的基准研究结果,PM_{10} 长期暴露与健康效应关系并不明显”,“因此,虽然我国现行 PM_{10} 年均浓度限值在国际上较宽,但考虑到我国城市的污染水平,建议暂维持不变,相应的 PM_{10} 日均浓度限值也维持不变,待全国绝大部分城市 PM_{10} 都达标的情况下,再进一步修订该指标的浓度限值。”〔3〕类似地,2010 年《〈环境空气质量标准〉(征求意见稿)编制说明》中对于二氧化硫(SO_2)标准暂不修改的理由是,“全国有 10%左右的城市不达标,113 个重点环保城市中约 24%的城市不达标”。“在全国仍有一部分城市 SO_2 未全面达标前,修订限值的必要性不大。”

正如专家指出的那样,“我们的环境标准很多,但基本上是单纯的环境技术标准,环境标准缺乏对于人体健康的考虑”。〔4〕“纳入的都是必须能控制,还要有办法解决的”〔5〕已经成为我国环境标准制定的一般思路,这样的制定思路显然谈不上科学和客观,这种“自下而上”的考量与“不破不立”的思路异曲同工。鉴于此,近年来我国越来越强调环境与健康之间的关系,明确提出要建立健全环境与健康的法律、法规体系。

二、环境标准制定的依据不充分

我国许多环境标准具体数值设定的科学性都令人质疑。例如,2000 年 1 月 6 日,原国家环境保护总局发布关于《环境空气质量标准》(GB 3095—1996)的修订通知,对二氧化氮(NO_2)和臭氧(O_3)的相应指标数值进行了修改。此次修订的数值,相对于 1996 年标准的浓度限值反而有所放宽。

---

〔1〕《〈环境空气质量标准〉(征求意见稿)编制说明》(2010 年),第 25 页。

〔2〕《〈环境空气质量标准〉(征求意见稿)编制说明》(2010 年),第 14 页。

〔3〕《〈环境空气质量标准〉(征求意见稿)编制说明》(2010 年),第 26 页。

〔4〕郄建荣:《环境标准制定为何远离人的健康 专家建议 $PM_{2.5}$ 应尽快纳入城市空气质量强制监测标准》,载《法制日报》2011 年 11 月 9 日,第 6 版。

〔5〕李禾:《我国城市空气为何污染严重却“达标率”高?》,载中国新闻网:http://www.chinanews.com/ny/2011/01-30/2820937.shtml,最后访问日期:2020 年 9 月 16 日。

对此，发布机关却未给出任何解释。[1] 在大气污染日趋严重、公众环境空气质量要求日益增高的背景下，修订标准反而出现放宽的结果，难免引发质疑。当然，放宽未必没有依据，但是因为缺乏必要的解释和说明，使环境标准制修订的正当性令人质疑。

（一）环境基准的简单移植可能导致水土不服

制定环境标准的一般步骤是，确定环境保护目标，选择适用于环境保护目标的环境基准，通过直接采用或对环境基准进行修订、制定环境质量标准，以环境质量标准为基础制定污染物排放标准等其他环境标准。[2] 作为环境标准制定的科学基础，环境基准直接决定了环境标准的科学性和合理性。因此，2017 年《国家环境基准管理办法（试行）》将“科学客观”作为环境基准制定应当遵循的首要原则，规定：“环境基准制定应符合我国环境特征和保护目标需求，以现有科学研究结果和大量的实验数据为基础。”但是，我国目前还没有系统地针对环境基准进行深入研究，也没有完全建立自己的风险评估体系，通常的做法是简单地直接移植和引入将他国的基准或者 WHO 的准则。

借鉴发达国家或者国际组织的环境基准本身具有一定的合理性。由于环境基准的受体不仅包括人类还包括各种动物、植物和物质财富（如表面涂料、橡胶制品、纺织品等）。即使是同一种受体，有害物质对其产生的危害也呈现出多样性的特点，不同的作用途径、方式、周期会产生不同的损害效应结果。一种物质的环境基准，必然是一个系统化的数据集合，它们从多方面表征该物质对各种受体、通过各种损害方式（采用各种试验方法）的剂量—反应关系，而两个多样性相互交叉组合交织，将会产生海量的剂量—反应数据。因此，环境基准的研究是一项长期而艰巨的工作，需要投入大量的人力物力，长期以来只有个别经济实力超强的国家开展了系统的环境基准研究，一些国际组织也公布了环境基准，其他国家在制定环境质

---

〔1〕 关于发布《环境空气质量标准》（GB 3095—1996）修改单的通知，载生态环境部网：http://www.mee.gov.cn/gkml/zj/wj/200910/t20091022_171965.htm，最后访问日期：2020 年 9 月 16 日。在之后的《环境空气质量标准》（GB 3095—2012）中提高了相关标准。

〔2〕 参见赵晓丽、赵天慧、李会仙等：《中国环境基准研究重点方向探讨》，载《生态毒理学报》2015 年第 1 期。

量标准时一般会直接借鉴。[1]

当然,借鉴的合理性应当建立在基准的普适性之上。环境基准研究的目的在于揭示环境污染对人类健康和生态系统影响的客观规律,既然是客观规律就应当具有一定的普适性。但是,环境基准也具有很强的地域性。上文提及,环境风险对于不同的人种,健康影响效果可能存在客观差异。在环境污染健康风险评价过程中,早有学者呼吁由于人种、生活习惯等因素的不同,国外暴露参数不能较好地代表我国居民的暴露特征,若一味地参考国外的暴露参数将给健康风险评价结果造成较大误差,影响环境风险管理和风险决策的科学性和有效性。[2] 同时,由于不同国家和地区的自然环境、地形、气候、水文、植被等地理环境特征的差异,环境介质的消纳能力也不相同。此外,由于各国社会发展程度和资源储备的不同,污染源的类型也不完全一样。因此,各国的环境基准以及标准不可能完全相同。

以我国水环境质量标准为例。有学者指出,目前我国还没有对水环境质量基准和标准进行系统的生态毒理学和环境健康学方面的研究,水环境质量标准主要是直接采用国外的相关基准,同时也尚未对国内外相关的研究成果进行充分的科学整合。这种基准不能客观地反映我国水环境质量的真实情况。[3] 实践中,我国至今还没有制定出能够完全反映自身水域特点和水生态特性的水环境质量标准。我国目前的水环境质量标准主要是参考美国的基准,由于生态多样性以及各种生物对于毒性反应的不同,这种做法隐含着方法论问题。

美国相关基准的制定是依据北美水生生物对污染物的毒性反应制定的。这种制定的逻辑在于不同地区的水生生物对污染物的毒性反应存在显著区别。美国在制定基准时特别强调要防止外来物种的影响,并严格反映北美水生生物对污染物的毒性反应。美国环保署于 1985 年发布了《推

---

〔1〕 参见冯波:《制定与实施环境质量标准的相关问题》,载《环境保护》2012 年第 7 期。

〔2〕 参见熊跃辉、谷雪景:《环境基准研究工作的问题与对策》,载《环境保护》2015 年第 15 期。

〔3〕 参见孟伟、刘征涛、张楠、胡林林:《流域水质目标管理技术研究(Ⅱ)——水环境基准、标准与总量控制》,载《环境科学研究》2008 年第 1 期;张瑞卿、吴丰昌、李会仙等:《中外水质基准发展趋势和存在的问题》,载《生态学杂志》2010 年第 10 期。

导保护水生生物及其用途的国家定量水质基准指南》(Guidelines for Deriving Numerical National Water Quality Criteria for the Protection of Aquatic Organisms and Their Uses),该指南特别规定,在制定水生生物基准时不能基于北美地区以外的物种,以免影响水质基准的正确性,并在附录1中详细定义了北美的地理范围,列明应当考虑的北美水生生物及其分类。[1]附录中的水生生物如美洲鳗鱼(american eel)和大西洋鲑鱼(atlantic salmon)等可能在我国水域中并没有广泛分布,这些水生生物在我国水域中也就不具有代表性。实际上,北美以鲑科鱼作为实验物种研究水生生物基准,而我国主要是以鲤科作为实验物种。不同物种对于污染物的毒性反应可能不同,因此,相应的水质基准不应当一样。更何况生态基准受自然地理条件(如光照、温度、pH等)、环境背景(如水体硬度、盐度等)等因素的显著影响,区域差异就更大。[2] 简单移植强调区域性的美国基准作为制定我国水环境质量标准的依据存在很大的缺陷,环境基准自身的制定逻辑决定了它很难是普适性的。

因此,简单移植环境基准很可能会导致水土不服。对此,我国2014年《环境保护法》第15条中规定"国家鼓励开展环境基准研究",2018年《土壤污染防治法》第12条中规定"国家支持对土壤环境背景值和环境基准的研究"。但是,基于我国环境基准研究薄弱的现实,仅仅规定"鼓励"和"支持"是远远不够的,环境基准是国家必须强制开展的基础性研究和应用性研究。[3]

(二)环境基准向环境质量标准的转化机制不详

环境基准决定了环境质量标准的基本框架及其控制水平,也就是说保

---

〔1〕 See Charles E. Stephen, Donald I. Mount, David J. Hansen, John R. Gentile, Gary A. Chapman, and William A. Brungs, *Guidelines for Deriving Numerical National Water Quality Criteria for the Protection of Aquatic Organisms and Their Uses*, 1985, p. 33, Accessed September 15, 2020, https://www.epa.gov/sites/production/files/2016-02/documents/guidelines-water-quality-criteria.pdf.

〔2〕 参见周扬胜、张国宁、潘涛等:《环境保护标准原理方法及应用》,中国环境出版社2015年版,第181页。

〔3〕 参见周扬胜、张国宁:《环境空气质量标准还需法律准绳》,载《中国环境报》2015年7月8日,第6版。

护什么,保护到什么程度。[1] 但是环境基准并不能直接转化为环境质量标准。上文已经提及,虽然环境基准的概念在我国法律中已经加以确定,环境基准和环境标准的关系如何,环境基准如何向环境标准转化,现行立法和相关文件却语焉不详。例如,2014 年《环境保护法》和 2018 年《土壤污染防治法》虽然在有关环境质量标准的规定中提出了"环境基准"的概念,但并没有进一步明确环境基准和环境质量标准之间的关系。2017 年《国家环境基准管理办法(试行)》第 17 条规定:"环境基准可用于环境标准制修订、环境质量评价、环境风险评估等工作。"该规定并未揭示环境基准对于环境标准制修订的基础性作用。2020 年《生态环境标准管理办法》第 12 条规定制定生态环境质量标准应当"以生态环境基准研究成果为依据,与经济社会发展和公众生态环境质量需求相适应,科学合理确定生态环境保护目标。"该办法在 2019 年征求意见时,其编制说明指出,环境质量类标准是从保护公众健康和生态环境的需求"倒推"出来的标准,依据国内外环境基准研究成果制定,是保护和改善生态环境质量的目标。[2] 这为标准数值的科学性提供了一定保障。但是如何"依据",怎么"倒推",怎样"与经济社会发展和公众生态环境质量需求相适应",如何做到"科学合理",现行规定及其说明并没有进行进一步的解释。

实践中,在移植国外基准之后,"适当放宽"是制定环境标准的普遍做法,理由往往是基于我国的环境现状和并不发达的"经济发展水平",为了"与经济社会发展相适应"。在环境标准的编制说明中,"参照国际经验,结合我国环境空气质量管理需求"往往成为编制和修订标准的主要理由。[3] 通常情况下,经过许可和放宽以后,最终得出的环境标准已经远远高出移植过来的国外基准及其对应的标准。

除缺乏精密的技术考量外,"放宽"还意味着降低对人体健康和环境的保护程度。从技术的角度来看,首先应当经由必要的风险评估去确定放宽可能带来的对人体健康和环境的风险。放宽的幅度对应着死亡风险和死亡率提高的百分比。而这对应着风险可接受水平的判断,但我国在环境风

[1] 参见周扬胜、张国宁、潘涛等:《环境保护标准原理方法及应用》,中国环境出版社 2015 年版,第 220 页。

[2] 2019 年《生态环境标准管理办法(征求意见稿)编制说明》,第 31 页。

[3] 《〈环境空气质量标准〉(二次征求意见稿)编制说明》(2011 年),第 8 页

险规制实践中没有制定统一的最大可接受风险水平,缺乏统一的思路和方法。[1] 理论上,这时应当由公众共同决定,然后根据达成共识的保护程度制定出放宽后的环境标准值。即使是基于公众欠缺专门知识的考虑,在由行政机关制定环境标准时,对于放宽的理由和程度的选择也没有予以充分解释和说明。例如,首次规定 $PM_{2.5}$ 空气质量标准的《环境空气质量标准》(GB 3095—2012)采用了二级标准与 WHO 过渡期第 1 阶段目标接轨。这与 WHO 所认为的安全水平相比其实增加了 15%的死亡风险(年平均浓度)和 5%的死亡率(24 小时浓度)。[2] 为什么公众需要付出这样的健康成本和代价,2011 年《〈环境空气质量标准〉(二次征求意见稿)编制说明》给出的理由仍然是“综合考虑到我国目前环境质量现状和经济技术水平”。[3] 正是基于这种“放宽”的思维,上文也提及,我国实践中形成了只要与其他国家相当或者相比来说相对严格,就可以作为标准数值正当理由的标准制定策略。既然环境标准不具有可比性,那么这种比较下的同等严格或者更严格就不能证明标准的合理正当。

除了移植之后的放宽外,我国环境质量标准的制定甚至有时会脱离环境基准。例如,2011 年修订的《淮河流域水污染防治暂行条例》第 15 条规定:“国务院环境保护行政主管部门商国务院水行政主管部门,根据淮河流域排污总量控制计划以及四省的经济技术条件,制定淮河流域省界水质标准,报国务院批准后施行。”这种根据减排要求和排污的实际情况反过来确定水质标准的做法,显然缺乏科学依据。

(三)环境质量标准和污染物排放标准相脱节

从环境标准的目的和功能来看,环境质量标准和污染物排放标准是联系在一起的。污染物排放标准必须考虑所规定的允许排放量在技术上的可行性和经济上的合理性,[4]但是应当以环境质量标准为基础,并以环境质量标准作为政策目标。同时,环境质量标准本身也在一定程度上蕴涵了

---

〔1〕 参见韩玉婷、黄蕾、班捷、孙凯:《最大可接受风险水平研究进展》,载《中国环境科学学会环境标准与基准专业委员会 2010 年学术研讨会论文集》,第 73 页。

〔2〕 参见世界卫生组织:《关于颗粒物、臭氧、二氧化氮和二氧化硫的空气质量准则 2005 年全球更新版风险评估概要》,第 11~12 页。

〔3〕 《〈环境空气质量标准〉(二次征求意见稿)编制说明》(2011 年),第 11 页。

〔4〕 参见蓝文艺:《环境行政管理学》,中国环境科学出版社 2004 年版,第 125 页。

总量控制的意义,从而能够为污染物排放标准的修正提供一定的依据。二者是目标和手段的关系,环境质量标准是污染物排放标准的目标,污染物排放标准是实现环境质量标准的手段。[1]

我国立法对制定污染物排放标准提出了“根据环境质量标准”的要求。例如 2014 年《环境保护法》第 16 条第 1 款明确规定,污染物排放标准应当“根据国家环境质量标准和国家经济、技术条件”。然而,原国家环保总局 2007 年出台的《加强国家污染物排放标准制修订工作的指导意见》规定:“国家级水污染物和大气污染物排放标准的排放控制要求主要应根据技术经济可行性确定,并与当前和今后一定时期内环境保护工作的总体要求相适应。”2008 年《编写国家污染物排放标准编制说明暂行要求》则规定,编制说明的内容至少应当包括排放标准适用行业目前的基本情况、排放标准适用企业污染物排放和治理的基本情况、对排放标准草案主要内容的说明、实施排放标准的环境(减排)效益、达标成本、可行性分析等,但始终没有提及需要考虑环境质量标准。而有些行业标准,如《制药类工业水污染排放物标准——发醇类》,在编制说明中甚至提出排放标准的制定“一定要以技术为依据”。这些“主要”甚至是“一定要”以技术经济可行性为依据的规定,虽然简化了标准制定方式,增强了标准实施的可行性,但却忽略了对环境质量标准的考虑,这种脱节造成污染物排放标准的庞杂且缺少主线,容易导致即便所有的污染源都能达标排放,可能总量也已经超过环境质量标准的要求,这容易引发环保执法和环境纠纷处理的困难。[2]

在大多数情况下,按照经济技术可行原则制定的污染物排放标准时能够达到保护人体健康和环境的目的。但是,对于一些特殊的环境敏感地

---

〔1〕 当然,将环境质量标准作为制定排放标准的一种依据,不能简单理解为由环境质量标准推导出所有的排放标准。这是因为,环境质量标准中规定的污染物是广泛存在的,而且是日常能够实现监测的主要污染物,不可能包括一切污染源排放的所有污染物。对于无阈值污染物来说,难以直接制定出环境质量标准而是基于环境风险进行控制,同时采用排放标准控制污染物排放以保护人体健康。排放标准是控制污染源污染物排放的,难以与环境质量标准中的污染物有直接对应关系。因此,不能因为环境质量标准没有规定某种污染物,就忽视在排放标准中规定此污染物的必要性。参见周扬胜、张国宁、潘涛等:《环境保护标准原理方法及应用》,中国环境出版社 2015 年版,第 259~260 页。

〔2〕 参见李岩:《我国环境标准体系现状分析》,载《上海环境科学》2003 年第 2 期。

区,以及具有蓄积性的重金属、有机物质等有毒污染物,如果采取了经济合理污染控制技术后仍然不能达到保护人体等有机生物体的要求,则应采取更为有效的控制技术制定更加严格的排放标准,此时控制技术的成本应当退为次要因素,而控制污染物排放造成的健康和环境风险则应当成为制定排放标准的主要目的。[1] 因此,即使是上文提及的基于技术的标准也并非完全不考虑对于环境质量的影响。仅仅以技术经济可行性为依据,可能会忽略环境风险的规制效果,为环境污染的出现埋下隐患。事实上,美国基于技术的标准的产生是基于通过促进减排维护环境质量的实用主义思路,如果在执行基于技术的标准之后还存在健康和环境风险,仍然需要对这部分风险加以控制,这与我国保护企业和经济发展的思路不同。

值得注意的是,对于制定污染物排放标准的依据,2020 年《生态环境标准管理办法》第 20 条在"根据生态环境质量标准和经济、技术条件"之外,首次将"改善环境质量""控制排入环境中的污染物或者其他有害因素"等规制目标纳入,可以有效地防止制定污染物排放标准时局限于经济技术可行性考虑。第 22 条关于行业型、综合型、通用型和流域(海域)或区域型污染物排放标准的制定依据中增加了"可接受生态环境风险",但该办法和配套的《国家生态环境标准制修订工作规则》均未进一步予以解释。该办法在征求意见时,其编制说明仍只强调了技术经济可行性。编制说明指出,"污染物排放类标准是从各类排放源对排放污染物的可行控制水平'顺推'出来的标准,依据行业清洁生产、污染治理方面的经济技术水平制定"。编制说明强调,"技术经济可行是制定国家污染物排放类标准的基本原则,标准控制要求的设置和加严均应促进产业结构优化升级,可以淘汰行业内部的落后生产工艺,通常不考虑用国家排放标准淘汰某个行业门类。地方标准可在国家标准基础上提高控制要求,甚至倒逼部分行业退出特定区域,所谓'没有技术也可以定标准'的思路仅适用于一些特殊区域、流域地方标准的制定,多数地方排放标准的制定应遵循技术经济可行性原则(依据可行性设置的门槛可以高于国家排放标准),制定国家标准应严格遵循技术

---

[1] 参见周扬胜、张国宁、潘涛等:《环境保护标准原理方法及应用》,中国环境出版社 2015 年版,第 260 页。

经济可行性原则”。[1] 在污染物排放标准的制定问题上，编制说明始终没有提及环境质量、环境风险、环境质量标准等内容。

三、环境标准编制程序正当性不足

(一)环境标准草案编制机构不中立

我国2017年修订的《标准化法》对标准草案的编制进行了规定。第15条规定："制定强制性标准、推荐性标准，应当在立项时对有关行政主管部门、企业、社会团体、消费者和教育、科研机构等方面的实际需求进行调查，对制定标准的必要性、可行性进行论证评估；在制定过程中，应当按照便捷有效的原则采取多种方式征求意见，组织对标准相关事项进行调查分析、实验、论证，并做到有关标准之间的协调配套。"该法第16条规定："制定推荐性标准，应当组织由相关方组成的标准化技术委员会，承担标准的起草、技术审查工作。制定强制性标准，可以委托相关标准化技术委员会承担标准的起草、技术审查工作。未组成标准化技术委员会的，应当成立专家组承担相关标准的起草、技术审查工作。标准化技术委员会和专家组的组成应当具有广泛代表性。"与《标准化法》配套的《标准化法实施条例》尚未修订，1990年《标准化法实施条例》第19条第1、2款规定："制定标准应当发挥行业协会、科学技术研究机构和学术团体的作用。制定国家标准、行业标准和地方标准的部门应当组织由用户、生产单位、行业协会、科学技术研究机构、学术团体及有关部门的专家组成标准化技术委员会，负责标准草拟和参加标准草案的技术审查工作。未组成标准化技术委员会的，可以由标准化技术归口单位负责标准草拟和参加标准草案的技术审查工作。"但有关调查多元主体需求、征求各方意见、组织标准化技术委员会或者专家组承担标准起草和技术审查的规定并没有在环境标准制定的过程中得到体现。国务院生态环境部门是国家环境标准的制定机关。通常，实践中是通过下达课题的方式，在主管部门的主持下由各大科研院所、大学以及相关企业起草环境标准草案，其他相关主体很难介入到编制阶段。2017年修订的《国家生态环境标准制修订工作管理办法》和2020年《国家生态环境标准制修订工作规则》对项目承担单位的征集与确定进行了规定，即"法规与标准司统一发文公布项目计划方案，征集项目承担单位。归口业务司局

---

[1] 《〈生态环境标准管理办法(征求意见稿)〉编制说明》(2019年)，第31~32页。

负责项目承担单位评审工作，通过自愿申报、专家评审、行政审批的方式确定项目承担单位”。[1] 实际上，仍然是由“归口业务司局负责组织评审和确定项目承担单位”。[2]

2006年《国家环境保护标准制修订工作管理办法》第16条第3款规定：“污染物排放（控制）标准的制修订项目原则上应由与污染源行业没有利害关系的机构作为承担单位，其他相关方面的单位可参与标准制修订工作。”这种“原则上”的要求无疑为行政机关既当运动员又当裁判员提供了空间。对此，2017年修订的《国家生态环境标准制修订工作管理办法》也规定项目承担单位和协作单位原则上不得与相关行业有直接利益关系。2020年《国家生态环境标准制修订工作规则》第18条则规定：“项目承担单位原则上为相关事业单位、行业协会、科研机构或者高等院校等”，并未要求与行业无直接利益关系，仅在第19条中规定“协作单位不得与项目存在直接利益关系”。实践中，起草单位往往正是相关企业或是其所属的研究机构，与相关行业有直接利益关系（如表5-4所示）。当然，相关行业的确在制定相应标准所需的信息和专门知识方面具有优势，但是其客观中立性着实令人担忧。

表5-4　部分环境标准的起草单位示例

环境标准	起草单位
《船舶工业污染物排放标准》（GB 4286—84）	中国船舶工业总公司第九设计研究院
《工业废气耗氧值和氧化氮的测定》（GB 4921—85）	国营长江电工厂
《水中锶-90化学放射分析方法发烟硝酸沉淀法》（GB 6764—86）	国营八二一厂
《环境辐射监测规定》（GB 12379—90）	核工业总公司华清公司
《钢铁工业水污染物排放标准》（GB 13456—92）	冶金部建筑研究总院

[1] 2017年修订的《国家生态环境标准制修订工作管理办法》第15条、2020年《国家生态环境标准制修订工作规则》第16条。

[2] 2017年修订的《国家生态环境标准制修订工作管理办法》第20条、2020年《国家生态环境标准制修订工作规则》第21条。

续表

环境标准	起草单位
《火电烟气排放连续监测技术规范》(HJ/T 75—2001)	国家电力公司环境保护办公室
《兵器工业水污染物排放标准(火炸药)》(GB 14470.1—2002)	中国兵器工业集团公司

在我国,专家、学者同样不同程度地存在理性不足和独立性不强的弊端。[1] 除隶属于教育部门的高等院校及科研院所外,其他科研院所都隶属于政府主管部门,它们的主要目的是作为"智囊团"为政府和主管部门提供科学技术支撑。在经济开发与决策领域,基于政府和部门的管理需要,在考虑环境保护和人体健康的同时,环境标准的制定有时会更加顾及企业发展和经济利益的需要。所以来自政府和部门对提高 GDP 考量的阻力也不容小觑。目前环境标准的制定主要以经济、技术条件为依据而非人体健康。专家在政治压力和经济发展的迫切需求下制定出的环境标准,其科学性值得怀疑。而专家的介入却给带有主观色彩的环境标准披上了科学、合法的外衣,这又加深了公众甚至司法机关对环境标准科学性的迷信。

(二)环境标准制修订程序不完善

我国环境标准数值的科学性不强,存在大量空白和滞后,这和环境标准制修订程序不够完善有直接的关系。上文已经提及,我国目前对于环境标准制修订程序的规定大多属于作为过程的程序。1999 年《环境标准管理办法》第 11 条对环境标准应当遵循的程序作出了规定:"……(一)编制标准制(修)订项目计划;(二)组织拟订标准草案;(三)对标准草案征求意见;(四)组织审议标准草案;(五)审查批准标准草案;(六)按照各类环境标准规定的程序编号、发布。"但是该办法对征求意见的内容、对象、具体程序,都没有作出进一步的配套规定。2020 年《生态环境标准管理办法》则在第 7 条中规定"具体工作程序与要求由国务院生态环境主管部门另行制定"。2006 年《国家环境保护标准制修订工作管理办法》第 8 条、2017 年修

---

〔1〕 参见戚建刚:《风险规制过程合法性之证成——以公众和专家的风险知识运用为视角》,载《法商研究》2009 年第 5 期。

订的《国家环境保护标准制修订工作管理办法》第5条和2019年《国家环境保护标准制修订工作管理办法(征求意见稿)》第6条沿袭了现行《环境标准管理办法》的思路,进一步作出了规定,细化了1999年《环境标准管理办法》的规定,将工作程序扩充至17项之多,但后续条文对于如何进行论证和验证、如何进行技术审查、如何向公众或有关单位征求意见等关键问题规定过于原则,为环境标准编制程序的正当实施埋下了隐患。此外,由于这些办法属于《立法法》规定的部门规章,它们对其他部门主持制定的相关行业环境标准并无任何约束力。

其中,技术审查和同行评审类似。环境标准的制定应当经过专家论证并经由同行评审来增强科学性。但在我国,同行评审往往只出现在科研项目申请、科研成果评定等方面的立法中,例如,2007年《科学技术进步法》第62条规定:"确定利用财政性资金设立的科学技术基金项目,应当坚持宏观引导、自主申请、平等竞争、同行评审、择优支持的原则……"同行评审尚未被风险监管法律所采纳。[1] 在以往的实践中,受到标准制定经费短缺等因素的限制,标准的立项基础论证不足,通过各部门上报后按照部门意志进行简单平衡,缺乏整体协调性。只能按照惯例分配标准的编制任务,仅征求个别专家意见,缺乏广泛性。尤其是在标准正文后注明由某几个人起草,足见某个标准其实只是几个人的劳动成果,未能展现凝聚全社会的智慧。[2] 对此,2017年《国家生态环境标准制修订工作管理办法》和2020年《国家生态环境标准制修订工作规则》在制修订程序中增加了由技术专家主导的技术审查和内部的行政审查,但由于技术审查会由行政机关主持,专家库由行政机关建立和维护,专家论证由行政机关组织,实际上仍然没有改变原有的审查模式,行政官员和专家之间的互动程序内置于行政管理体制内。[3]

环境标准制修订程序不完善还突出表现为现行有关环境标准制修订的规定过于笼统,没有规定确切的复审修订期限,也没有一套对环境标准

---

〔1〕 参见沈岿:《风险评估的行政法治问题》,载《风险规制与行政法新发展》,法律出版社2013年版,第124页。

〔2〕 参见傅涛:《市场化进程中的城市水业》,中国建筑工业出版社2007年版,第83页。

〔3〕 参见周卫:《如何保障环境标准的"科学确定"——论〈环境保护法〉第9、10条的修改》,载《环境经济》2012年第11期。

实施效果进行适时评价的机制。[1] 我国相关实践已经暴露出环境标准修订和更新滞后的弊端。例如,在2016年湖北仙桃垃圾焚烧发电项目事件中,仙桃市垃圾焚烧发电项目启动时符合《生活垃圾焚烧污染控制标准》(GB 18485—2001)对于污染物排放控制、二噁英与重金属排放控制等规定。但该项目立项时《生活垃圾焚烧污染控制标准》(GB 18485—2014)仍未生效,行政机关无法通过新标准规制垃圾焚烧项目,最终酿成恶性群体性事件。而且《生活垃圾焚烧污染控制标准》(GB 18485—2014)中生活垃圾焚烧炉排放烟气中二噁英的排放限值也落后日本20年,落后德国、瑞典、荷兰等国近30年。[2] 对于环境标准的审查和修订,《美国清洁水法》要求基于技术的排放标准至少5年修订1次,或者基于相应修改程序的规定进行修改。[3] 德国空气保洁委员会也明文规定,每5年必须针对每个大气质量标准的时效性进行审查,必要时应当对标准进行修改,以使其符合最新的知识现状。[4] 对此,2018年《土壤污染防治法》首次对定期评估进行了规定,该法第13条第2款规定:"土壤污染风险管控标准的执行情况应当定期评估,并根据评估结果对标准适时修订。"2019年《生态环境标准管理办法(征求意见稿)》第47条第1款进一步规定:"国务院生态环境主管部门根据生态环境和经济社会发展形势,结合相关科学技术进展,定期评估国家生态环境标准实施情况,根据评估结果对标准适时进行修订。"并在第48条针对强制性生态环境标准及其配套的推荐性(指导性)生态环境标准实施情况规定了不超过5年的评估周期,在第49条规定了评估的原则。最终出台的2020年《生态环境标准管理办法》取消了这一评估周

---

〔1〕 参见黄锡生、谢玲:《论环境标准制度中"日落条款"的设置》,载《重庆大学学报(社会科学版)》2016年第1期。

〔2〕 参见张哲飞:《科技风险规制过程中的行政法问题研究》,中南财经政法大学2018年博士学位论文,第102、108页。

〔3〕 "修订"(revision)和"修改"(modification)这两个词在《清洁水法》中的含义不同,"修订"主要是指随着时间或者技术的发展,相应的排放标准已经不合时宜需要做整体审查与修改,不局限于申请人的申请,一般依职权作出。而"修改"则是指特殊情形下由"申请人申请"对其适用的排放标准予以改变或调整。所有有关排放标准的"修改",环保署都必须与申请人排放设施所在州进行商量后共同作出。参见张辉:《美国环境法研究》,中国民主法制出版社2015年版,第64页。

〔4〕 参见周志家:《不确定性条件下的风险管理——以德国大气质量标准化为例》,载《公共管理研究》2010年第0期。

期,仅规定“定期”开展评估。[1] 定期评估机制不仅可以确保环境标准在当前的社会科学水平下是安全的,还可以动态地评估环境风险,通过定期修订和更新标准更好地实现风险评估中的安全性原则的要求。[2]

(三)公众参与不足与不能

我国现行立法并没有明确环境风险沟通的概念。虽然 2018 年《土壤污染防治法》在第 35 条中规定风险管控包括“土壤污染状况调查和土壤污染风险评估、风险管控、风险管控效果评估”,将土壤环境风险规制分成了风险评估与风险管理两个环节,[3]但却没有提及风险沟通,只规定了公众参与原则和征求公众意见等措施。风险分析框架中的风险沟通在现行环境立法和实践中是缺失的,往往被公众参与措施所替代,这在事实上导致公众的主观风险认知与客观风险评估结果难以“对话”甚至产生对立。而环境风险沟通机制不健全又会进一步影响环境风险规制积极作用的发挥。[4] 同时,2014 年《环境保护法》虽然规定公众参与是环境保护法的一项基本原则,但第五章信息公开和公众参与却集中于建设项目环评中的公众参与,对于污染环境和破坏生态行为的举报和公益诉讼等零星条款,并没有系统地规定“谁来参与”“何时参与”“如何参与”“参与的效力”等内容。2015 年《环境保护公众参与办法》也没有明确说明要如何反映公众合理的意见,要如何避免公众参与的形式化。[5] 目前,只有 2018 年《环境影

---

〔1〕 2019 年《生态环境标准管理办法(征求意见稿)》第 48 条规定:“强制性生态环境标准实施情况评估周期一般不超过五年,与其配套的推荐性(指导性)生态环境标准实施情况可同步开展评估。”第 49 条第 1 款规定:“环境质量类标准评估应当依据环境基准研究进展,针对环境质量特征的演变,评估标准技术内容和风险控制水平的科学合理性。”特别针对污染物排放标准第 2 款规定:“污染物排放类标准评估应关注标准实施中相关各方普遍反映的问题,重点评估标准各项技术内容的执行情况,分析标准实施的环境效益、经济成本、达标技术和达标率。”2020 年《生态环境标准管理办法》第 49 条规定:“强制性生态环境标准应当定期开展实施情况评估,与其配套的推荐性生态环境标准实施情况可以同步开展评估。”

〔2〕 参见张哲飞:《科技风险规制过程中的行政法问题研究》,中南财经政法大学 2018 年博士学位论文,第 139 页。

〔3〕 参见张宝:《从危害防止到风险预防:环境治理的风险转身与制度调适》,载《法学论坛》2020 年第 1 期。

〔4〕 参见朱炳成:《环境健康风险的公法规制路径》,载《学习与实践》2020 年第 4 期。

〔5〕 参见吕培辰、李舒、马宗伟等:《中国环境风险评价体系的完善:来自美国的经验和启示》,载《环境监控与预警》2018 年第 2 期。

响评价公众参与办法》主要针对建设项目环评中的信息公开、如何征求公众意见、如何对公众的意见进行反馈作出了较为细致的规定。但是,即便目前建设项目环评中的公众参与已经代表了我国公众参与的最高水平,〔1〕环评公众参与也多流于形式,听证会、沟通会等形式上的参与机制多沦为项目建设单位的政策说明会,全面审慎评估的信息付之阙如,从而缺乏持不同立场利害关系人对话沟通的平台。〔2〕可见,公众参与在我国的实践状况不容乐观。

具体到环境标准的制定,我国更是缺乏一套切实可行的公众参与机制。我国在法律和行政法规的制定中加大了公众参与力度,许多法规和规章草案在通过和颁布之前都引入了公众参与讨论和评价的机制。但是,我国有关环境标准制定中公众参与的规定还停留在原则性的规定上。1999年《环境标准管理办法》在制定环境标准的基本程序中规定了"对标准草案征求意见",但却没有规定相应的信息公开或者公众参与制度。2020年《生态环境标准管理办法》在第7条中规定"广泛征求国家有关部门、地方政府及相关部门、行业协会、企业事业单位和公众等方面的意见,并组织专家进行审查和论证",但也未对具体程序予以规定。2006年《国家环境保护标准制修订工作管理办法》第33条第2款规定:"对涉及社会公众利益、影响重大的标准,通过国家环境保护总局政府网站、报刊等公共传播媒介公布征求意见稿,向公众征求意见。"但是2017年修订的《国家环境保护标准制修订工作管理办法》和2020年《国家环境保护标准制修订工作规则》虽然都规定了"向有关单位及社会公众征求意见""加强公众参与""广泛听取社会各界的意见和建议",但都没有对具体方式予以规定。

2008年2月21日,原国家环保总局科技标准司发布《关于收集和处理社会公众对国家环保标准草案意见事宜的通知》(环科函〔2008〕12号),指出:"环境标准在制定过程中,要采用公开的方式广泛征求各有关方面和社会公众的意见……环境标准在征求意见过程中,均同时通过国家环保总局政府网站公布征求意见稿,社会公众可利用留言方式对标准制修订工作提

〔1〕参见严厚福:《环境影响评价中的公众参与:多少算够?》,载赵秉志主编:《京师法律评论》(第10卷),中国法制出版社2016年版,第253页。

〔2〕参见杜建勋:《论环境风险治理转型》,载《中国人口·资源与环境》2019年第10期。

出意见和建议。”由此可见,我国公众参与环境标准制定的主要途径是通过网站留言、寄送信函的方式。在这种方式下,如果公众不是经常主动地登录环保部网站,可能就不知道什么环境标准正在制定之中,也就不可能提出意见和建议,如果各单位在汇总对标准草案意见时,不注意“主动收集”留言,即使有表5-5中征求意见汇总的要求,也形同虚设。

表5-5 国家环境保护标准征求意见情况汇总处理表(节选)

序号	标准条款编号	意见内容	提出单位	处理意见及理由	备注
一、国务院有关部门的意见					
二、地方有关部门、科研机构、高等院校、有关企业及其他单位的意见					
三、国家环保总局有关业务司局的意见					
四、通过国家环保总局政府网站留言、寄送信函等方式提出的意见					

资料来源:《关于收集和处理社会公众对国家环保标准草案意见事宜的通知》,载生态环境部网:https://www.mee.gov.cn/ywgz/fgbz/bz/sywbzgz/200802/t20080228_118738.shtml,最后访问日期:2020年9月17日。

长期以来,环境标准的制定由科技部门主导,没有与行政立法相类似的决策机制,从而使环境标准的制定程序欠缺民主正当性。[1] 由于专家和利益集团主导了环境标准制定的过程,环境风险决策由技术专家通过政府部门封闭作出,公众表达与参与的程序与实体权利存在不彰的情形,[2] 公众的意见在编制过程中没有渠道充分反映,更无法提前参与其中,制定出的标准无法真正反映出“公众生态环境质量需求”。这样,依据相关标准进行环评等决策就不能真实反映项目的环境风险,厦门PX案件和北京六

〔1〕 参见白桂秀:《基于法学视角的环境标准问题研究》,载《政法论丛》2012年第3期。

〔2〕 参见杜建勋:《论环境风险治理转型》,载《中国人口·资源与环境》2019年第10期。

里屯垃圾焚烧厂等事件就足以说明这一问题。正如学者所言,从目前的相关规定来看,就公众参与环境标准制定的具体范围、途径、方式、步骤、时限、意见的反馈等方面,尚不能在规范层面找到明确、清晰的根据,同时也缺乏不征求公众意见的责任追究机制,使我国目前环境标准制定中的公众参与是一种低水平的参与,是缺乏规范保障的非正式参与,是充满了不确定性的随意参与。〔1〕 更为严重的是,上文一再提及,即使广泛征求公众意见,也可能只具形式意义。公众意见也未必会被采纳,决定权仍然掌握在少数部门和单位手中,而且对相关信息公众可能根本无法知晓。此外,由于我国环境标准的编制与发布属于抽象行政行为,根据我国现行立法它们不具有可诉性。〔2〕 这使环境标准即使缺乏科学性,公众也难以通过诉讼方式改变不合理的环境标准的规定。在规则制定和公共决策的体制结构上,行政机关事实上享有垄断性的权力,公众参与缺乏有效的保障机制。

第二节　完善我国环境标准制定的法律框架

环境标准制定中所遇到的困难以及法律规制所面临的障碍,从根本上来源于立法没有为行政机关提供适当的制度、原则或者规则。有学者指出,立法机关原本可以采取三个步骤为行政机关制定标准提供合理的基础:第一,确定可接受风险的水平;第二,决定用于降低风险的社会资源或者预算;第三,确定个人生命和健康的经济价值。但是立法机关总是倾向于规避复杂和充满争议的问题。〔3〕 显然,如果立法机关采取了这三个步骤,环境标准制定中特别是成本—收益进路中所面临的很多问题都可以迎刃而解。

即使立法在客观上鉴于其有限的能力及灵活性不能很好地适应环境

---

〔1〕 参见李永林:《环境风险的合作规制——行政法视角的分析》,中国政法大学出版社2014年版,第254页。

〔2〕 2017年《行政诉讼法》的修改增加了规范性文件的附带审查制度,环境标准作为行政规范性文件可能也会面临被法院审查、可能被"弃用"甚至被"司法建议"的境遇。参见王春磊:《环境标准法律效力再审视——以环境义务为基点》,载《甘肃社会科学》2016年第6期。

〔3〕 See Adam Babich, *Too Much Science in Environmental Law*, Columbia Journal of Environmental Law 28, 2003, p. 119.

标准制定的需求,但立法仍然应当为环境标准的制定建立适当的法律框架。有学者认为,为增进法规制定的民主特性,主要有三个方面的建议:第一,重视能有效指导法规制定者的准则和指导方针,改善授予行政机关的立法权或法规制定权;第二,限制组织内部的法规制定程序,以便在法规的制定过程中实践正当程序和法治原则;第三,应当通过改善议会、法院和公众使用的监督方法更有效地审查行政行为,特别是与法规制定有关的行政行为。〔1〕我国可以针对这三个方面同时结合风险分析框架在立法中设定相应的规制目标、实体要求和程序限制。

一、树立风险规制视角

《国家环境保护"十二五"规划》已经将防范环境风险,加强重点领域环境风险防控作为国家环境保护的主要任务之一,《"十三五"生态环境保护规划》也要求有效防范和降低环境风险。近年来,我国在环境立法中已经明确提出了"风险"的概念,开始围绕"风险"进行相关法律制度构建。例如,我国 2014 年修订的《环境保护法》第 39 条首次确立了环境与健康风险评估制度,2015 年修订并于 2018 年修正的《大气污染防治法》第 78 条规定针对有毒有害大气污染物实行风险管理。相似地,2017 年修订的《水污染防治法》第 32 条规定针对有毒有害水污染物实行风险管理。2018 年颁布的《土壤污染防治法》明确了风险管控原则并对土壤污染风险管控和修复作出了专章规定,认可了风险评估和风险管理的风险规制框架。2020 年修订的《固体废物污染环境防治法》第 75 条中也规定了科学评估危险废物的环境风险。虽然这些法律规定仍然比较笼统和原则,但是这些规定在一定意义上标志着中国环境与健康风险防控制度已经初步建立。〔2〕

但是,具体到环境标准数值的制定上,由上文可知,相关规定还没有真正从风险规制的角度反映风险预防的要求。我国在环境标准制定问题上长期依循对策应对型的思路。〔3〕在这种思路的指导下,行政机关往往要等到环境风险成为现实的危险,甚至产生了问题之后,才会针对特定问题

---

〔1〕参见[美]肯尼思·F. 沃伦:《政治体制中的行政法》,王从虎、牛文展、任端平等译,中国人民大学出版社 2005 年版,第 284 页。

〔2〕参见吕忠梅:《从后果控制到风险预防:中国环境法的重要转型》,载《中国生态文明》2019 年第 1 期。

〔3〕参见李岩:《我国环境标准体系现状分析》,载《上海环境科学》2003 年第 2 期。

作出反应,但这时可能已经造成了无法挽回的后果,从而在风险规制中处于被动的地位。这可能是我国环境标准滞后和存在大量空白的又一重要原因。在法学研究中,也很少有学者将风险规制和环境标准制定联系起来,学者在研究风险预防原则时,通常没有将环境标准的制定和风险预防原则的适用联系起来。有学者甚至认为,风险预防原则要求抛弃环境标准作为管理环境的基础,克服因科学在环境“容忍度”上存在不确定性而导致重大环境危害的发生。环境法必须超越对环境标准的依赖来实现生态空间的保护,并认为风险预防原则在环境法中的引进意味着现代环境法将摆脱严重依赖环境标准的局面。[1] 显然,这种观点一方面认识到环境标准制定中的科学不确定性问题;另一方面却没有认识到环境标准制定中所包含的价值判断因素,风险预防原则在环境标准制定中的适用,正是这种价值判断的表现之一,同时也是判断环境标准是否具有正当性的依据之一。

值得注意的是,风险规制视角在技术领域已经得到充分关注,环境健康风险防范已成为国内外环境与健康领域的研究热点。原环境保护部关于印发《国家环境保护“十二五”科技发展规划》的通知(环发〔2011〕63号)中就曾指出,“研究热点向危害人体健康的各类环境风险转变……研究环境污染的人体暴露和健康风险评估技术、环境健康基准、标准及法律法规,建立环境健康风险评估、预警和应急体系等是我国环境与健康领域的发展方向”。其中,环境污染的人体暴露和健康风险评估技术研究包括:“研究重金属、有毒有害有机污染物、放射性物质等对人体健康的影响机理和剂量—反应关系。研究区域/流域多介质、多途径或复合污染物人体暴露和历史暴露评估方法。研究环境健康风险评估和预测的程序、模型和方法,国家环境健康风险区划和分级技术方法,以及环境影响评价中的健康风险评估技术。”《“十三五”生态环境保护规划》也特别提出建立化学品环境与健康风险评估方法、程序和技术规范体系。目前,我国已发布或更新《建设项目环境风险评价技术导则》《污染场地风险评估技术导则》《环境污染物人群暴露评估技术指南》等一系列技术指南,并于2019年发布《环境健康风险评估技术指南总纲(征求意见稿)》,以期提高我国环境健康风

[1] 参见唐双娥:《环境法风险防范原则研究:法律和科学的对话》,高等教育出版社2004年版,第39~42页。

险管理工作的标准化、规范化、精细化水平。同时,我国已在全国范围内开展了各种环境介质的监测,对重点区域流域进行特征污染物调查,收集符合中国国情的暴露情况和毒理数据。此外,作为《国家环境保护“十二五”环境与健康工作规划》的重要成果,《中国人群暴露参数手册》的发布为健康风险评价提供了重要的数据参考。与之相应,环境科学的相关研究也指向基于风险的标准。例如,对于土壤环境标准,我国1995年颁布的《土壤环境质量标准》(GB 15168—1995)的主要依据是土壤环境背景值和环境容量,没有考虑风险的概念。〔1〕对此,有学者总结了国际上土壤环境标准,分为基于人体健康风险制定,基于生态风险制定以及基于污染土壤的环境风险制定三类,认为这种区分能够更好地保护人体健康安全、土壤的生态功能以及与土壤相邻的环境介质不受污染。〔2〕早就有学者提议,鉴于我国目前土壤重金属污染风险和污染事件频发的现象,应当建立基于风险的土壤环境标准,采用生态和健康风险评估的方法,建立适合我国实际的风险评估指导原则、方法、模型等,完善土壤环境风险管理体系。〔3〕基于前期环境科学的研究成果,2018年出台的《土壤环境质量 农用地土壤污染风险管控标准(试行)》(GB 15618—2018)和《土壤环境质量建设用地土壤污染风险管控标准(试行)》(GB 36600—2018)转变为建立在基于风险的理念之上,旨在管控土壤污染风险,保障农产品质量安全、农作物正常生长和土壤生态环境,以及保障人体健康和人居环境安全。

虽然我国环境健康风险评估的应用领域和技术要点仍缺乏系统的规范和要求,〔4〕但是现有研究已经为基于风险的环境标准的制定奠定了一定的科学技术基础。既然环境标准在很大程度上需要依赖科学技术的判

---

〔1〕参见骆永明、夏家淇、章海波等:《中国土壤环境质量基准与标准制定的理论和方法》,科学出版社2015年版,第32页。

〔2〕参见张红振、骆永明、夏家淇、张海波:《基于风险的土壤环境质量标准国际比较启示》,载《环境科学》2011年第3期;于国光、张志恒、叶雪珠等:《关于我国土壤环境标准的思考》,载《现代农业科技》2010年第9期。

〔3〕参见于国光、张志恒、叶雪珠等:《关于我国土壤环境标准的思考》,载《现代农业科技》2010年第9期;张红振、骆永明、夏家淇、张海波:《基于风险的土壤环境质量标准国际比较启示》,载《环境科学》2011年第3期。

〔4〕参见刘苗苗、刘磊博、毕军:《我国环境健康风险管理问题与挑战》,载《环境与可持续发展》2019年第5期。

断,那么环境标准制定的法律规制也应当随之树立风险规制视角。我国环境管理的核心目标导向已经逐渐从传统污染治理转向环境质量改善和风险防控,[1]这对环境规制提出了要求,即必须在法律上建立适应型的制度体系。环境标准是整合环境规制体系的前提和基础,标准制定中存在的问题会进一步对相关制度的构建与运行产生连锁反应。[2] 因此,作为其他环境法制度基础的环境标准制度,尤其需要向"风险"转身。[3] 而一旦树立风险规制的视角,那么就应当超越对"风险"字面上的引入,需要将风险分析框架纳入环境标准的制定中。

二、明确风险规制目标

环境风险规制应当以保障人体健康、保护环境等价值为首要目标,这一目标看起来是明确的,但是在环境标准制定的过程中,由于经济、政治等多重因素的考量,在多元价值和利益冲突与协调的过程中,却可能模糊了规制健康风险和保护清洁环境的根本目标。上文一再重申,环境标准的制定并非仅是事实确认、预测与经验法则的集合,同时也是科技评估、衡量与价值判断的结果。这种衡量需要根据法律规定的目标来确定方向,这属于法政策层面,理应由代表民意的立法者决定。[4] 因此,在立法中应当明确规定环境标准制定的目标或者确立各种冲突利益的优先顺位。

近年来,我国越来越强调环境与健康之间的关系,开始构建环境健康风险管理制度。我国于2007年发布的《国家环境与健康行动计划(2007—2015)》为建立环境健康风险评估制度提供了较为全面的框架,并且明确提出建立健全环境与健康法律、法规体系。随后,《国家环境保护"十二五"环境与健康工作规划》《"健康中国2030"规划纲要》《国家环境保护"十三五"环境与健康工作规划》为逐步建立健全环境与健康管理制度指明了方向。2018年,原环境保护部印发《国家环境保护环境与健康工作办法(试

---

〔1〕《〈生态环境标准管理办法(征求意见稿)〉编制说明》(2019年),第26页。

〔2〕参见张宝:《环境规制的法律构造》,北京大学出版社2018年版,第177页。

〔3〕有学者指出,从后果控制向风险预防的转身,是中国环境法转型的重要标志。参见吕忠梅:《从后果控制到风险预防:中国环境法的重要转型》,载《中国生态文明》2019年第1期。

〔4〕参见蔡志方:《论科技法律之概念与衍生之问题》,载《二十一世纪公法学的新课题:城仲模教授古稀祝寿论文集Ⅱ行政法总论篇》,台湾地区"法治暨政策研究基金会"2008年版、新学林总经销,第38页。

行)》以加强环境健康风险管理,推动保障公众健康理念融入环境保护政策。同年,由生态环境部科技标准司组织开展的环境健康风险管理试点工作正式启动,旨在为国家逐步建立环境健康风险管理体系提供示范,总结出可复制、可借鉴、可推广的经验。

但是,重视公众健康保障并不意味着健康价值当然优先于其他考量因素。环境法虽然是调整人类环境利用关系的法律规范的总称,并且越来越关注环境自身的价值和利益,[1]但环境法最重要的目的仍然是人本身,人体健康价值是环境法的核心价值追求。[2] 但是在现行环境立法众多目标的共同作用下,公众健康价值的"边缘化"倾向和"消极防卫"的环境健康保障路径,使得降低由于环境污染所导致的公众健康损害或风险成为我国环境法制建设中亟待解决的主要问题。[3] 在环境标准的制定问题上,我国绝大多数环境标准一般都将人体健康、环境保护、经济发展等目标混杂在一起,这样做既无法实现环境保护的目标,也难以满足有效保护人体健康的要求。即使《土壤环境质量建设用地土壤污染风险管控标准(试行)》(GB 36600—2018)作为具有代表性的以人体健康为保护目标的标准,规定了保护人体健康的建设用地土壤污染风险筛选值和管制值,适用于建设用地的土壤污染风险筛查和风险管制,但该标准更多的是基于建设用地的用途去考虑人居环境安全。

对此,首先应当通过立法明确环境标准的制定应当将保护人体健康作为首要目标。1967 年《日本公害对策基本法》对公害和环境标准进行了明确阐释。该法第 9 条规定,环境标准是"有望维持"的行政目标,即维持国民健康和福利。同时该法还明文规定了要与"健全的经济发展相协调"。在承受多方压力之后,该条款在 1970 年的公害国会决议上最终被删除,只保留维持国民健康和福利这一目标。[4] 我国 2018 年修订的《食品安全

---

〔1〕 参见汪劲著:《环境法学》(第 4 版),北京大学出版社 2018 年版,第 23 页。

〔2〕 参见吕忠梅、刘超:《环境标准的规制能力再造——以对健康的保障为中心》,载《时代法学》2008 年第 4 期。

〔3〕 参见朱炳成:《面向公众健康保障的生态环境法律规制转型》,载《吉首大学学报(社会科学版)》2019 年第 5 期。

〔4〕 参见冯丹阳:《环境标准制定过程中的政府责任与科学家角色——以四日市公害为例》,载《科学与社会》2014 年第 4 期。

法》第24条也规定："制定食品安全标准，应当以保障公众身体健康为宗旨，做到科学合理、安全可靠。"在我国环境法以及有关环境标准的立法上，可以借鉴这一单一目标模式，突出对于人体健康的保护及其优先地位。立法对于规制目标的界定还将有利于抵消个人理性的不足以及变动和随意性。公众在某种程度上都是环保主义者。1989年美国的一个民意测验表明，大约80%的人支持不惜代价保护环境的主张。但是当真正关注一些案例的时候，对于环境价值明显的普遍的支持就会产生令人奇怪的结果。"对荒野的重视被广义的财产权概念削弱；污染控制只有在不妨碍经济活动或发展计划时才能得到广泛的支持。"[1]而在规制方面的大部分变化都可以归因于公共利益含义的变化。[2] 因此，立法必须对此有所反映。一旦立法确定了风险规制的目标并且对核心价值进行界定或者优先选择，就可以在很大程度上避免价值和目标在协商过程中的偏离。

其次，应当借鉴发达国家区分保护人体健康和公共生活环境的目标，制定不同环境质量标准的做法。例如，美国国家环境空气质量标准明确规定了公众健康指标，环境空气质量限值与保护人体健康目标是相统一的。[3] 在制定有关人体健康的环境标准时，应当区分人体健康保护和财产保护的不同目标，根据环境医学的要求，运用环境毒理学实验和流行病学调查等方法，按照最敏感的原则，设定更为严格的人体健康环境标准，为保护人体免受污染的有害影响提供更为充分的保障。建立以保障公共健康为核心的环境标准体系，应当将现有相互分离的环境标准体系和公共卫生标准体系进行有机融合，可以根据环境和健康风险控制与管理工作的范围、需求，建立环境与健康风险控制标准、环境与健康影响评价类标准、环境与健康损害判定类标准三大标准体系。[4]

容易被忽略的，是健康价值的保障虽然有可能以经济成本为代价，但

---

〔1〕［美］戴维·凯瑞斯编：《法律中的政治——一个进步性批评》（原书第3版），信春鹰译，中国政法大学出版社2008年版，第127页。

〔2〕参见［美］小贾尔斯·伯吉斯：《管制和反垄断经济学》，冯金华译，上海财经大学出版社2003年版，第11页。

〔3〕*National Ambient Air Quality Standards*, Accessed September 16, 2020, https://www.epa.gov/criteria-air-pollutants/naaqs-table.

〔4〕参见吕忠梅、杨诗鸣：《控制环境与健康风险：美国环境标准制度功能借鉴》，载《中国环境管理》2017年第1期。

在健康收益最大化的同时也能够创造出巨大的经济价值。2011 年 3 月,美国环保署发布了评估《清洁空气法》1990~2020 年效果的第二个预期研究报告。该研究表明,《清洁空气法 1990 年修正案》的直接效益预计在 2020 年可以达到 2 万亿美元,实施的成本为 650 亿美元。截至 2020 年,《清洁空气法》将预防超过 23 万例的早期死亡,2 万亿美元中的经济效益 85%来自空气中颗粒物的减量使过早死亡数的减少。而由于更为清洁的空气使美国工人拥有更健康的身体和更高的生产率,同时也节省了更多由于空气污染所产生健康问题的医疗支出,经济福利也得到了改善。仅这两项的有益经济影响已经可以预期能够抵销用于污染控制的支出。〔1〕 尽管仍然存在很多争议和难以解决的问题,不可否认,《美国清洁空气法》获得了相当大的成功。其中将环境空气质量标准作为目标值,让公众明确应当享有怎样的空气,在环境质量标准的制定中努力排除经济和技术可行性的考虑,为执行提供参照,引导甚至强制产业进行技术更新以达至目标,强调公众健康和福利重要性的理念和做法,看似过于严苛而给产业造成沉重负担,从长远来看,却可能创造出更大的经济和社会效益,这尤其值得我们深思。

当然,强调健康价值优先,在制定环境质量标准时如果不考虑实施标准的经济代价、社会现实条件、达标可行性,的确可能会产生"大范围超标"的窘境。针对这一问题,《美国清洁空气法》规定了州实施计划(SIPs),对于达到环境空气质量标准的时间、可行的排放限制、达标计划、进程表以及其他控制措施、方法和技术等内容进行规定。对于不达标地区和清洁地区提出专门的污染控制措施,污染越严重,要求的控制措施越严格,同时还规定了达标期限。〔2〕 因此,应当改变"自下而上"的制定思路,当前的技术经济水平、达标成本、可操作性等因素完全可以在标准阶段性目标的设立和实施计划中予以考虑。通过设立阶段性目标,分步骤实现对人体健康与生态环境的理想保护。有关阶段目标的设立、达标时间表等问题,应当在考

〔1〕 See *Benefits and Costs of the Clean Air Act Amendments of* 1990, Accessed September 16, 2020, https://www.epa.gov/sites/production/files/2015-07/documents/factsheet.pdf.

〔2〕 参见周扬胜、张国宁、潘涛等:《环境保护标准原理方法及应用》,中国环境出版社 2015 年版,第 54 页。

虑经济社会发展水平的基础上作出决策。[1]

三、建立风险评估程序

风险评估中科学的角色是有限的,仅仅依靠科学和专家理性并不足以得出可靠的结论,但是风险评估的结果可以为了解风险可能产生的后果提供更多的科学信息,为风险规制提供基础,因而可以作为环境标准制定中的有用工具。更重要的是,风险评估程序的建立不仅在于希望应用科学的方法和手段在客观上达致保护人体健康和环境的效果,而且在环境标准的制定过程中,经由风险评估程序可以更好地为行政机关决策的正当性提供证明。也正是基于这一点,即使在法律没有明确要求行政机关经由风险评估作出决策的情况下,行政机关也应当进行相应的定性或者定量评估来保证决策的合法性。

风险评估的重要性和必要性在我国已经被广泛接受。2010 年,国务院在《关于加强法治政府建设的意见》中特别指出应当"完善行政决策风险评估机制。凡是有关经济社会发展和人民群众切身利益的重大政策、重大项目等决策事项,都要进行合法性、合理性、可行性和可控性评估,重点是进行社会稳定、环境、经济等方面的风险评估。建立完善部门论证、专家咨询、公众参与、专业机构测评相结合的风险评估工作机制,通过舆情跟踪、抽样调查、重点走访、会商分析等方式,对决策可能引发的各种风险进行科学预测、综合研判,确定风险等级并制定相应的化解处置预案。要把风险评估结果作为决策的重要依据,未经风险评估的,一律不得作出决策"。[2]该意见对风险评估的对象、机制、方式、效力等风险评估制度的核心内容都作出了规定。2014 年中国共产党第十八届中央委员会第四次全体会议审议通过的中共中央《关于全面推进依法治国若干重大问题的决定》指出:"健全依法决策机制。把公众参与、专家论证、风险评估、合法性审查、集体讨论决定确定为重大行政决策法定程序,确保决策制度科学、程序正当、过程公开、责任明确。建立行政机关内部重大决策合法性审查机制,未经合法性审查或经审查不合法的,不得提交讨论。"对此,2019 年 9 月 1 日施行

---

〔1〕 参见周扬胜、张国宁、潘涛等:《环境保护标准原理方法及应用》,中国环境出版社 2015 年版,第 222 页。

〔2〕《国务院关于加强法治政府建设的意见》(国发〔2010〕33 号)。

的《重大行政决策程序暂行条例》细化了党的十八届四中全会提出的依法决策机制，对公众参与、专家论证、风险评估、合法性审查和集体讨论决定五大重大行政决策法定程序进一步予以规定。该条例将环境和资源保护方面的重大公共政策和措施纳入决策事项范围，并对风险评估适用的情形、风险评估的具体要求以及风险评估的效力等方面均在上述意见和决定的基础上作出了较为细致的规定，[1]为细化风险评估程序，提升风险评估的可操作性提供了依据。

具体到标准制定问题上，支树平在2011年全国标准化工作会议上的讲话中指出："……要完善标准制修订规则……要加快建立风险评估机制，特别是涉及重大民生、产业利益、市场稳定的重要标准，必须加强协调，采取协调会、论证会、听证会等多种形式，广泛听取意见，要有规则，讲法治。"[2]国家标准化管理委员会也指出："严格国家标准制修订和实施全过程管理。改革国家标准制修订工作程序，组建国家标准评审委员会，建立风险评估机制和听证会制度，广泛听取意见，加强各方的协调与融合，实行开门制定标准。"[3]但是，我国制定法上明确要求有关行政机关在制定标准或者采取措施前必须进行风险评估的法律数量上还非常有限，在环境立法中集中体现在《土壤污染防治法》中，但是该法既没有对风险评估进行精确定义，也没有明确风险评估在风险规制当中的作用，更没有在土壤污染风险管控标准的制定中提及风险评估。目前，我国法律层面对风险评估制度的系统规定突出体现在《食品安全法》中，该法建立了风险评估制度，并

---

[1] 2019年《重大行政决策程序暂行条例》第3条规定："本条例所称重大行政决策事项（以下简称决策事项）包括：……（三）制定开发利用、保护重要自然资源和文化资源的重大公共政策和措施……"第22条第1款规定："重大行政决策的实施可能对社会稳定、公共安全等方面造成不利影响的，决策承办单位或者负责风险评估工作的其他单位应当组织评估决策草案的风险可控性。"第23条规定："开展风险评估，可以通过舆情跟踪、重点走访、会商分析等方式，运用定性分析与定量分析等方法，对决策实施的风险进行科学预测、综合研判。开展风险评估，应当听取有关部门的意见，形成风险评估报告，明确风险点，提出风险防范措施和处置预案。开展风险评估，可以委托专业机构、社会组织等第三方进行。"第24条规定："风险评估结果应当作为重大行政决策的重要依据。决策机关认为风险可控的，可以作出决策；认为风险不可控的，在采取调整决策草案等措施确保风险可控后，可以作出决策。"

[2] 《国家质量监督检验检疫总局关于印发支树平、纪正昆、张健伟同志在全国标准化工作会议上讲话的通知》（国质检标〔2011〕107号）。

[3] 《关于印发〈2010年全国标准化工作要点〉的通知》（国标委办〔2010〕5号）。

对风险评估适用的情形、风险评估在标准制定中的作用等内容进行了规定。其中,2018年《食品安全法》第21条明确规定:“食品安全风险评估结果是制定、修订食品安全标准和实施食品安全监督管理的科学依据。经食品安全风险评估,得出食品、食品添加剂、食品相关产品不安全结论的,国务院食品安全监督管理等部门应当依据各自职责立即向社会公告,告知消费者停止食用或者使用,并采取相应措施,确保该食品、食品添加剂、食品相关产品停止生产经营;需要制定、修订相关食品安全国家标准的,国务院卫生行政部门应当会同国务院食品安全监督管理部门立即制定、修订。”既然《食品安全法》已经明确了风险评估在食品安全标准制定中的重要地位,那么在我国环境标准制定中建立风险评估程序同样也是可行的。[1]

因此,虽然我国制定法中规定风险评估的法律在数量上还非常有限,现实中我国也缺少一套对安全风险加以系统评估的规范、标准和方法,加上缺乏基础数据,评估程序不完备,很难对特定时间发生的盖然性、发生特定事件所带来的后果,作出准确的判断。但是上述立法和意见对环境标准制定引入风险评估程序提出了要求,并对风险评估程序的要素作出了初步规定。风险评估可以在一定程度上改善我国环境标准科学性不足、缺乏对环境基准相关研究的状况。风险评估程序的进一步设计尤其是同行评审制度的建立、风险评估过程的记录、风险评估报告的公开,将更有利于信息的公开和决策的透明。

需要指出的是,环境标准制定中的风险评估,主要的结果是得到环境基准。环境基准的推导过程是利用污染物在环境中的含量分布水平、对生态环境和人体健康的效应,在大量毒性数据的基础上,利用风险评估的方法获得基准值。[2] 2017年以来,我国发布了《国家环境基准管理办法(试行)》,组建了国家生态环境基准专家委员会,陆续发布了《淡水水生生物水质基准制定技术指南》《人体健康水质基准制定技术指南》《湖泊营养物基

---

〔1〕 实际上,食品安全和环境问题紧密相关。环境是食品安全的第一道防线,环境治理的长期性、综合性和反复性的特点迫使环境污染成为长期影响食品安全的重要问题,应当加强对环境健康风险评估的研究。参见庞国芳、孙宝国、陈君石、魏复盛主编:《中国食品安全现状、问题及对策战略研究》(第2辑),科学出版社2020年版,第59页。

〔2〕 参见赵晓丽、赵天慧、李会仙等:《中国环境基准研究重点方向探讨》,载《生态毒理学报》2015年第1期。

准制定技术指南》等基准制定技术指南,以及我国首个国家生态环境基准《淡水水生生物水质基准——镉》(2020年版),初步形成顶层设计、技术规范、基准值有序衔接的生态环境基准管理链条,但这些工作距离满足生态环境管理工作的实际需要还相差很远。〔1〕其中,2017年《国家环境基准管理办法(试行)》虽然对环境基准的制定应遵循的基本程序以及环境基准草案编制工作的内容作出了原则性规定,但是对于风险评估和环境基准之间的关系、环境基准的性质、环境基准制定的程序、环境基准的效力等关键问题均未予以明确,环境基准还没有真正成为一个法律概念,无法通过程序设置保障其科学性,直接影响了基于环境基准的环境标准数值的科学性。对此,应当在《国家生态环境基准管理办法(试行)》的基础上,进一步确定环境基准的性质和定位,细化环境基准制修订的程序,明确环境基准、环境标准和环境风险规制之间的关系。《美国清洁水法》第304条就要求美国环保署制定能够反映最新科学成果的水质基准,各州和部落在制定水环境质量标准过程中使用或者转化该水质基准。〔2〕同时,环境基准在美国虽然是作为科学结论来看待的,但是准备制定或修订、提出草案以及最终发布基准,都需要在联邦公报上进行公布,分别对应预通知、建议稿和最终稿。〔3〕这对我国相关规定的完善具有一定的参考价值。

四、明确风险管理规则

如何将环境基准转化为环境标准是环境标准制定中最为重要的环节,需要通过环境风险管理最终确定环境标准数值。虽然上文指出,对于在环境标准制定的风险管理中需要考虑哪些要素通常是以不确定法律概念的方式作出限制,这种立法方式存在广泛的解释空间。但是如"必要""最佳"等形容词至少指出了行政机关在制定环境标准时应当考虑的因素,尤其是显示出风险预防的要求,并给公众的参与以及司法审查提供了基础和素材。正如学者指出的那样,立法机关可以通过规定行政机关考虑的事项,如风险的严重性、受影响的人群规模、对污染不同程度的接触等因素可

〔1〕参见《专家解答〈淡水水生生物水质基准——镉〉(2020年版)有关问题》,载《中国环境报》2020年3月4日,第4版。

〔2〕CWA § 304(a), 33 U.S.C. § 1314(a).

〔3〕参见周扬胜、张国宁、潘涛等:《环境保护标准原理方法及应用》,中国环境出版社2015年版,第50页。

能带来的各种负面影响,来提供实质性的指导。在制定程序方面,立法机关可以要求行政机关尽可能地确定被规制风险的性质,同时努力量化相关风险,如进行风险评估。这样的规定至少能提供一个清楚的法律信号,而且能促使行政机关的决策更加透明化。〔1〕 此外,明确环境标准制定中风险管理的手段和方法,也可以减少风险沟通的复杂性,并对协商和对话的范围作出一定的限定。

就实体层面来看,首先应当在立法中确立风险预防原则,并将该原则贯穿于环境标准的制定中。尽管《环境保护法》已经出现了体现风险预防要求的制度,但总体而言,该法依然具有浓厚的末端治理色彩,还没有确立并贯彻风险预防理念。在风险社会背景下,《环境保护法》作为环境保护领域的基本法,应当对风险预防的要求作出回应,可以通过扩充解释传统预防原则的方式,将风险预防原则纳入环境法的基本原则,从而为各单行法和各项基本制度进行风险化改造提供授权和支撑。〔2〕 对于环境标准制定的相关条文则可以在风险预防原则的指引下,直接在环境标准制定目的中明确防范生态环境风险和公众健康风险,同时在具体制度中引入风险分析框架,并在环境标准的制定中适用风险预防原则。实际上,国内立法中已经有运用风险预防原则的实例。有学者认为 2009 年《规划环境影响评价条例》第 21 条规定,“依据现有知识水平和技术条件,对规划实施可能产生的不良环境影响的程度或者范围不能作出科学判断的”,审查小组应当提出不予通过环境影响报告书的意见,这应该是我国第一次在国内立法中运用风险预防原则。〔3〕

其次,应当明确制定环境标准时需要考虑的具体因素。在我国,一般认为,不能直接将环境基准转化为环境标准,应当进一步结合国家及其地区的实际环境状况、保护对象的情况,合理地选择污染物项目;结合人群/物种分布、生活习惯、行为方式等,确定需要保护的人群/物种(包括敏感亚群)。除此之外,还需要结合国家发展阶段,社会对环境风险的认知程度、

〔1〕 参见[美]凯斯·R.孙斯坦:《风险与理性——安全、法律及环境》,师帅译,中国政法大学出版社 2005 年版,第 248 页。

〔2〕 参见张宝:《环境规制的法律构造》,北京大学出版社 2018 年版,第 203 页。

〔3〕 参见金自宁:《风险中的行政法》,法律出版社 2014 年版,第 25 页。

接受能力,确定风险控制水平。[1] 其中,保护对象的选择、风险水平的控制、安全余地的设定,以及阶段目标的设立等都体现了国家政策考虑。此外,还需要考虑环境质量标准作为污染控制的量化目标的现实可操作性,以及评价考核要求。[2] 但是在这些考虑因素中如何予以衡量,在风险管理的三个进路中是不同的。是应当基于对于健康风险的关注,还是基于经济技术可行性的考虑,又是否应当进行成本—收益分析,不同标准可能采取不同的进路,很难为这三个进路分别适用的情境予以明确;同时三个进路也各有其问题或弊端,实践中也常常出现三个进路的混合模式。但是如果能在立法中明确制定环境标准时所侧重考虑的因素,并且能够就风险管理的结果能否达成风险规制目标进行检验和调试,则能够大大减少具体风险决策的随机和不透明问题,也能够防止实践中决策者表面上建立于技术理性上的决策与治理,事实上却是以经济发展为优先的风险管制策略,改变隐匿信息、管制松懈这种长期形成的风险管制文化,避免因风险累积而爆发诸如邻避抗争等严重的社会冲突。[3]

在风险管理的三个进路中,对于成本—收益的支持最为广泛,可能正是这一进路最能反映权衡的观念和比例原则的要求,同时也最有可能在理论上形成统一、确定的规则。在我国,制定环境质量标准时同样要进行详细的效益和损失分析,剖析实现标准的代价和所得效益之间的各种关系,权衡得失与利弊,合理协调代价和效益间的关系。[4] 对于污染物排放标准,2006 年《国家环境保护标准制修订工作管理办法》第 27 条规定:“在污染物排放(控制)标准制修订工作中,要按照以环境保护优化经济增长的要求,妥善处理经济发展与环境保护之间的关系。应对相关行业的情况进行调查和了解,掌握国家的环保和产业发展相关政策,确定标准的适用范围和控制项目,根据行业主要生产工艺、污染治理技术和排放污染物的特点,

[1] 周扬胜、张国宁、潘涛等:《环境保护标准原理方法及应用》,中国环境出版社 2015 年版,第 216 页。

[2] 参见周扬胜、张国宁、潘涛等:《环境保护标准原理方法及应用》,中国环境出版社 2015 年版,第 223~224 页。

[3] 参见杜健勋:《环境风险治理:国家任务与决策框架》,载《时代法学》2019 年第 5 期。

[4] 参见杨仁斌主编:《环境质量评价》,中国农业出版社 2006 年版,第 21 页。

提出标准草案，并对标准中排放限值进行成本效益分析（包括实施排放限值对产品成本的影响等），预测行业的达标率。”并在第43条关于标准报批说明的规定中，要求包括标准的实施成本和效益分析以及达标可行性分析等。2017年《国家环境保护标准制修订工作管理办法》和2020年《国家环境保护标准制修订工作规则》也都作出了类似规定。我国近年来在环境、职业卫生等领域的政策形成过程中，已对规制的成本和收益有所考虑。但总体来说，我国风险规制中对经济利益与公共福祉等的度量和衡量，由于缺乏对于规制成本的把握，还存在很多问题。也正是因为难以完全依赖规定风险管理的规则对标准制定者形成有力的制约，环境标准制定的法律框架应当在规定实体要素的同时，以程序建构为中心。

五、健全风险沟通机制

由于环境标准的制定必然面临知识和信息不充分的困境和复杂的利益冲突，立法对于实体规则的设置往往停留在价值目标的限定上，对于环境标准制定需要考虑的因素也难以用精确的语言提供切实的控制。因此，对于环境标准制定的法律控制多集中于程序主义的进路。[1] 理想状态下，技术理性独大的专家理性与经济优先的政治理性相结合的风险决策趋向应当让位于一个更为平等、开放、包容的价值取向，允许民众能够就“我们要如何生活”这一问题自主地作出情绪表达、价值判断和利益选择。[2] 环境标准“跨科学”属性和“满足公众生态环境质量需求”的目标决定了这种程序框架应当是公开、透明的，并且能够为尽早、全面、持续的风险沟通提供良好的平台，从而使环境标准的制定能够实现理性和合法性的双重目标。

风险沟通机制的构建在我国已经具备了一定基础。我国《国民经济和社会发展第十二个五年规划纲要》中关于完善科学民主决策机制的内容规定：“完善重大事项决策机制，建立健全公众参与、专家咨询、风险评估、合法性审查和集体讨论决定的决策程序，实行科学决策、民主决策和依法决策。对涉及经济社会发展全局的重大事项，要广泛征询意见，充分协商和

---

〔1〕 参见赵鹏：《知识与合法性：风险社会的行政法治原理》，载《行政法学研究》2011年第4期。

〔2〕 参见黄泽萱：《现代风险治理框架下的民意困局及其出路探讨——兼评张小燕等人诉江苏省环保厅环评行政许可案》，载《清华法学》2018年第5期。

协调。对专业性、技术性较强的重大事项,要认真进行专家论证、技术咨询、决策评估。对同群众利益密切相关的重大事项,要实行公示、听证等制度。严格依法行政,健全行政执法体制机制,完善行政复议和行政诉讼制度。”《国民经济和社会发展第十三个五年规划纲要》就完善公众参与机制规定:“依法保障居民知情权、参与权、决策权和监督权,完善公众参与治理的制度化渠道。对关系公众切身利益的重大决策,以居民会议、议事协商、民主听证等形式,广泛征求公众意见建议。完善村务公开、居务公开、民主评议等途径,加强公众监督评估。”这些规定为构建风险沟通机制提供了指引。2002年国家质量监督检验检疫总局发布、2018年修订的《进境动物和动物产品风险分析管理规定》首次规定了“风险交流”的概念并对风险交流作出了原则性规定,指出“风险交流应当贯穿于风险分析的全过程”,并规定“风险交流包括收集与危害和风险有关的信息和意见,讨论风险评估的方法、结果和风险管理措施”。[1] 2014年国家卫生和计划生育委员会办公厅发布《食品安全风险交流工作技术指南》,对风险交流的概念、基本原则、基础条件、基本策略、不同阶段中风险交流的内容、形式、策略均进行了较为细致的规定,有助于风险沟通的规范化和体系化。2016年中共中央、国务院印发的《“健康中国2030”规划纲要》提出“建立环境健康风险沟通机制”。2016年国务院新闻办公室发布的《中国的核应急》提出加强公众风险沟通和心理援助研究。针对核辐射特点,研究编制核事故公众防护问与答、核与辐射事故医学应急等面向社会公众的应用丛书。2017年国务院办公厅印发《国家突发事件应急体系建设“十三五”规划》,在“完善突发事件风险管控体系”中提出,“健全公共卫生、食品药品安全检验检测和风险防控体系,提高突发急性传染病、重大动植物疫情、食品安全突发事件、药品不良反应和医疗器械不良事件、农产品质量安全突发事件等早期预防和及时发现能力,强化风险沟通”。此外,原卫生部制定了我国首部《风险沟

---

[1] 2018年海关总署发布的《进境动物和动物产品风险分析管理规定》第6条规定:“风险分析过程应当包括危害因素确定、风险评估、风险管理和风险交流。”第23条规定:“风险交流应当贯穿于风险分析的全过程。风险交流包括收集与危害和风险有关的信息和意见,讨论风险评估的方法、结果和风险管理措施。”第24条规定:“政府机构、生产经营单位、消费团体等可了解风险分析过程中的详细情况,可提供意见和建议。对有关风险分析的建议和意见应当组织审查并反馈。”第25条中对风险交流的定义为:“指在风险分析过程中与有关方面进行的信息交流。”

通指南》,出版了突发卫生应急事件培训教材《卫生应急风险沟通》,从理论和实践层面科学地介绍了风险交流的相关概念、原则、沟通监测、信息管理、实施方案、媒体合作、公众沟通,以及政府、部门间的沟通协作等。[1]但是这些规定及实践表明,我国现有的风险沟通途径大部分是一种应急单向信息发布,属于危机公关,没有常态化的交流手段,且缺乏双向的互动,缺乏日常状态下大量及时的信息沟通,往往等到事态严重了再进行控制,[2]这种信息发布和沟通模式还称不上是真正的风险沟通。如何在环境标准的制定中建立健全风险沟通机制,至少可以从以下几方面展开。

(一)完善信息公开和信息共享机制

在当代民主社会中,信息公开是政府的一项基本义务,知情权也是公民的一项基本权利。我国于 2008 年出台了《政府信息公开条例》,并于 2019 年进行了修订,对行政机关在履行行政管理职能过程中制作或者获取的,以一定形式记录、保持的信息的公开作出了规定。2014 年修订的《环境保护法》第五章以专章形式规定了信息公开和公众参与。其中,第 53 条明确规定了公众的知情权、参与权和监督权。[3]

信息公开是风险沟通的前提。如果没有信息的有效公开,公众将不知道参与什么、何时参与以及如何参与,更何况普通公众对于环境标准的制定本来就是缺乏信息的。在信息不公开的情况下,参与只能流于形式,公众就不可能对环境标准的制定提出有实质意义的意见,也就无法影响环境标准最终的制定,难以对行政机关的行为进行监督。具体到环境标准的制定过程,由于涉及知识的不确定性问题,更应当强调信息公开。例如,德国空气保洁委员会主张"最大限度地透明化",每个人都有权提出制定某项标准的申请,并对公布的标准草案提出异议;每份标准和标准草案都会由指定的出版社公开出版发行,并在相关的报刊上发布出版信息,最终形成的

---

[1] 参见向明灯、黄科茂、李良忠等:《美国、欧盟、日本和世界卫生组织环境与健康风险交流的经验和启示》,载《环境与职业医学》2017 年第 12 期。

[2] 参见孙颖:《食品安全风险交流的法律制度研究》,中国法制出版社 2017 年版,第 184~185 页。

[3] 2014 年《环境保护法》第 53 条规定:"公民、法人和其他组织依法享有获取环境信息、参与和监督环境保护的权利。各级人民政府环境保护主管部门和其他负有环境保护监督管理职责的部门,应当依法公开环境信息、完善公众参与程序,为公民、法人和其他组织参与和监督环境保护提供便利。"

大气质量标准并不是仅有简单的数值，还有数页甚至数十页的文字来阐释该数值的推导依据。[1] 我国2014年《食品安全风险交流工作技术指南》也将“公开透明”作为风险沟通的一项重要原则。

然而，信息公开在我国目前的状况下还存在很多问题。虽然公众希望能够尽快更多地获取风险信息，但是行政机关却存在延迟、少量甚至不予公布。例如，在2011年《环境空气质量标准(二次征求意见稿)》中将$PM_{2.5}$纳入一般项目进行监测的同时，试点城市起初却表示对监测信息将暂不予以公布。[2] 其实，许多城市早就在监测$PM_{2.5}$，可是即使拥有翔实的监测数据，环保部门也一直不愿提供给公众。对此，环保部门的理由是目前只属于“研究性监测”。[3] 即便在标准实施前的监测属于“研究性监测”也不应当影响真实的环境监测信息的公开。事实上，正是在公众和媒体对于美国大使馆公布的$PM_{2.5}$浓度的关注后，才成功借助媒体和舆论推动了$PM_{2.5}$空气质量标准的出台。

因此，完善信息公开，将会促使公众对目前的环境标准制定的现状进行反思和判断，从而更好地参与到环境标准的制定和修订过程当中，公开本身就有其独立的价值。例如，《美国紧急规划与地区居民知情权法》(1986年)(Emergency Planning and Community Right-to-Know Act, EPCRA)导入了有害物质排放目录(Toxics Release Inventory, TRI)制度。根据该制度，大型制造设备必须对多种危险物质排放、转移、使用、现场废弃物管理、回收与再利用、有关部门对如何设法降低其源头污染等情况作出书面报告。[4] 美国环保署将企业或机构报告的数据制作成数据库通过网络公开供所有人查看。TRI的报告样式是标准化的，报告的内容是企业场

---

[1] 参见周志家：《不确定性条件下的风险管理——以德国大气质量标准化为例》，载《公共管理研究》2010年第0期。

[2] 参见《京津间将设站点监测$PM_{2.5}$数据暂不对社会公布》，载央视网：http://news.cntv.cn/20111205/105119.shtml，最后访问日期：2020年9月16日。之后，北京市环保监测中心网站开始实时发布$PM_{2.5}$研究性监测的小时浓度数据，天津$PM_{2.5}$的监测数据将于2012年4月在天津市环境监测中心网站和天津环境公众网站同时发布。

[3] 《$PM_{2.5}$监测数据不必“有标准才公开”》，载中国新闻网：http://www.chinanews.com/ny/2011/12-28/3565957.shtml，最后访问日期：2020年9月16日。

[4] 参见[美]保罗·R.伯特尼、罗伯特·N.史蒂文斯主编：《环境保护的公共政策》，穆贤清、方志伟译，上海三联书店、上海人民出版社2004年版，第342~343页。

地内的化学物质向大气、水域、土壤的排放量和向地下的渗透量,以及为循环、回收、处理而向场地外搬出的化学物质量。1990年《美国污染预防法》(The Pollution Prevention Act, PPA)通过后,作为污染发生源的企业也有义务报告削减治理污染的努力及成果。[1] 该制度取得了意外的成功(surprising success)。[2] 由于TRI是公开的记录,这迫使制造商在直面公众的反对声中不得不减少排放。不可否认,日益增加的公众监督在促进环境立法当中产生了巨大的效应。[3] 这样,企业公示风险信息不再仅仅具有单向运动的作用,而实际上是促使风险信息传输实现良性互动。[4]

需要注意的是,当环境风险信息仅以统计数据或者技术行话来传达的时候,公众常感觉到被隔绝而失去信心。风险信息不仅应当公开,而且应当被全面地揭示和讨论,而不是将风险信息以数字化的图表、曲线和表格来表示。[5] 这也对实质意义上的公开提出了要求。此外,还应当为确保信息的公开透明设置相应的责任追究机制。除《政府信息公开条例》中对于政府信息公开工作考核、评议,监督检查,对负有责任的领导人员和直接责任人员依法给予处分和追究刑事责任等规定之外,还应当强化环境标准制定中信息公开的重要性。例如,在美国,从提出标准制定建议开始,标准制定的每个环节,以及标准的每次变化,都要向社会公告,否则视为程序违法,标准无效。[6]

除完善信息公开外,鉴于多元主体没有任何一方居于信息和知识的优位,还应当构建和完善信息共享机制。科技风险沟通法制中的信息共享机

---

〔1〕 参见金自宁:《作为风险规制工具的信息交流——以环境行政中TRI为例》,载《中外法学》2010年第3期。

〔2〕 See Sidney M. Wolf, *Fear and loathing about the Public Right-to-know Act: The Surprising Success of the Emergency Planning and Community Right-to-know Act*, Journal of Land Use and Environmental Law 11, 1996, p. 217.

〔3〕 See David J. Abell, *Emergency Planning and Community Right to Know: The Toxics Release Inventory*, SMU Law Review 47, 1994, p. 581.

〔4〕 参见向欢:《环境风险沟通制度研究》,重庆大学2016年博士学位论文,第78页。

〔5〕 See Sheldon Leigh Jeter, *The Role of Risk Assessment, Risk Management, and Risk Communication in Environmental Law*, South Carolina Environmental Law Journal 4, 1995, p. 25.

〔6〕 参见周扬胜、张国宁、潘涛等:《环境保护标准原理方法及应用》,中国环境出版社2015年版,第296页。

制要求行政机关搭建信息共享平台,为科技风险沟通的参与方,如新闻媒体(包括官方媒体、社会媒体与自媒体等)、公民等主体就科技风险信息互通有无,以消除谣言,实现真实、有效的沟通。〔1〕

(二)明确科学和政策的区分与说理

我国行政立法并没有规定立法理由陈述程序。我国环境标准编制说明当中所提供的理由没有揭示标准制定背后的真正理由,称不上是真正的说理。说明理由对于行政规则的理性化是相当重要的。在美国行政法中,规则所附的理由书相当于发布机关对规则的解释,对于发布机关具有约束力,实际上是对行政机关自由裁量权的约束。法院在审查有关规则时,会首先审查有关理由是否成立。由于种种外在限制,行政机关在制定规则时,会反复考虑理由是否成立,从而使规则尽可能理性。对于公民来说,也可以通过规则制定机关的理由陈述来更深入地了解行政机关所考虑的因素和所作出的价值判断,有利于有效和实质性的公众参与。从理论上说,说明理由的程序要求有助于行政机关行为的理性化,并更容易使人们相信行政机关对其行为进行正当化的努力。〔2〕

在制定环境标准时最大的问题常在于没有用简明的语言来解释为什么要选择某种环境标准而不是其他。有时,环保部门采取措施似乎是为了追求绝对的安全性及确保安全标准,如基于风险的标准,虽然行政机关对重要的数据进行了广泛的讨论,证明在当前的污染水平下确实存在健康风险,但在行政机关对选定某新标准的理由的解释当中,常常只涉及表明现行标准带来不少负面效应的证据,而这种证据只能说明应当降低当前的污染水平,但其本身并不足以证明需要制定某种新的规制标准。正如上文所提及的那样,问题的关键在于行政机关有意无意地用科学伪装了环境标准制定背后的政策选择和价值判断。〔3〕 虽然科学和政策不可避免地结合在风险评估和风险管理当中,但是如果决策者能够毫无保留地公布其决策,

〔1〕 参见张哲飞:《科技风险规制过程中的行政法问题研究》,中南财经政法大学2018年博士学位论文,第178页。

〔2〕 参见王锡锌:《公众参与和行政过程——一个理念和制度分析的框架》,中国民主法制出版社2007年版,第215页。

〔3〕 See Wendy E. Wagner, *The Science Charade in Toxic Risk Regulation*, Columbia Law Review 95, 1995, p. 1617.

将科学和政策进行区分并对其主张进行说理，明确科学的界限和作用，在与公众沟通时说明风险评估中不确定因素存在的信息、需要解决不确定性中的问题以及探讨不确定性对目前决策的影响，明确指出不确定性是所有科学所固有的，包括目前决策所基于的科学。同时详述与决策相关的各种不确定性因素，如技术评价、经济分析或者其他因素如社会因素中的不确定性对决策的影响。[1] 这样，不仅能够增进风险规制程序的透明化和理性化，重建风险沟通的信任基础，而且有助于参与协商的公众集中力量针对其中的政策选择和价值判断提出自己的主张和方案，从而在很大程度上可以简化风险沟通当中就专业科学技术问题进行说明和争论的过程，更好地促进多元主体之间实质有效的沟通和协商。

行政机关或者专家还应当清楚表明特定环境标准的制定将影响的利益范围和不利后果，如对较为严格和宽松的标准所带来的利益的范围进行说明。一个纯粹的技术性问题诸如某种程度的污染是否安全，有时至少公开地，被转换为一些实际的并且更为复杂的问题，如考虑所有相关的因素，哪种水平的安全性是适当的？为什么优先采取某种规制措施而不是另一种？确定标准的关键在于是否选中了最佳的或者至少是合理的规制“点”。如果对各种备选方案可能会带来的环境利益没有一个明确的并且尽可能地作出定量化的解释，就无法保证已经选中的“点”是恰当的，而不是过于宽松或过于严格。[2]

行政机关和专家的说明理由可以让公众更加了解潜在问题的实质，从而为协商和对话提供基础。行政机关应当解释规制标准的正当性，通过公开作出相关的价值判断使之更好地接受公众的审查。这样做的主要优点在于能确保规则之间的一致性，从而既能应对利益集团的力量，也能克服公众对某些污染物漠不关心以及反应过度。[3] 当然，这种说明理由是相互

〔1〕 参见美国医学研究所、美国不确定性决策委员会、美国人口健康与公共卫生实践委员会：《环境风险——面向不确定性的环境决策》，许振成、胡习邦、曾东等译，电子工业出版社2018年版，第189~192页。

〔2〕 参见［美］凯斯·R.孙斯坦：《风险与理性——安全、法律及环境》，师帅译，中国政法大学出版社2005年版，第287~291页。

〔3〕 参见［美］凯斯·R.孙斯坦：《风险与理性——安全、法律及环境》，师帅译，中国政法大学出版社2005年版，第245页。

的。公众如果提出方案,主张自己的价值目标,也应当向专家说明理由。[1]

(三)引入多元主体协商和对话机制

没有公众参与的决策不仅会使政府机构容易为商业利益所掣肘,而且也常常使公众对科学采取不加批判地接受的态度。同时,在一个受到专业技术统治的决策环境中,建立实际的公众参与机制也变得越来越困难。[2]因此,环境标准的制定需要建立风险沟通程序提供制约行政机关的外在力量,同时也需要引入协商和对话机制达成在可接受风险水平上的社会共识。环境标准的制定过程应当是公众、专家、企业等主体运用各自所掌握的关于环境风险的事实、信息和价值进行沟通、反思和协商的过程。同时经由风险沟通,也可以让公众清楚地认识到剩余风险的存在并能更好地采取预防措施,这也反映了善治的要求。

协商和对话是风险沟通得以发挥功效的核心。上述 TRI 制度关键因素之一在于上述过程并没有停留于纯粹的信息公开,而是具有了信息交流的特性:正是通过环保团体和媒体的解释,TRI 的公开信息比较准确地传递到了希望了解相关风险信息的主体那里;而同样重要的是,这些信息接受者对风险信息的反应反过来又作为信息传递到企业那里,成为促使企业减少污染的压力。[3] 我国目前的风险沟通相关规定和实践可能更多定位于单向的、宣传的、灌输的。[4] 尽管风险沟通隐含着风险专家向公众提供信息这一重要角色,但是风险沟通的过程应当被看做互相学习的过程。目标公众的关注、认知和经验知识应当为风险专家的选择提供指引:人们需要知道什么并非由沟通者决定,沟通者的任务在于对人们想要知道什么这一问题作出回应。风险沟通能够帮助行政机关了解公众对于设立标准项目、制定和修订标准数值的需求与建议。在 $PM_{2.5}$ 制定的艰难过程中,借助于媒体的力量,使公众的这种需求得以放大,而对于环境风险来自公众的

---

〔1〕 参见戚建刚:《风险规制过程合法性之证成——以公众和专家的风险知识运用为视角》,载《法商研究》2009 年第 5 期。

〔2〕 参见[加]迈尔克·梅赫塔:《风险决策:科技冲突环境下的公共参与》,汤涛编译,载薛晓源、周战超主编:《全球化与风险社会》,社会科学文献出版社 2005 年版,第 257 页。

〔3〕 参见李修棋:《论环境法中的信息规制》,载《中国政法大学学报》2015 年第 1 期。

〔4〕 参见沈岿:《食品安全、风险治理与行政法》,北京大学出版社 2018 年版,第 102 页。

压力和关注能够加速政府的进程。[1]

当然，风险沟通要求风险和沟通专家的专业表现。科学家、沟通专家和规制者在风险沟通中起到突出的作用，因为有效的风险沟通能够对全面和负责任的风险管理方案的成功作出积极的贡献。[2] 行政规则制定过程中的公众参与，表现为一种各种利益主体和公众进行利益表达、协商和权衡的过程，在这个过程中，行政机关及其官员不仅是参与的一方，而且在参与过程中扮演着重要的角色。[3]

应当注意的是，风险沟通的首要任务是促进风险专家之间信息的交换，而这是常被忽略的内容。在风险评估和风险管理者之间紧密的沟通对于改进整个风险规制过程是至关重要的。同样地，自然和社会科学家的合作，法律和技术人员的团队合作，以及决策者和科学家之间的持续沟通都是提高风险管理绩效的重要前提。[4] 目前我国生态环境部下属的生态环境标准研究所，是研究、制定国家环境标准、环境保护行业标准与技术政策的牵头单位，承担或者组织环境标准和技术政策的研究、制定工作。该研究所的成员基本都是环境、生态、卫生、机械、动力等技术专家，缺乏具有法学背景的专家，这对于环境标准这一具有争议性的科技法律问题的解决是不利的。对此，2020年《国家生态环境标准制修订工作规则》扩大了标准相关论证会的专家筛选范围，将环境法律、环境经济也纳入选择论证会专家时考虑的领域。[5]

此外，相关部门之间的协商与对话是必要的。由于部门之间缺乏应有的协调和沟通，致使标准的项目和数值交叉重叠，不同部门制定的标准之

---

〔1〕 See Sheldon Leigh Jeter, *The Role of Risk Assessment, Risk Management, and Risk Communication in Environmental Law*, South Carolina Environmental Law Journal 4, 1995, p. 25.

〔2〕 See International risk governance council, *White Paper on Risk Governance-Towards an Integrative Approach*, 2005, p. 57.

〔3〕 参见王锡锌：《公众参与和行政过程——一个理念和制度分析的框架》，中国民主法制出版社2007年版，第168~169页。

〔4〕 See International Risk Governance Council, *White Paper on Risk Governance-Towards an Integrative Approach*, 2005, p. 55.

〔5〕 具体条文包括2020年《国家生态环境标准制修订工作规则》第31条、第38条、第42条。

间存在冲突。特别是关于环境保护与公众健康保障国家层面工作体制尚未制度化,生态环境部门与卫生健康部门以及相关部门的职责分工与合作并不顺畅,缺乏联系和合作的结果是环境标准和卫生标准无法融合,甚至存在冲突。例如,原国家环保总局颁布的《电磁辐射防护规定》(GB 8702—88)规定的电磁波辐射安全限值为40v/m,而卫生部制定的《环境电磁波卫生标准》将电磁波辐射安全限值规定为10v/m。同是国家标准,电磁波辐射的最高限值竟相差30v/m。因此,除了可以仿效美国的做法设立综合性跨学科工作机构专门负责环境健康风险评估和管理以避免冲突之外,〔1〕生态环境部门、卫生健康部门和其他相关部门也应当参与到环境标准制定的过程中。一方面,政府各部门可以在协商和对话机制中平衡其部门利益;另一方面也能够避免不同部门制定的标准针对同一环境要素在数值上呈现交叉的情况。更重要的是,相关部门的参与能够为风险—风险权衡提供信息,从而使多元主体能够更全面地思考和作出判断。

在具体制度设计上,结合我国的实际,可以将专家论证会和公众座谈会相融合,借鉴共识会议的优势,邀请公众、专家、相关企业、相关部门包括媒体进行面对面的风险沟通包括利用新媒体平台实现在线实时沟通。在环境标准的制定过程中,首先应当吸收代表更广泛利益的公众参与到风险规制的全过程当中,但是我国现行立法和实践中,"公众"的范围较为狭窄。例如,1998年《建设项目环境保护管理条例》、2002年《环境影响评价法》和2009年《规划环境影响评价条例》均将"有关"公众的措辞进行模糊化处理。〔2〕 2006年《环境影响评价公众参与暂行办法》第15条突出了"受影响"的判断标准,2014年修订的《环境保护法》第56条采用了"可能受影响"的表述。在此基础上,2019年实施的《环境影响评价公众参与办法》延续了"有关"和"可能受影响"的用语,同时第5条增加了"环境影响评价范

---

〔1〕 参见吕忠梅:《从后果控制到风险预防:中国环境法的重要转型》,载《中国生态文明》2019年第1期。

〔2〕 其中,2002年《环境影响评价法》经过2016年和2018年两次修正,1998年《建设项目环境保护管理条例》于2017年修订,但有关公众的条文均未修改。

围”的限定,结合相关技术标准[1]实际上该办法仍未实质性突破以往“可能受到直接影响”和“存在利害关系”的标准。而在试图回答“谁应当参与”这个问题时,广泛共识的“公众”是指对某一决策感兴趣(interested in)或者受到该决策影响(affected)的任何人。[2] 对公众的这一界定至少可以追溯至美国哲学家约翰·杜威。[3] 杜威在20世纪20年代发表的《公众及其问题》一书中使用了对决策感兴趣和被影响的人来界定“公众”。[4] “感兴趣”和“受影响”这种界定方法并非美国所独有,1998年《在环境问题上获得信息、公众参与决策和诉诸法律的公约》(Convention on Access to Information, Public Participation in Decision-making and Access to Justice in Environmental Matters)即《奥胡斯公约》同样使用了这一模式,[5]我国也认可这一共识。[6] 对此,应当放宽对“公众”的界定,更好地通过各方信息的输入和交流促进形成更为明智的决策,这也是目前我国在放松事前管制的同时加强事中、事后监管的必然要求。

除吸纳更为广泛的公众参与外,环境标准的编制机关应尽可能选用代

---

[1] 2016年《建设项目环境影响评价技术导则 总纲》(HJ2.1—2016)规定:“环境影响评价范围是指建设项目整体实施后可能对环境造成的影响范围,具体根据环境要素和专题环境影响评价技术导则的要求确定。环境影响评价技术导则中未明确具体评价范围的,根据建设项目可能影响范围确定。”2018年《环境影响评价技术导则 大气环境》(HJ2.2—2018)中规定:“大气环境影响评价范围根据建设项目排放污染物的最远影响距离$D_{10\%}$来确定。”

[2] 也有学者表达了不同的观点,例如有学者认为,应当广义地界定公众,因为定义的目的只是消除那些不可能对公共进程作出建设性贡献的人。任何可能有贡献的人都必须被允许参与。也有学者认为,受某一决策影响的每个人都应当有机会参与公共政策的制定。See Anne N. Glucker, Peter P. J. Driessen, Arend Kolhoff, Hens A. C. Runhaar, *Public Participation in Environmental Impact Assessment: Why, Who and How?* Environmental Impact Assessment Review 43, 2013, p. 109.

[3] See Thomas Dietz, Paul C. Stern, *Public Participation in Environmental Assessment and Decision Making*, The National Academies Press, 2008, p. 118.

[4] 参见[美]约翰·杜威:《公众及其问题》,本书翻译组译,复旦大学出版社2015年版,第36页。

[5] UNECE, *The Aarhus Convention: An Implementation Guide*, Accessed September 17, 2020, http://www.unece.org/fileadmin/DAM//env/pp/acig.pdf.

[6] 2011年《环境影响评价技术导则 公众参与》编制说明(征求意见稿)在5.3公众的范围中指出:“按照目前国际推行的环评公众参与最佳实践模式,如国际影响评价协会的《公众参与国际最佳实践原则》、国际金融公司的《公众参与及信息披露良好实践手册》等,公众参与的范围应覆盖所有受建设项目影响和对其感兴趣的群体,统称为利益相关方。”

表各种不同意见和利益且涉及专业广泛的专家,确保能够从不同的角度基于不同的专业对环境标准进行审查。有学者提出,国家环境空气质量标准须经国家环境空气质量标准评审委员会审查通过,国家环境空气质量标准评审委员会由环境与健康、空气质量监测和管理、生态保护、预防医学、毒理学、经济学、社会学、法律等方面的专家及国务院有关部门的代表组成。这在我国食品安全标准的制定上是有先例的。〔1〕 专家的遴选可以通过专家库的建立和随机抽取的方式完成。为保证专家结论的科学性和可靠性,应当在目前环境标准技术审查的基础上建立同行评审制度,在会议召开前利用如双向匿名评审等方式以确保各类专家判断的质量。此外,还应当建立专家利益声明、利益冲突的回避机制等以保证其独立性。相关部门应当在会议上公开说明各部门考虑的不同方面,拓展公众看待问题的视角并有利于最终的权衡。这种多元主体之间的协商和对话机制也将有助于信息公开,并能够促进标准制定机关和专家针对公众的问题进行充分说理,从而对最终决策产生实质上的影响力。

在构建环境标准制定的实体和程序控制,追求理性和合法性目标之外,还应当经由配套制度,促进效率目标的达成。由于环境标准制定的复杂性和背后的利益冲突,标准制定的迟滞问题普遍相当严重。在美国,鉴于制定职业安全和健康标准涉及面广、科学依据不够充分等特点,《职业安全法》规定了制定"全国协商一致标准"、采纳"现有联邦标准"、制定"永久性标准"和"应急临时标准"同时并举的标准制定策略。其中,所谓"全国协商一致标准",是指由得到全国承认的标准组织采纳或者颁布的,得到有关各方,包括个人和企业一致同意并考虑过反对意见的标准。劳工部在来不及制定永久性职业安全和健康标准的情况下,可以采纳并颁布这种"全国协商一致标准"。所谓"现有联邦标准",指的是现行有效的、由任何联邦机关依法制定的职业安全和健康标准。《职业安全法》要求劳工部在永久性标准颁布之前采纳并施行现有联邦标准。所谓"永久性标准",指的是劳工部按照职业安全规定的程序制定的新的职业安全和健康标准。除上述三类标准外,职业安全法还要求劳工部制定职业安全和健康方面的"应急

〔1〕 参见周扬胜、张国宁:《环境空气质量标准还需法律准绳》,载《中国环境保护》2015年7月8日,第6版。

临时标准”。所谓“应急临时标准”,是为保护雇工免受工作场地的有毒或者有害物质的严重危害所必要的,自颁布时起立即生效的标准。应急临时标准在颁布生效的同时成为永久性标准制定程序的开端。必须在应急临时标准颁布之后6个月内颁布以应急临时标准为基础的永久性标准。[1]

这种多种策略并举的方式,虽然不直接作用于环境标准制定的过程,但却反映了多元主体共同治理的理念。经由对不同制定主体依据不同规定、通过不同程序制定的标准的认可和适用,可以在很大程度上避免标准空白或者滞后而导致的无标准适用的情况,同时也为环境标准的进一步制定赢得了时间。此外,各国的环境风险规制从命令—控制型向影响与诱导型的转变也可以在很大程度上抵消标准制定的迟滞所带来的不良影响,这也从外部为提高整个环境风险规制的效率提供了思路。

第三节 本章小结

我国政府本身就是推动经济发展的重要主体。由于发展是政府的核心职能,当安全与发展、繁荣等价值发生冲突时,政府很难中立地进行衡量,因而导致规制风险、保障安全的政府职责被有意或无意的放弃。[2]

在我国,环境标准的制定在风险规制目标缺乏、制定依据不明、编制程序正当性不足的情况下,公众无法有效地参与,环境标准的制定过程成为一个几乎完全不存在对立利益冲突而且具有共同经济利益追求的共同体达成合意的过程,风险成了可以出卖和交易的产品。在社会转型期,财富和风险分配交义重叠,由于立法忽视了规制的具体目标,环境标准的制定过程成了强势群体的利益的再分配。在这个过程中,行政机关在地方政府政绩观和企业经济效益追求的影响下,在几乎封闭和不透明的制定过程中,忽视了公众对于健康和环境保护的价值追求。而由于环境标准的制定属于抽象行政行为,难以事后寻求救济,对于我国环境标准制定几乎不存在有力的外部规制力量。

---

〔1〕 参见王曦:《美国环境法概论》,武汉大学出版社1992年版,第396页。

〔2〕 参见赵鹏:《风险规制:发展语境下的中国式困境及其解决》,载《浙江学刊》2011年第3期。

针对这种现状,完善的思路首先需要立法从实体上为环境标准的制定提供规制目标,尤其需要强调对于人体健康的保护,并在一定程度上对风险管理过程中需要考虑的具体因素进行限定,从而限制行政机关的自由裁量权。另外,由于环境标准的制定应以程序理性为内核,需要对环境标准制定的程序进一步进行细化,不仅需要引入风险评估程序以增强环境标准制定的理性,同时,鉴于环境标准"跨科学"的属性,通过信息公开和充分说理,更好地促进代表更广泛利益的公众、更为多元的专家、政府的相关部门以及企业之间的协商和对话,使我国环境标准的制定过程可以成为真正多元利益冲突下多元角色共同协商和达成共识的过程,从而实现由政府单一主导的环境风险管理转向多元共治的环境风险治理。〔1〕 当然,除了理性和合法性的目标外,如果能够吸纳共识会议面对面的"一揽子"模式的优势并运用相应的配套措施如多种标准并举,将有可能同时促进效率目标的达成。

〔1〕 参见郑石明、吴桃龙:《中国环境风险治理转型:动力机制与推进策略》,载《中国地质大学学报(社会科学版)》2019 年第 1 期。

结　论

“法与时转则治，治与事宜则有功。”快速变迁的本身并非必然存有危险，但是如果还想沿用过去的逻辑、所学或其他旧方法来应对，则可能产生真正的危机。现代社会已经成为一个“风险社会”，人类活动深刻地塑造了社会的风险，风险的来源、范围、规模以及复合程度都发生了前所未有的变化。〔1〕“风险”一词的词根在古葡萄牙语中的意思是“敢于”。〔2〕风险社会的到来要求我们敢于面对不利的情形并采取积极的措施，风险同样也可以带来革新的机会。法律作为社会调控的手段虽然遭遇了极大的挑战，但仍然可以通过调控形式的调整发挥应有的作用。在降低甚至避免风险的期待下，由于个人风险防范能力以及事后救济的不足，要求国家在危险发生前提前发动干预，以有效地规制风险。由于事实上不可能也没有必要将风险降至零水平或者背景水平，风险规制的目的是要将风险控制在可接受的范围内。作为风险规制的重要方式之一，标准的制定正对应着量化的可接受风险水平。

风险规制中的环境标准，其核心功能是决定可接

〔1〕参见赵鹏：《风险规制的行政法问题——以突发事件预防为中心》，中国政法大学2009年博士学位论文，第148页。

〔2〕［英］安东尼吉登斯：《失控的世界：风险社会的肇始》，周红云编译，载薛晓源、周战超主编：《全球化与风险社会》，社会科学文献出版社2005年版，第56页。

受环境风险的范围和水平,同时界定出国家规制介入的时点。然而,可接受风险水平本身是一个相对的概念,意味着某种权衡。环境标准的制定在“聆听科学”的同时,也隐含着复杂的价值判断和政策考量,这是因为可接受性的判断固然需要取决于风险本身的确定程度和严重性,以及风险承受者客观上的承受能力,也必然受到人们认识和意愿的影响,并且随着人们认知和需求的改变而发生变化,从而具有主观性和动态性。这决定了对应着量化的可接受风险水平的标准,必然是科学判断和政策考量的综合产物。标准的制定不仅有赖于科学技术专家,同时也需要对冲突的利益进行权衡并作出价值判断和政策选择。环境风险的潜伏性和高度的不确定性等特征,尤其是规制环境风险所带来的成本高昂而收益甚微的表象给这种权衡带来了更大的困难,这在我国尤为突出。同时,由于环境风险的严重性、不可逆性以及广泛性,又要求我们对于环境标准的制定必须作出审慎的选择。环境标准的“跨科学”属性决定了法律应当对于环境标准的制定进行审慎和妥善的制度安排,通过设置相应的实体和程序规则,确保环境标准的理性与合法性。但是,通过对环境标准制定中风险评估和风险管理过程的考察,可以发现目前对于环境标准制定的法律规制还存在诸多问题。

环境标准制定的风险评估过程常被认为是一个科学进程。通过风险评估程序的确可以在很大程度上增强环境标准的科学性,并且其科学的外观,有助于行政机关通过合法性审查。但是通过对风险评估过程的分析,我们可以发现,科学在环境标准制定中的作用是有限的。环境标准制定所需要的科学信息存在着大量的不确定性,专家的判断也离不开自身的利益和偏好,而被认为保证专家理性的同行评审机制可能会在更为封闭的专家系统当中处理更繁复的信息和更广泛的政治争议。同时,行政机关可以凭借选任专家的权力,操纵同行评审的结果,甚至可以根本不基于同行评审结果径自得出结论。

与风险评估不同,环境标准制定的风险管理过程被认为主要是一个价值判断和政策选择过程。因此,立法对于行政机关制定环境标准的授权规定在很大程度上指出了风险管理过程中应当遵循的原则和需要考虑的实体性因素。但是诸如“安全余地”“必要条件”这样的抽象价值及不确定法律概念,给行政机关留下了广阔的自由裁量空间。风险预防原则在有关环境标准制定的规定中多有体现,但是该原则内容本身和适用上的模糊性难以为环境标准的确定数值提供明确的依据,却隐含着行政机关滥用权力的可能。在风险管理的三个进路中,基于风险的标准表面上仅依据对于公众健康和公共福利的风险评估以及风险预防的考量,却不可避免地需要进行事实上的成本—收益分析,反而加剧了科学的伪装;基于技术的标准在信息不对称的情况下可能过多考虑了成本和产业自身的利益,却可能忽视了健康和环境收益;成本—收益进路理论上可以为行政机关提供相对简明和统一的风险管理规则,并且蕴含着整合性的环境保护思路,但由于所涉及的价值诸如健康、生命、审美存在量化的困难,而可能被操纵甚至产生环境正义和平等保护等问题。可见,在环境标准的具体制定中缺乏确定、统一和透明的原则。

在这种情况下,公众、专家、企业、行政机关都不具有事实、信息和价值上的绝对优势。但是环境标准的制定又与每个人都密切相关。为了缓解公众对专家和行政机关的信任危机,也为了更好地融合不同的事实信息以及冲突的利益,风险沟通成为一种迫切需求,技术风险规制中科学/民主二分法由此被打破。根据各国的实践,在环境标准制定过程中具有风险沟意味的程序主要包括公告与评论以及协商式规则制定。然而由于没有对科学判断和政策选择加以区分,公众的实质参与有限,同时也缺少对最终决策的实际控制,难以真正限制行政机关的自由裁量权。

值得注意的是,风险沟通并非独立于风险评估和风险管理的又一过程,作为风险分析框架的重要组成部分,风险沟通应当贯穿于整个风险规制过程,通过各方的反思与平等的协商、对话和说理,在一个更为开放的过程中使多元主体包括多元的专家和相关的政府部门认识到不同知识体系和价值判断的合理性,从而达成关于如何制定环境标准的共识,这更符合可接受风险水平的内涵,也更符合社会共治的理念,这也是因为事实上,社会成员、企业、国家机构、政治家都应该对工业化所造成的风险负有责任。[1] 从这一点上说,风险沟通兼具实体和程序上的功能,如果能够设计出合理的风险沟通模式,结合现有的实体和程序机制,将有利于环境标准

〔1〕 参见[德]乌尔里希·贝克:《从工业社会到风险社会(上篇)——关于人类生存、社会结构和生态启蒙等问题的思考》,王武龙编译,载《马克思主义与现实》2003年第3期。

理性和合法性目标的达成。这也为改变我国目前环境标准制定的现状,建立和完善环境标准制定的法律框架提供了思路。

值得进一步深思的是,在这样一个带有理想色彩的风险沟通过程中,环境标准科学治理型和技术治理型的区分及其分别对应的专家治理和公众参与模型被打破了,风险评估和风险管理的阶段划分也变得模糊,甚至利益相关者或者说利害关系人的地位也不再具有特殊性。这是否会忽略实际过程的复杂程度,存在过于简化的危险?同时,由于更多基于程序面的考量,风险沟通的实际效果是否形式意义大于实质意义?即使在程序正义的表象之下,程序仍然可能被操纵,专家可能会妥协,证据可以作假,信息也可能被垄断。而且这样的风险沟通过程背后所隐含的重要问题是我们能否独立于专家,甚至是独立于持有不同意见的专家,作出自己的判断?毕竟,环境标准制定背后是多元利益下的冲突关系,在庞大的经济、科技、政治利益下,法律要如何成为一道防线,确保与坚守对于个人权利以及社会整体利益的保障,仍然是个待解的谜题。

参考文献

一、中文文献

中文著作

1. 李雪:《欧盟环境法经典判例与评析》,中国政法大学出版社 2020 年版。

2. 庞国芳、孙宝国、陈君石、魏复盛主编:《中国食品安全现状、问题及对策战略研究》(第 2 辑),科学出版社 2020 年版。

3. 吴贤静:《土壤环境风险法律规制研究》,中山大学出版社 2019 年版。

4. 韩德培主编:《环境保护法教程》(第 8 版),法律出版社 2018 年版。

5. 沈岿:《食品安全、风险治理与行政法》,北京大学出版社 2018 年版。

6. 孙颖:《食品安全风险交流的法律制度研究》,中国法制出版社 2017 年版。

7. 生态环境部法规与标准司编:《〈中华人民共和国土壤污染防治法〉解读与适用手册》,法律出版社 2018 年版。

8. 汪劲:《环境法学》(第 4 版),北京大学出版社 2018 年版。

9. 赵鹏:《风险社会的行政法回应:以健康、环境风险规制为中心》,中国政法大学出版社 2018 年版。

10. 张宝:《环境规制的法律构造》,北京大学出版社 2018 年版。

11. 陆浩主编:《中华人民共和国水污染防治法解读》,中国法制出版社 2017 年版。

12. 戚建刚:《共治型食品安全风险规制研究》,法律出版社 2017 年版。

13. 曹明德主编:《环境与资源保护法》(第 3 版),中国人民大学出版社 2016 年版。

14. 金瑞林主编:《环境法学》(第 4 版),北京大学出版社 2016 年版。

15. 吕忠梅主编:《环境法学概要》,法律出版社 2016 年版。

16. 王名扬:《王名扬全集:美国行政法》(上),北京大学出版社 2016 年版。

17. 骆永明、夏家淇、章海波等:《中国土壤环境质量基准与标准制定的理论和方法》,科学出版社 2015 年版。

18. 全国人大常委会法制工作委员会行政法室编著:《中华人民共和国大气污染防治法解读》,中国法制出版社 2015 年版。

19. 张辉:《美国环境法研究》,中国民主法制出版社 2015 年版。

20. 周扬胜、张国宁、潘涛等:《环境保护标准原理方法及应用》,中国环境出版社 2015 年版。

21. 金自宁:《风险中的行政法》,法律出版社 2014 年版。

22. 李永林:《环境风险的合作规制——行政法视角的分析》,中国政法大学出版社 2014 年版。

23. 袁杰主编:《中华人民共和国环境保护法解读》,中国法制出版社 2014 年版。

24. 陈慈阳:《环境法总论》,元照出版有限公司 2011 年版。

25. 刘金平:《理解 · 沟通 · 控制:公众的风险认知》,科学出版社 2011 年版。

26. 叶俊荣:《面对行政程序法——转型台湾的程序建制》,元照出版有限公司 2010 年版。

27. 刘建国:《化学品环境管理——风险管理与公共治理》,中国环境科学出版社 2008 年版。

28. 朴光洙主编:《环境法与环境执法》(第 2 版),中国环境科学出版社 2008 年版。

29. 翁岳生编:《行政法》(上册),中国法制出版社 2009 年版。

30. 吴庚:《行政法之理论与实用》,台北,三民书局 2008 年版。

31. 傅涛:《市场化进程中的城市水业》,中国建筑工业出版社 2007 年版。

32. 韩广、杨兴、陈维春等:《中国环境保护法的基本制度研究》,中国法制出版社 2007 年版。

33. 王锡锌:《公众参与和行政过程——一个理念和制度分析的框架》,中国民主法制出版社 2007 年版。

34. 毕军、杨洁、李其亮:《区域环境风险分析和管理》,中国环境科学出版社 2006 年版。

35. 金瑞林主编:《环境与资源保护法学》,高等教育出版社 2006 年版。

36. 汪劲:《中外环境影响评价制度比较研究——环境与开发决策的正当法律程序》,北京大学出版社 2006 年版。

37. 杨仁斌主编:《环境质量评价》,中国农业出版社 2006 年版。

38. 张涛:《食品安全法律规制研究》,厦门大学出版社 2006 年版。

39. 陈慈阳:《宪法学》(第 2 版),元照出版有限公司 2005 年版。

40. 刘鑫桢:《论裁量处分与不确定法律概念》(增订 2 版),台北,五南图书出版股份有限公司 2005 年版。

41. 张华夏、张志林:《技术解释研究》,中国社会科学出版社 2005 年版。

42. 陈泉生:《环境法学基本理论》,中国环境科学出版社 2004 年版。

43. 黄明健:《环境法制度论》,中国环境科学出版社 2004 年版。

44. 蓝文艺:《环境行政管理学》,中国环境科学出版社 2004 年版。

45. 唐双娥:《环境法风险防范原则研究:法律和科学的对话》,高等教育出版社 2004 年版。

46. 金瑞林、汪劲:《20 世纪环境法学研究评述》,北京大学出版社 2003 年版。

47. 叶俊荣:《环境政策与法律》,中国政法大学出版社 2003 年版。

48. 张文显主编:《法理学》(第 2 版),高等教育出版社 2003 年版。

49. 蔡守秋:《环境资源法学》,人民法院出版社、中国人民公安大学出版社 2003 年版。

50. 李惠宗:《行政法要义》,台北,五南图书出版股份有限公司 2002 年版。

51. 俞可平主编:《治理与善治》,社会科学文献出版社 2002 年版。

52. 张梓太、吴卫星:《环境与资源法学》,科学出版社 2002 年版。

53. 汪劲:《环境法律的理念与价值追求:环境立法目的论(叁)》,法律出版社 2000 年版。

54. 刘小枫:《现代性社会理论》,上海三联书店 1998 年版。

55. 叶俊荣:《环境行政的正当法律程序》,台北,三民书局 1997 年版。

56. 王灿发:《环境法学教程》,中国政法大学出版社 1997 年版。

57. 陈春生:《行政法之学理与体系(一)——行政行为形式论》,台北,三民书局 1996 年版。

58. 陈春生:《核能利用与法之规制(增订版)》,台北,月旦出版股份有限公司 1995 年版。

59. 许宗力:《法与国家权力》,台北,月旦出版股份有限公司 1995 年版。

60. 王曦:《美国环境法概论》,武汉大学出版社 1992 年版。

61. 林奇青:《行政法学上公害政策之研究》,台北,五南图书出版股份有限公司 1988 年版。

中文译著

1. 美国医学研究所、美国不确定性决策委员会、美国人口健康与公共卫生实践委员会:《环境风险——面向不确定性的环境决策》,许振成、胡习邦、曾东等译,电子工业出版社 2018 年版。

2. [美]凯斯·桑斯坦:《为生命定价:让规制国家更加人性化》,金成波译,中国政法大学出版社 2016 年版。

3. [美]雷吉娜·E. 朗格林、安德莉亚·H. 麦克马金:《风险沟通:环境、安全和健康风险沟通指南》(第 5 版),黄河、蒲信竹、刘琳琳译,中国传媒大学出版社 2016 年版。

4. 王慧编译:《美国环境法的改革——规制效率与有效执行》,法律出版社 2016 年版。

5. [美]詹姆斯·萨尔兹曼、巴顿·汤普森:《美国环境法》(第 4 版),徐卓然、胡慕云译,北京大学出版社 2016 年版。

6. [美]约翰·杜威:《公众及其问题》,本书翻译组译,复旦大学出版社 2015 年版。

7. [英]伊丽莎白·费雪:《风险规制与行政宪政主义》,沈岿译,法律出版社 2012 年版。

8. [英]费尔曼、米德、威廉姆斯主编:《环境风险评价:方法、经验和信息来源》,寇文、赵文喜译,中国环境科学出版社 2011 年版。

9. [美]格来哲·摩根、麦克斯·亨利昂、米切尔·斯莫:《不确定性》,王红漫译,北京大学出版社 2011 年版。

10. [意]西尔维奥·凡托维茨、[英]杰罗姆·拉维茨:《告别"魔数":科学咨询的不确定性与质量管理》,朱晓军等译,上海交通大学出版社 2010 年版。

11. [美]珍妮·X. 卡斯帕森、罗杰·E. 卡斯帕森编著:《风险的社会视野(上):公众、风险沟通及风险的社会放大》,童蕴芝译,中国劳动社会保障出版社 2010 年版。

12. [英]巴鲁克·费斯克霍夫等:《人类可接受风险》,王红漫译,北京大学出版社 2009 年版。

13. [美]恩格、史密斯、博凯里:《环境科学:交叉关系学科》(第 10 版),王建龙等译,清华大学出版社 2009 年版。

14. [美]史蒂芬·布雷耶:《打破恶性循环:政府如何有效规制风险》,宋华琳译,法律出版社 2009 年版。

15. [英]安东尼·奥格斯:《规制:法律形式与经济学理论》,骆梅英译,苏苗罕校,中国人民大学出版社 2008 年版。

16. [美]戴维·凯瑞斯编:《法律中的政治——一个进步性批评》(原书第 3 版),信春鹰译,中国政法大学出版社 2008 年版。

17. [日]黑川哲志:《环境行政的法理与方法》,肖军译,中国法制出版社 2008 年版。

18. [美]凯斯·R. 桑斯坦:《权利革命之后:重塑规制国》,钟瑞华译,李洪雷校,中国人民大学出版社 2008 年版。

19. [美]史蒂芬·布雷耶:《规制及其改革》,李洪雷、宋华琳、苏苗罕等译,北京大学出版社 2008 年版。

20. [德]汉斯·J. 沃尔夫等:《行政法》(第 3 卷),高家伟译,商务印书馆 2007 年版。

21. [美]科尼利厄斯·M. 克温:《规则制定——政府部门如何制定法规与政策》(第3版),刘璟、张辉、丁洁译,竺乾威校,复旦大学出版社2007年版。

22. [德]埃贝哈特·施密特·阿斯曼著,乌尔海希·巴迪斯编选:《德国行政法读本》,于安等译,高等教育出版社2006年版。

23. [德]迈诺尔夫·迪尔克斯、克劳迪娅·冯·格罗特主编:《在理解与信赖之间:公众科学与技术》,田松、卢春明、陈欢等译,田松校,北京理工大学出版社2006年版。

24. [美]肯尼思·F. 沃伦:《政治体制中的行政法》,王从虎、牛文展、任端平、宋凯利等译,中国人民大学出版社2005年版。

25. [英]谢尔顿·克里姆斯基、多米尼克·戈尔丁编著:《风险的社会理论学说》,徐元玲、孟毓焕、徐玲等译,北京出版社2005年版。

26. [美]凯斯·R. 孙斯坦:《风险与理性——安全、法律及环境》,师帅译,中国政法大学出版社2005年版。

27. [美]Walter A. Rosenvaum:《环境政治学》,许舒翔、李建宏、徐正能、吴丰帅译,台北,五南图书出版股份有限公司2005年版。

28. [英]卡罗尔·哈洛、理查德·罗林斯:《法律与行政》(上卷),杨伟东、李凌波、石红心、晏坤译,商务印书馆2004年版。

29. [英]卡罗尔·哈洛、理查德·罗林斯:《法律与行政》(下卷),杨伟东、李凌波、石红心、晏坤译,商务印书馆2004年版。

30. [美]保罗·R. 伯特尼、罗伯特·N. 史蒂文斯主编:《环境保护的公共政策》,穆贤清、方志伟译,上海三联书店、上海人民出版社2004年版。

31. [美]史蒂芬·霍尔姆斯、凯斯·R. 桑斯坦:《权利的成本——为什么自由依赖于税》,毕竞悦译,北京大学出版社2004年版。

32. [德]乌尔里希·贝克:《风险社会》,何博闻译,译林出版社2004年版。

33. [英]戴维·M. 沃克:《牛津法律大辞典》,李双元等译,法律出版社2003年版。

34. [美]弗兰克·费希尔:《公共政策评估》,吴爱明、李平等译,中国人民大学出版社2003年版。

35. [德]哈贝马斯:《在事实与规范之间——关于法律和民主法治国的

商谈理论》,童世骏译,生活·读书·新知三联书店2003年版。

36.[美]小贾尔斯·伯吉斯:《管制和反垄断经济学》,冯金华译,上海财经大学出版社2003年版。

37.[德]K.茨威格特、H.克茨:《比较法总论》,潘汉典、米健、高鸿钧、贺卫方译,法律出版社2003年版。

38.[澳]艾伦·查尔默斯:《科学究竟是什么》,邱仁宗译,河北科学技术出版社2002年版。

39.[德]汉斯·J.沃尔夫等:《行政法》(第1卷),高家伟译,商务印书馆2002年版。

40.[美]理查德·A.波斯纳:《法理学问题》,苏力译,中国政法大学出版社2002年版。

41.[美]理查德·斯图尔特:《美国行政法的重构》,沈岿译,商务印书馆2002年版。

42.[美]理查德·A.波斯纳:《超越法律》,苏力译,中国政法大学出版社2001年版。

43.[德]乌尔里希·贝克、[英]安东尼·吉登斯、[英]斯科特·拉什著,周宪、许钧主编:《自反性现代化——现代社会秩序中的政治、传统与美学》,商务印书馆2001年版。

44.[德]乌尔里希·贝克、约翰内斯·威尔姆斯:《自由与资本主义——与著名社会学家乌尔里希·贝克对话》,路国林译,浙江人民出版社2001年版。

45.[美]埃莉诺·奥斯特罗姆:《公共事物的治理之道:集体行动制度的演进》,余逊达、陈旭东译,上海三联书店2000年版。

46.[德]哈特穆特·毛雷尔:《行政法学总论》,高家伟译,法律出版社2000年版。

47.[日]饭岛伸子:《环境社会学》,包智明译,社会科学文献出版社1999年版。

48.[日]原田尚彦:《环境法》,于敏译,法律出版社1999年版。

49.[英]安东尼·吉登斯:《现代性与自我认同:现代晚期的自我与社会》,赵旭东、方文译,生活·读书·新知三联书店1998年版。

50.[德]威廉·冯·洪堡:《论国家的作用》,林荣远、冯兴元译,中国社会科学出版社 1998 年版。

51. 经济合作与发展组织:《环境项目和政策的经济评价指南》,施涵、陈松译,中国环境科学出版社 1996 年版。

52. [美]欧内斯特·盖尔霍恩、罗纳德·M. 利文:《行政法和行政程序概要》,黄列译,中国社会科学出版社 1996 年版。

53. [美]乔治·J. 施蒂格勒:《产业组织和政府管制》,潘振民译,上海三联书店 1989 年版。

54. [美]伯纳德·施瓦茨:《行政法》,徐炳译,群众出版社 1986 年版。

中文论文

1. 朱炳成:《环境健康风险的公法规制路径》,载《学习与实践》2020 年第 4 期。

2. 张宝:《从危害防止到风险预防:环境治理的风险转身与制度调适》,载《法学论坛》2020 年第 1 期。

3. 杜建勋:《论环境风险治理转型》,载《中国人口·资源与环境》2019 年第 10 期。

4. 杜健勋:《环境风险治理:国家任务与决策框架》,载《时代法学》2019 年第 5 期。

5. 刘卫先:《环境风险类型化视角下环境标准的差异化研究》,载《中国人口·资源与环境》2019 年第 7 期。

6. 李智卓、刘卫先:《美国环境标准制定中的利益衡量——以美国〈清洁空气法〉为例》,载《环境保护》2019 年第 6 期。

7. 刘苗苗、刘磊博、毕军:《我国环境健康风险管理问题与挑战》,载《环境与可持续发展》2019 年第 5 期。

8. 朱炳成:《面向公众健康保障的生态环境法律规制转型》,载《吉首大学学报(社会科学版)》2019 年第 5 期。

9. 刘卫先、刘菁元:《环境标准制定中的利益衡量》,载《河南财经政法大学学报》2019 年第 4 期。

10. 刘卫先:《科学与民主在环境标准制定中的功能定位》,载《中州学刊》2019 年第 1 期。

11. 吕忠梅:《从后果控制到风险预防:中国环境法的重要转型》,载《中国生态文明》2019 年第 1 期。

12. 郑石明、吴桃龙:《中国环境风险治理转型:动力机制与推进策略》,载《中国地质大学学报(社会科学版)》2019 年第 1 期。

13. 黄泽萱:《现代风险治理框架下的民意困局及其出路探讨——兼评张小燕等人诉江苏省环保厅环评行政许可案》,载《清华法学》2018 年第 5 期。

14. 吕培辰、李舒、马宗伟等:《中国环境风险评价体系的完善:来自美国的经验和启示》,载《环境监控与预警》2018 年第 2 期。

15. 孙佑海、朱炳成:《美国环境健康风险评估法律制度研究》,载《吉首大学学报(社会科学版)》2018 年第 1 期。

16. 王社坤、苗振华:《环境保护优先原则内涵探析》,载《中国矿业大学学报(社会科学版)》2018 年第 1 期。

17. 向明灯、黄科茂、李良忠等:《美国、欧盟、日本和世界卫生组织环境与健康风险交流的经验和启示》,载《环境与职业医学》2017 年第 12 期。

18. 蔡文灿:《论环境风险治理中公众与专家的分歧与弥合》,载《华侨大学学报(哲学社会科学版)》2017 年第 6 期。

19. 周骁然:《环境标准在环境污染责任中的效力重塑——基于环境物理学定律的类型化分析》,载《中国地质大学学报(社会科学版)》2017 年第 1 期。

20. 陈伟:《环境质量标准的侵权法适用研究》,载《中国法学》2017 年第 1 期。

21. 吕忠梅、杨诗鸣:《控制环境与健康风险:美国环境标准制度功能借鉴》,载《中国环境管理》2017 年第 1 期。

22. 王春磊:《环境标准的法律效力:问题梳理及实践动向》,载《中州学刊》2016 年第 11 期。

23. 王春磊:《环境标准法律效力再审视——以环境义务为基点》,载《甘肃社会科学》2016 年第 6 期。

24. 施志源:《环境标准的法律属性与制度构成——对新〈环境保护法〉相关规定的解读与展开》,载《重庆大学学报(社会科学版)》2016 年第 1 期。

25. 黄锡生、谢玲:《论环境标准制度中"日落条款"的设置》,载《重庆大学学报(社会科学版)》2016 年第 1 期。

26. 严厚福:《环境影响评价中的公众参与:多少算够?》,载赵秉志主编:《京师法律评论》(第10卷),中国法制出版社2016年版。

27. 熊跃辉、谷雪景:《环境基准研究工作的问题与对策》,载《环境保护》2015年第15期。

28. 李修棋:《论环境法中的信息规制》,载《中国政法大学学报》2015年第1期。

29. 冯承莲、赵晓丽、侯红等:《中国环境基准理论与方法学研究进展及主要科学问题》,载《生态毒理学报》2015年第1期。

30. 赵晓丽、赵天慧、李会仙等:《中国环境基准研究重点方向探讨》,载《生态毒理学报》2015年第1期。

31. 冯丹阳:《环境标准制定过程中的政府责任与科学家角色——以四日市公害为例》,载《科学与社会》2014年第4期。

32. 竺效:《论中国环境法基本原则的立法发展与再发展》,载《华东政法大学学报》2014年第3期。

33. 沈岿:《风险评估的行政法治问题》,载沈岿主编:《风险规制与行政法新发展》,法律出版社2013年版。

34. 沈岿:《风险预防原则与食品添加剂准入裁量》,载沈岿主编:《风险规制与行政法新发展》,法律出版社2013年版。

35. 赵鹏:《风险、不确定性与风险预防原则》,载沈岿主编:《风险规制与行政法新发展》,法律出版社2013年版。

36. 周卫:《如何保障环境标准的"科学确定"——论〈环境保护法〉第9、10条的修改》,载《环境经济》2012年第11期。

37. 冯波:《制定与实施环境质量标准的相关问题》,载《环境保护》2012年第7期。

38. 白桂秀:《基于法学视角的环境标准问题研究》,载《政法论丛》2012年第3期。

39. 蔡瑄庭:《美国风险法规之作用与其司法审查案件之分析》,载王贵松主编:《宪政与行政法治评论》(第5卷),中国人民大学出版社2011年版。

40. 王彬辉、高霞:《加拿大环境标准制定程序及对我国的启示》,载《法学杂志》2011年第9期。

41. 徐治立:《科学治理多元参与政策理念、原则及其模式》,载《中国人民大学学报》2011 年第 6 期。

42. 参见赵鹏:《知识与合法性:风险社会的行政治原理》,载《行政法学研究》2011 年第 4 期。

43. 参见赵鹏:《风险规制:发展语境下的中国式困境及其解决》,载《浙江学刊》2011 年第 3 期。

44. 沈岿:《风险评估的行政法治问题——以食品安全监管领域为例》,载《浙江学刊》2011 年第 3 期。

45. 沈岿:《行政自我规制与行政法治:一个初步考察》,载《行政法学研究》2011 年第 3 期。

46. 张红振、骆永明、夏家淇、张海波:《 基于风险的土壤环境质量标准国际比较启示》,载《环境科学》2011 年第 3 期。

47. 程岩:《风险规制的刑法理性重构——以风险社会理论为基础》,载《中外法学》2011 年第 1 期。

48. 张瑞卿、吴丰昌、李会仙等:《中外水质基准发展趋势和存在的问题》,载《生态学杂志》2010 年第 10 期。

49. 于国光、张志恒、叶雪珠等:《关于我国土壤环境标准的思考》,载《现代农业科技》2010 年第 9 期。

50. 王毓正:《台湾地区环评史上首例撤销判决:环评审查结论经撤销无效抑或无效用之判决?》,载《台湾法学杂志》2010 年第 149 期。

51. 王毓正:《论基本权之保护义务在不确定科技健康风险预防上之适用——以奈米科技与非游离辐射应用之相关健康风险预防为例》,载《兴大法学》2010 年第 6 期。

52. 贝克、邓正来、沈国麟:《风险社会与中国——与德国社会学家乌尔里希·贝克的对话》,载《社会学研究》2010 年第 5 期。

53. 任丙强:《西方国家公众环境参与的途径及其比较》,载《东北师大学报(哲学社会科学版)》2010 年第 5 期。

54. 赵立新:《环境标准的健康价值反思》,载《中国地质大学学报(社会科学版)》2010 年第 4 期。

55. 金自宁:《作为风险规制工具的信息交流——以环境行政中 TRI 为例》,载《中外法学》2010 年第 3 期。

56. 周志家:《不确定性条件下的风险管理——以德国大气质量标准化为例》,载《公共管理研究》2010 年第 0 期。

57. 韩玉婷、黄蕾、班捷、孙凯:《最大可接受风险水平研究进展》,载《中国环境科学学会环境标准与基准专业委员会 2010 年学术研讨会论文集》。

58. 王毓正:《论环境法于科技关联下立法困境与管制手段变迁》,载《成大法学》2006 年第 12 期。

59. 张洁、张涛甫:《美国风险沟通研究:学术沿革、核心命题及其相关因素》,载《国际新闻界》2009 年第 9 期。

60. 牛惠之:《"科技法律"与科技"治理"——研究生医、安全与环境等跨科技法律议题之方法与省思》,载《月旦法学杂志》2009 年第 169 期。

61. 程明修:《行政法上之预防原则(Vorsorgeprinzip)——食品安全风险管理手段之扩张》,载《月旦法学杂志》2009 年第 167 期。

62. 戚建刚:《风险规制过程合法性之证成——以公众和专家的风险知识运用为视角》,载《法商研究》2009 年第 5 期。

63. 戚建刚:《风险认知模式及其行政法制之意蕴》,载《法学研究》2009 年第 5 期。

64. 沈岿:《风险治理决策程序的应急模式——对防控甲型 H1N1 流感隔离决策的考察》,载《华东政法大学学报》2009 年第 5 期。

65. 赵鹏:《风险、不确定性与风险预防原则——一个行政法视角的考察》,载姜明安主编:《行政法论丛》(第 12 卷),法律出版社 2009 年版。

66. 王志强:《初探风险行政及其法的规制——以日本行政法学之发展为中心》,载《二十一世纪公法学的新课题:城仲模教授古稀祝寿论文集Ⅱ行政法总论篇》,台湾地区"法治暨政策研究基金会"2008 年版、新学林总经销。

67. 许耀明:《风险管理与风险治理——以 GMO/GMF 为例》,载邱文聪主编:《2007 科技发展与法律规范双年刊——公卫风险的法律建构》,"中央"研究院法律学研究所 2008 年版、新学林出版股份有限公司总经销。

68. 蔡志方:《论科技法律之概念与衍生之问题》,载《二十一世纪公法学的新课题:城仲模教授古稀祝寿论文集Ⅱ行政法总论篇》,台湾地区"法治暨政策研究基金会"2008 年版、新学林总经销。

69. 刘鹏:《混合型规制:当代中国药品安全规制的机制分析》,载傅蔚冈、宋华琳主编:《规制研究(第1辑):转型时期的社会性规制与法治》,格致出版社、上海人民出版社2008年版。

70. 李鸻:《环境国家下行政法任务的变迁》,载傅蔚冈、宋华琳主编:《规制研究(第1辑):转型时期的社会性规制与法治》,格致出版社、上海人民出版社2008年版。

71. 宫文祥:《当行政遇上科学:从风险评估谈起——以美国法为例》,载《月旦法学杂志》2008年第153期。

72. 周卫:《美国环境规制中的风险衡量》,载《中国地质大学学报(社会科学版)》2008年第5期。

73. 吕忠梅、刘超:《环境标准的规制能力再造——以对健康的保障为中心》,载《时代法学》2008年第4期。

74. 宋华琳:《论技术标准的法律性质——从行政法规范体系角度的定位》,载《行政法学研究》2008年第3期。

75. 杨朝霞:《论环境标准的法律地位——对主流观点的反思与补充》,载《行政与法》2008年第1期。

76. 孟伟、刘征涛、张楠、胡林林:《流域水质目标管理技术研究(Ⅱ)——水环境基准、标准与总量控制》,载《环境科学研究》2008年第1期。

77. 宋华琳:《风险规制与行政法学原理的转型》,载《国家行政学院学报》2007年第4期。

78. 栾志红:《论环境标准在行政诉讼中的效力——以德国法上的规范具体化行政规则为例》,载《河北法学》2007年第3期。

79. 肖巍:《风险社会中的协商机制》,载《学术界》2007年第2期。

80. 刘锦春:《公众理解科学的新模式:欧洲共识会议的起源及研究》,载《自然辩证法研究》2007年第2期。

81. 李龙:《论协商民主——从哈贝马斯的"商谈论"说起》,载《中国法学》2007年第1期。

82. 许志晋、毛宝铭:《共识会议的实质及其启示》,载《中国科技论坛》2006年第3期。

83. 毛宝铭、许志晋:《科技风险民主治理的基本观念与原则》,载《理论与改革》2006年第2期。

84. 秦虎、张建宇:《以〈清洁空气法〉为例简析美国环境管理体系》,载

《环境科学研究》2005年第4期。

85. 张文贞:《当科技遇上宪法:宪政主义的危机与转机》,载《月旦法学杂志》2005年第116期。

86. 牛惠之:《“科技法律”议题之研究》,载《月旦法学杂志》2005年第116期。

87. 牛惠之:《预防原则之研究——国际环境法处理欠缺科学证据之环境风险议题之努力与争议》,载《台大法学论丛》2005年第3期。

88. 薛晓源、刘国良:《全球风险世界:现在与未来——德国著名社会学家、风险社会理论创始人乌尔里希·贝克教授访谈录》,载《马克思主义与现实》2005年第1期。

89. 周战超:《当代西方风险社会理论研究引论》,载薛晓源、周战超主编:《全球化与风险社会》,社会科学文献出版社2005年版。

90. 赵延东:《风险社会与风险治理》,载《中国科技论坛》2004年第4期。

91. 陈家刚:《协商民主引论》,载《马克思主义与现实》2004年第3期。

92. 蒋劲松:《科学和技术:天使抑或魔鬼?(一)理智的魔鬼抑或狂妄的天使:科学是否需要监督和制衡?》,载《自然辩证法通讯》2004年第1期。

93. 李岩:《我国环境标准体系现状分析》,载《上海环境科学》2003年第2期。

94. 朱芒:《行政立法程序基本问题试析》,载《中国法学》2000年第1期。

95. 苏力:《法律与科技问题的法理学重构》,载《中国社会科学》1999年第5期。

96. 李建良:《环境议题的形成与国家任务的变迁——“环境国家”理念的初步研究》,载《宪政体制与法治行政:城仲模教授六秩华诞祝寿论文集宪法篇》,台北,三民书局1998年版。

97. 汪云岗、黄芳、钱谊:《美国环境空气质量标准制、修订程序的分析》,载《污染防治技术》1998年第2期。

98. 周扬胜、安华:《美国的环境标准》,载《环境科学研究》1997年第1期。

99. 朱芒:《论行政程序正当化的法根据——日本行政程序法的发展及其启示》,载《外国法译评》1997 年第 1 期。

中文译文

1. [德]乌尔里希·K. 普罗伊斯:《风险预防作为国家任务——安全的认知前提》,刘刚译,载刘刚编译:《风险规制:德国的理论与实践》,法律出版社 2012 年版。

2. [德]乌多·迪·法比欧:《环境法中风险预防原则的条件和范围》,陈思宇译,载刘刚编译:《风险规制:德国的理论与实践》,法律出版社 2012 年版。

3. [美]巴鲁克·菲施霍夫:《可接受的风险:一个概念建议》,汤雯雯译,宋华琳校,载《交大法学》(第 2 卷),上海交通大学出版社 2011 年版。

4.《联邦咨询委员会法》,苏苗罕译,载《行政法学研究》2006 年第 4 期。

5. [英]安东尼吉登斯:《失控的世界:风险社会的肇始》,周红云编译,载薛晓源、周战超主编:《全球化与风险社会》,社会科学文献出版社 2005 年版。

6. [德]克里斯托弗·胡德等:《风险社会中的规制国家:对风险规制变化的考察》,周战超编译,载薛晓源、周战超主编:《全球化与风险社会》,社会科学文献出版社 2005 年版。

7. [丹麦]詹·拉斯马森:《动态社会中的风险管理:一个模型化问题》,孙艳辉编译,载薛晓源、周战超主编:《全球化与风险社会》,社会科学文献出版社 2005 年版。

8. [加]迈尔克·梅赫塔:《风险决策:科技冲突环境下的公共参与》,汤涛编译,载薛晓源、周战超主编:《全球化与风险社会》,社会科学文献出版社 2005 年版。

9. [荷]沃特·阿赫特贝格:《民主、正义与风险社会:生态民主政治的形态与意义》,周战超编译,载薛晓源、周战超主编:《全球化与风险社会》,社会科学文献出版社 2005 年版。

10. [美]弗兰克·费舍尔:《乌尔里希·贝克和风险社会政治学评析》,孟庆艳编译,载《马克思主义与现实》2005 年第 3 期。

11. [美]理查德·皮尔斯:《立法性规则和解释性规则的区别》,宋华琳译,载胡建森主编《公法研究》(第2辑),商务印书馆2004年版。

12.[美]威廉芬克:《规则何时构成一个规制》,宋华琳译,载《法大评论》(第3卷),中国政法大学出版社2004年版。

13.[美]乔治·M.瓦拉德兹:《协商民主》,何莉编译,载《马克思主义与现实》2004年第3期。

14.[德]乌尔里希·贝克:《从工业社会到风险社会(上篇)——关于人类生存、社会结构和生态启蒙等问题的思考》,王武龙编译,载《马克思主义与现实》2003年第3期。

15.[英]约翰·亚伯拉罕:《渐进式变迁——美英两国药品政府规制的百年演进》,宋华琳译,载《北大法律评论》(第4卷第2辑),法律出版社2002年版。

学位论文

1.张哲飞:《科技风险规制过程中的行政法问题研究》,中南财经政法大学2018年博士学位论文。

2.张恩典:《风险规制正当程序研究——以合作治理模式为视角》,苏州大学2017年博士学位论文。

3.向欢:《环境风险沟通制度研究》,重庆大学2016年博士学位论文。

4.黄嘉珍:《论环境法上的风险预防原则》,北京大学2010年博士学位论文。

5.赵鹏:《风险规制的行政法问题——以突发事件预防为中心》,中国政法大学2009年博士学位论文。

6.王贵松:《行政裁量收缩论——以危险防止行政为中心》,北京大学2007年博士学位论文。

7.宋华琳:《行政法视野中的技术标准》,浙江大学2006年博士学位论文。

8.陈信星:《WTO〈卫生与动植物检疫措施协定〉风险评估原则研究》,华东政法大学2008年硕士学位论文。

9.郭淑珍:《科技领域的风险决策之研究——以德国法为中心》,台湾大学法律学研究所1998年硕士学位论文。

报纸

1.《专家解答〈淡水水生生物水质基准——镉〉(2020年版)有关问

题》,载《中国环境报》2020 年 3 月 4 日,第 4 版。

2. 周扬胜、张国宁:《环境空气质量标准还需法律准绳》,载《中国环境报》2015 年 7 月 8 日,第 6 版。

3. 蔡守秋:《针对“有组织的不负责任”健全防治环境风险的法律机制》,载《人民政协报》2013 年 2 月 18 日,B04 版。

4. 周文颖:《环境基准与风险评估国家重点实验室在京揭牌》,载《中国环境报》2011 年 6 月 22 日,第 1 版。

5. 郄建荣:《环境标准制定为何远离人的健康　专家建议 $PM_{2.5}$ 应尽快纳入城市空气质量强制监测标准》,载《法制日报》2011 年 11 月 9 日,第 6 版。

二、英文文献

英文著作

1. Karin Backstrand et al. eds. , *Environmental Politics and Deliberative Democracy: Examining the Promise of New Modes of Governance*, Cheltenham, Northampton, Edward Elgar Publishing Limited, 2010.

2. Bryan A. Garner, *Black's Law Dictionary*, Eagan, West/Thomson Reuters, 2009.

3. Robert V. Percival, Christopher H. Schroeder, Alan S. Miller, James P. Leape, *Environmental Regulation: Law, Science, and Policy*, 6th ed. , New York, Aspen Publishers, 2009.

4. Robin Kundis Craig, *Environmental Law in Context: Cases and Materials*, second edition, St. Paul, Thomson/West 2008.

5. Thomas Dietz, Paul C. Stern, *Public Participation in Environmental Assessment and Decision Making*, The National Academies Press, 2008.

6. David M. Driesen, Rovert W. Adler, *Environmental Law: A Conceptual and Pragmatic Approach*, New York, Aspen Publishers, 2007.

7. Alfred C. Aman, Jr. , *Administrative Law and Process*, Lexis-Nexis, 2006.

8. Joseph Murphy, Les Levidow, *Governing the Transatlantic Conflict over Agricultural Biotechnology*, London, New York, Routledge, 2006.

9. Noel Cox, *Technology and Legal Systems*, Aldershot England, Burl-

ington VT, Ashgate Publishing Limited, 2006.

10. Paolo F. Ricci, *Environmental and Health Risk Assessment and Management: Principles and Practices*, Dordrecht, Springer 2006.

11. Steven Goldberg, Lawrence O. Gostin, *Law and Science*, New York, Foundation Press, 2006.

12. Trudo Lemmens, Duff R. Waring eds., *Law and Ethics in Biomedical Research: Regulation, Conflict of Interest and Liability*, Toronto, University of Toronto Press, Scholarly Publishing Division, 2006.

13. Jacqueline Peel, *The Precautionary Principle in Practice: Environmental Decision-Making and Scientific Uncertainty*, Sydeny, Federation Press, 2005.

14. Katz, Avery Wiener, *Foundations of the Economic Approach to Law*, Beijing, Law Press, 2005.

15. Frank Fischer, *Reframing Public Policy: Discursive Politics and Deliberative Practices*, Oxford, New York, Oxford University Press, 2003.

16. Clifford Rechtschaffen, Eileen Gauna, *Environmental Justice: Law, Policy, and Regulation*, Durham, N. C., Carolina Academic Press, 2002.

17. Lester M. Salamon eds., *The Tool of Government: A Guide to the New Governance*, Oxford University Press, 2002.

18. Stephen G. Breyer, Richard B. Stewart, Cass R. Sunstein, Matthew L. Spitzer, *Administrative Law and Regulatory Policy: Problem, Text, and Cases*, New York, Aspen Publishers, 2002.

19. Thomas C. Beierle, Jerry Cayford, *Democracy in Practice: Public Participation in Environmental Decisions*, Washington D. C., Resources for the Future, 2002.

20. Oliver A. Houck, *The Clean Water Act TMDL Program: Law, Policy, and Implementation*, Washington D. C., Environmental Law Institute, 2002.

21. Ernest Gellhorn, Ronald M. Levin, *Administrative Law and Process*, Law Press,2001.

22. Christopher Hood, Henry Rothstein, Robert Baldwin, *The Govern-*

ment of Risk: Understanding Risk Regulation Regimes, Oxford University Press, 2001.

23. Frederick R. Anderson. Robert L. Glicksman, Daniel R. Mandelker, A. Dan Tarlock, *Environmental Protection: Law and Policy*, 3rd ed., Gaithersburg, Aspen Law & Business, 1999.

24. K. Pinkau, O. Renn eds., *Environmental Standards: Scientific Foundations and Rational Procedures of Regulation with Emphasis on Radiological Risk Management*, Boston, Kluver Academic Publishers, 1998.

25. C. C. Lee, *Dictionary of Environmental Legal Terms*, New York, McGraw-Hill, 1997.

26. Robert Baldwin eds., *Law and Uncertainty: Risks and Legal Processes*, London Boston, Kluwer Law International, 1997.

27. Samuel Krialov, *How Nations Choose Product Standards and Standards Change Nations*, Pittsburgh, University of Pittsburgh Press, 1997.

28. Alexander M. Capron, Patricia A. King, Steven Goldberg, Lawrence Gostin eds., *Law, Science and Medicin*e, New York, Foundation Press, 1996.

29. Paul C. Stern and Harvey V. Fineberg, *Understanding Risk: Informing Decisions in a Democratic Society*, The National Academies Press, 1996.

30. Jonn D. Graham, Jonathan Baert Wiener eds., *Risk Versus Risk: Tradeoffs in Protecting Health and the Environment*, Cambridge, Harvard University Press, 1995.

31. National Research Council, *Science and Judgment in Risk Assessment*, Washington, D. C., National Academy Press, 1994.

32. Paul A. Locke, *Reorienting Risk Assessment*, Washington D. C., The Environmental Law Institute, 1994.

33. Peter H. Schuck, *Foundations of Administrative Law*, New York, Oxford University Press, 1994.

34. A. Aman, *Administrative Law in A Global Era*, Ithaca, Cornell University Press, 1992.

35. The Royal Society, *Risk: Analysis, Perception, and Management*,

London, The Royal Sciety, 1992.

36. Lynton Keith Caldwell, *Between Two Worlds: Science, the Environmental Movement, and Policy Choice*, Cambridge, New York, Cambridge University Press, 1990.

37. Sheila Jasanoff, *The Fifth Branch: Science Advisers as Policymakers*, Cambridge, Harvard University Press, 1990.

38. National Research Council, *Improving Risk Communication*, Washington, D. C., National Academy Press, 1989.

39. Richard J. Pierce. Jr., Sidney A. Shapiro, Paul R. Verkuil, *Administrative Law and Process*, Westbury, New York, The Foundation Press, 1985.

40. Ted Greenwood, *Knowledge and Discretion in Government Regulation*, New York, Praeger Publishers, 1984.

41. National Research Council, *Assessment in the Federal Government: Managing the Process*, Washington D. C., National Academy Press, 1983.

42. The Royal Society, *Risk Assessment: Report of a Royal Society Study Group*, London, The Royal Society, 1983.

英文论文

1. Ortwin Renn, *Stakeholder and Public Involvement in Risk Governance*, International Journal of Disaster Risk Science 6, 2015.

2. Anne N. Glucker, Peter P. J. Driessen, Arend Kolhoff, Hens A. C. Runhaar, *Public Participation in Environmental Impact Assessment: Why, Who and How?*, Environmental Impact Assessment Review 43, 2013.

3. Marion Hourdequin, Peter Landres, Mark J. Hanson, David R. Craig, *Ethical Implications of Democratic Theory for U. S. Public Participation in Environmental Impact Assessment*, Environmental Impact Assessment Review 35, 2012.

4. Phillip M. Kannan, *The Precautionary Principle: More than a Cameo Appearance in United States Environmental Law?* William & Mary Environmental Law and Policy Review 31, 2007.

5. Amy Sinden, *In Defense of Absolutes: Combating the Politics of Power in Environmental Law*, Iowa Law Review 90, 2005.

6. David M. Driesen, *Distributing the Costs of Environmental, Health and Safety Protection: The Feasibility Principle, Cost-Benefit Analysis, and Regulatory Reform*, Boston College Environmental Affairs Law Review 32, 2005.

7. Elizabeth Fisher, *Precaution, Law, and Principles of Good Administration*, Water Science & Technology 52, 2005.

8. Jamie A. Grodsky, *Genetics and Environmental Law: Redefining Public Health*, California Law Review 93, 2005.

9. Patricia Ross McCubbin, *The Risk in Technology-Based Standards*, Duke Environmental Law & Policy Forum 16, 2005.

10. Cary Coglianese, Gary E . Marchant, *Shifting Sands: The Limits on Science in Setting Risk Standards*, University of Pennsylvania Law Review 152, 2004.

11. Craig N. Oren, *The Supreme Court Forces a U-Turn: The Fate of American Trucking*, Environmental Law Reporter 34, 2004.

12. Robin Holt, *Risk Management: The Talking Cure*, Organization 11, 2004.

13. Adam Babich, *Too Much Science in Environmental Law*, Columbia Journal of Environmental Law 28, 2003.

14. A. Dan Tarlock, *Who Owns Science?* Penn State Environmental Law Review 10, 2002.

15. Andreas Klinke, Ortwin Renn, *A New Approach to Risk Evaluation and Management: Risk-Based, Precaution-Based, and Discourse-Based Strategies*, Risk Analysis 22, 2002.

16. Laura C. Green et al., *What's Wrong with the National Ambient Air Quality Standard (NAAQS) for Fine Particulate Matter?* Regulatory Toxicology and Pharmacology 35, 2002.

17. Robert W. Hahn, Cass R. Sunstein, *A New Executive Order for Improving Federal Regulation? Deeper and Wider Cost-benefit Analysis*, University of Pennsylvania Law Review 150, 2002.

18. Stewart, R. B., *Environmental Regulatory Decision Making under*

Uncertainty, Research in Law and Economics 20, 2002.

19. Thomas O. McGarity, Ruth Ruttenberg, *Counting the Cost of Health Safety and Environmental Regulation*, Texas Law Review 80, 2002.

20. Aynsley Kellow, *Accounting for Risk in Multilateral Negotiation*, in David Robertson, Aynsley Kellow eds., Globalization and the Environment, Human Right & International Trade, Cheltenham, Northampton, Edward Elgar Publishing Inc., 2001.

21. Cass R. Sunstein, *Cost-Benefit Default Principles*, Michigan Law Review 99, 2001.

22. David M. Driesen, *Getting Our Priorities Straight: One Strand of the Regulatory Reform Debate*, Environmental Law Reporter 31, 2001.

23. Edward M. McDonald, Jr., Note, *The Food Quality Protection Act of* 1996: *By Removing Chemical Irritants from Our Environmental Will It Generate Trade Irritants to Replace Them*, William & Mary Environmental Law and Policy Review 25, 2001.

24. Mattew E. Kahn, *The Beneficiaries of Clean Air Act Regulation*, Regulation 24, 2001.

25. Randall Lutter, Howard Gruenspecht, *Assessing Benefits of Ground-Level Ozone: What Role for Science in Setting National Air Quality Standards*, Tulane Environmental Law Journal 15, 2001.

26. Richard G. Stoll, *Cost-Benefit Analysis through the Back Door of "Reasoned Decisionmaking"*, Environmental Law Reporter 31, 2001.

27. Edna F. Einsiedel, Deborah L. Eastlick, *Consensus Conferences as Deliberative Democracy: A Communications Perspective*, Science Communication 21, 2000.

28. Elizabeth Fisher, *Drowning by Numbers: Standard Setting in Risk Regulation and the Pursuit of Accountable Public Administration*, Oxford Journal of Legal Studies 20, 2000.

29. Gene Rowe, Lynn J. Frewer, *Public Participation Methods: A Framework for Evaluation*, Science, Technology & Human Values 25, 2000.

30. Jody Freeman, *The Private Role in Public Governance*, NYU Law

Review 75, 2000.

31. Lisa Heinzerling, *The Clean Air Act and the Constitution*, 20 Saint Louis University Public Law Review 20, 2000.

32. Lody Freeman, Laura I. Langbein, *Regulatory Negotiation and the Legitimacy Benefit*, NYU Environmental Law Journal 9, 2000.

33. Oliver Houck, *Environmental Law in Cuba*, Journal of Land Use and Environmental Law 16, 2000.

34. Wendy A. Wagner, *Innovations in Environmental Policies: The Triumph of Technology-Based Standards*, University of Illinois Law Review 2000, 2000.

35. Winston Harrington, Richard D. Morgenstern, and Peter Nelson, *On the Accuracy of Regulatory Cost Estimates*, Journal of Policy Analysis and Management 19, 2000.

36. Ashley C. Schannauer, *Issues in Environmental Law: The WTI Risk Assessments: The Need for Effective Public Participation*, Vermont Law Review 24, 1999.

37. Celia Campbell-Mohn, John S. Applegate, *Learning from NEPA: Guidelines for Responsible Risk Legislation*, Harvard Environmental Law Review 23, 1999.

38. Craig N. Oren, *Run Over by American Trucking Part Ⅰ: Can EPA Revive Its Air Quality Standards?*, Environmental Law Reporter 29, 1999.

39. David H. Guston, *Evaluation the First U. S. Consensus Conference: The Impact of the Citizens' Panel on Telecommunications and the Future of Democracy*, Science, Technology & Human Values 24, 1999.

40. Michael Rodburg, *Of Mice and Men: On Biological Plausibility*, Mealey's Emerging Toxic Torts 18, 1999.

41. Nancy Perkins Spyke, *Public Participation in Environmental Decisionmaking at the New Millennium: Structuring New Spheres of Public Influence*, Boston College Environmental Affairs Law Review 26, 1999.

42. Victor B. Flatt, *Saving the Lost Sheep: Bringing Environmental Values Back Into the Fold with a New EPA Decisionmaking Paradigm*, Washing-

ton Law Review 74, 1999.

43. A. Jordan, *The Impact on UK Environmental Administration*, in Philip Lowe and Stephen Ward eds., British Environmental Policy and Europe: Politics and Policy in Transition, London, New York, Routledge, 1998.

44. Howard Latin, *Good Science, Bad Regulation, and Toxic Risk Assessment*, Yale Journal on Regulation 5, 1998.

45. Power M., McCarty L. A., *Comparative Analysis of Environmental Risk Assessment/Risk Management Frameworks*, Environmental Science & Technology 32, 1998.

46. Vern R. Walker, *Risk Regulation and the "faces" of Uncertainty*, Risk 9, 1998.

47. Andrew J. Miller, *Note: The Food Quality Protection Act of* 1996: *Science and Law at a Crossroads*, Duke Environmental Law & Policy Forum 7, 1997.

48. Lorenz R. Rhomberg, *A Survey of Methods for Chemical Health Risk Assessment Among Federal Regulatory Agencies*, Humam and Ecological Risk Assessment 3, 1997.

49. Robert R. Kuehn, *The Environmental Justice Implications of Quantitative Risk Assessment*, University of Illinois Law Review 1996.

50. Sidney M. Wolf, *Fear and loathing about the Public Right-to-know Act: The Surprising Success of the Emergency Planning and Community Right-to-know Act*, Journal of Land Use and Environmental Law 11, 1996.

51. Frank B. Cross, *When Environmental Regulations Kill: The Role of Health/Health Analysis*, Ecology Law Quarterly 22, 1995.

52. John S. Applegate, *A Beginning and Not an End in Itself: The Role of Risk Assessment in Environmental Decision-Making*, University of Cincinnati Law Review 63, 1995.

53. Mark Eliot Shere, *The Myth of Meaningful Environmental Risk Assessment*, Harvard Environmetal Law Review 19, 1995.

54. Sheldon Leigh Jeter, *The Role of Risk Assessment, Risk Management, and Risk Communication in Environmental Law*, South Carolina Environmental

Law Journal 4, 1995.

55. Wendy E. Wagner, *The Science Charade in Toxic Risk Regulation*, Columbia Law Review 95, 1995.

56. David J. Abell, *Emergency Planning and Community Right to Know: The Toxics Release Inventory*, SMU Law Review 47, 1994.

57. Giandomenico Majone, *The Rise of the Regulatory State in Europe*, West European Politics 17, 1994.

58. Patricia M. Wald, *Regulation at Risk: Are Courts Part of the Solution or Most of the Problem?*, Southern California Law Review 67, 1994.

59. David E. Henderson, *Science, Environmental Values, and Policy Prescriptions*, in John Martin Gillroy. eds., Environmental Risk, Environmental Values, and Political Choices, Boulder, Westview Press, 1993.

60. Donald T. Hornstein, *Lessons from Federal Pesticide Regulation on the Paradigms and Politics of Environmental Law Reform*, Yale Journal on Regulation 10, 1993.

61. Elaine Vaughan, *Chronic exposure to an environmental hazard: Risk perceptions and self-protective behavior*, Health Psychology 12, 1993.

62. James T. Harrington, *The Importance of Negotiations in Illinois Environmental Rulemaking and Overview of the Illinois Environmental Regulatory Process*, North Illinois University Law Review 13, 1993.

63. Susannah T. French, *Judicial Review of the Administrative Record in NEPA Litigation*, California Law Review 81, 1993.

64. Ortwin Renn, Thomas Webler, Horst Rakel, Peter Dienel, Branden Johnson, *Public Participation in Decision Making: A Three-step Procedure*, Policy Sciences 26, 1993.

65. Robert H. Harris and David E. Burmaster, *Restoring Science to Superfund Risk Assessment*, Toxics Law Report 6, 1992.

66. John S. Applegate, *The Peril of Unreasonable Risk: Information, Regulatory Policy, and Toxic Substances Control*, Columbia Law Review 91, 1991.

67. Robert L. Munroe, *The Clean Air Act Amendments of* 1990: *Will Haz-*

ardous Air Pollutants Finally be Regulated? Administrative Law Journal 5, 1991.

68. Oliver A. Houck, *The Regulation of Toxic Pollutants Under the Clean Water Act*, Environmental Law Reporter 21, 1991.

69. Sanford E. Gaines, *Science, Politics, and the Management of Toxic Risks Through Law*, Jurimetrics Journal 30, 1990.

70. John P. Dwyer, *The Pathology of Symbolic Legislation*, Ecology Law Quality 17, 1990.

71. Bruce Ackeran, Richard Stewart, *Reforming Environmental Law: The Democratic Case for Market Incentives*, Columbia Journal of Environmental Law 13, 1988.

72. Leon Rodriguez, *Constitutional and Statutory Limits f or Cost-Benefit Analysis Pursuant to Executive Orders*, Boston College Environmental Affairs Law Review 15, 1988.

73. Steven Goldberg, *The Reluctant Embrace: Law and Science in America*, Georgetown Law Journal 75, 1987.

74. William Funk, *When Smoke Gets in Your Eyes: Regulatory Negotiation and the Public Interest-EPA's Woodstove Standards*, Environmental Law 18, 1987.

75. Bruce A. Ackerman, Richard B. Stewart, *Reforming Environmental Law*, Stanford Law Review 37, 1985.

76. Cass R. Sunstein, *Interest Groups in American Public Law*, Stanford Law Review 38, 1985.

77. Joseph Fiksel, *Toward a De Minimis Policy in Risk Regulation*, Risk Analysis 5, 1985.

78. Peter Huber, *Safety and the Second Best: The Hazards of Public Risk Management in the Courts*, Columbia Law Review 85, 1985.

79. John A. Haigh, David Harrison, Jr., Albert L. Nichols, *Benefit-cost Analysis of Environmental Regulation: Case Studies of Hazardous Air Pollutants*, Harvard Environmental Law Review 8, 1984.

80. William D. Ruckelshaus, *Science, Risk, and Public Policy*, EPA

Journal 9,1983.

81. Philip J. Harter, *Negotiating Regulations: A Cure for the Malaise*, Georgetown Law Journal 71, 1982.

82. Richard B. Stewart, *Regulation, Innovation, and Administrative Law: A Conceptual Framework*, California Law Review 69, 1981.

83. David L. Bazelon, *Risk and Responsibility*, Science 205, 1979.

84. D. Bruce La Pierre, *Technology-Forcing and Federal Environmental Protection Statutes*, Iowa Law Review 62, 1977.

85. James E. Krier, *The Irrational National Air Quality Standards: Macro-and Micro-Mistakes*, UCLA Law Review 22, 1974.

86. Alvin M. Weinberg, *Science and Trans-Science*, Minerva 10, 1972.

英文报告

1. American Bar Association Section of Administrative Law and Regulatory Practice,"Improving the Administrative Process: A Report to the President-Elect of the United States", 2008.

2. European Commission,"The CARGO Project(Comparison of Approaches to Risk Governance) Risk Deliberation", 2008.

3. Gabriele Abels, Alfons Bora,"Public Participation, Stakeholders and Expertise: Multi-actor Spaces in the Governance of Biotechnology State-of-the-art Report", 2005.

4. International Risk Governance Council, "White Paper on Risk Governance Towards an Integrative Approach", 2005.

5. Commission of the European Communities, "European Governance-A White Paper",COM(2001) 428 final, 2001.

6. Commission of the European Communities, "Democratising Expertise and Establishing Scientific Reference Systems", 2001.

7. Commission of the European Communities, "Communication from the Commission on the Precautionary Principle", COM(2000) 1 final, 2000.

8. The Royal Commission on Environmental Pollution, "Environmental Standards and Public Values: A Summary of the Twenty-first Report of the Royal Commission on Environmental Pollution", 1998.

英文网页

1. Agency for Toxic Substances & Disease Registry, *Public Health Statement for Lead* (2007), Accessed September 14, 2020, http://www. atsdr. cdc. gov/PHS/PHS. asp? id=92&tid=22.

2. *Benefits and Costs of the Clean Air Act Amendments of* 1990, Accessed September 16, 2020, https://www. epa. gov/sites/production/files/2015-07/documents/factsheet. pdf.

3. Catherin Lyall, Joyce Tait, *Shifting Policy Debates and the Implications for Governance*, in New Modes of Governance, Accessed September 15, 2020, http://citeseerx. ist. psu. edu/viewdoc/download; jsessionid = FE6DFF85790EA751E6B406C3BFC57FB8? doi = 10. 1. 1. 522. 450&rep = rep1&type=pdf.

4. Charles E. Stephen, Donald I. Mount, David J. Hansen, John R. Gentile, Gary A. Chapman, and William A. Brungs, *Guidelines for Deriving Numerical National Water Quality Criteria for the Protection of Aquatic Organisms and Their Uses*, 1985, p. 33. Accessed September 15, 2020, https://www. epa. gov/sites/production/files/2016-02/documents/guidelines-water-quality-criteria. pdf.

5. EPA Research & Development: *Risk Paradigm*, Accessed October 10, 2011, http://www. epa. gov/ord/htm/risk. htm.

6. EPA, *Seven Cardinal Rules of Risk Communication*, Accessed October 17, 2020, https://nepis. epa. gov/Exe/ZyPDF. cgi/40000IZM. PDF? Dockey =40000IZM. PDF.

7. *Executive Order* 12866 *of September* 30, 1993, Accessed September 15, 2020, http://www. archives. gov/federal-register/executive-orders/pdf/12866. pdf.

8. *Executive Order* 12898 *of February* 11, 1994, Accessed September 15, 2020, http://www. archives. gov/federal - register/executive - orders/pdf/12898. pdf.

9. General Accounting Office, *Environmental Regulation: Differences Remain between EPA and OMB over Paperwork Requirements*, Accessed Septem-

ber 15, 2020,https://www.gao.gov/assets/230/220274.pdf .

10. *How can we assign value to the environment?* Accessed December 31, 2011,http://www.tekno.dk/subpage.php3? article=772&toppic=kategori11&language=uk. IAP2's Public Participation Toolbox, Accessed September 15, 2020,https://icma.org/sites/default/files/305431_IAP2%20Public%20Participation%20Toolbox.pdf.

11. International Commission on Non-Ionizing Radiation Protection, *Guidelines For Limiting Exposure to Time-varying Electric, Magnetic, and Electromagnetic Fields*, p. 3. Accessed September 16, 2020,https://www.imda.gov.sg/~/media/imda/files/industry%20development/fact%20and%20figures/icnirp,-d-,guidelines.pdf.

12. John Dunn, *More on EPA and Air Pollution: Junk Science and Legal Prededents*, Accessed September 7, 2020, https://www.acsh.org/news/2005/01/03/more-on-epa-and-air-pollution-junk-science-and-legal-precedents.

13. Les Levidow, *European Public Participation as Risk Governance: Enhancing Democratic Accountability?*, Accessed September 15, 2020,http://www.macaulay.ac.uk/PATHconference/outputs/PATH_abstract_4.3.1.pdf.

14. Presidential Commission on Risk Assessment and Risk Management, *Risk Assessment and Risk Management in Regulatory Decision-Making*, Accessed September 15, 2020,https://cfpub.epa.gov/si/si_public_record_report.cfm? Lab=NCEA&dirEntryId=55006

15. Sidney A. Shapiro, *Public Accountability of Advisory Committees*, Accessed September 7, 2020, https://scholars.unh.edu/cgi/viewcontent.cgi?referer=https://cn.bing.com/&httpsredir=1&article=1020&context=risk.

16. The Danish Board of Technology, *The Consensus Conference*, Accessed August 20, 2020, http://www.tekno.dk/subpage.php3? survey=16&language=uk.

17. Tracking Danish-style, *Citizen-based Deliberative Consensus Conferences Worldwide: An Innovative Way to Involve the Public in Science & Technology Policy Deliberations*, Accessed September 15, 2020,http://www.lo-

ka. org/TrackingConsensus. html.

18. OECD, *Guidance Document on Risk Communication for Chemical Risk Management*, Accessed September 15, 2020, http://www. oecd. org/officialdocuments/publicdisplaydocumentpdf/? cote = env/jm/mono (2002) 18&doclanguage = en.

19. *Report of the United Nations Conference on Environment and Development Annex* 1 *Rio Declaration on Environment and Development*, Accessed September 14, 2020, https://www. un. org/en/development/desa/population/migration/generalassembly/docs/globalcompact/A_CONF. 151_26_Vol. I_Declaration. pdf.

20. UNECE, *The Aarhus Convention: An Implementation Guide*, Accessed September 17, 2020, http://www. unece. org/fileadmin/DAM//env/pp/acig. pdf.

图书在版编目(CIP)数据

风险规制中的环境标准制定 / 张晏著. -- 北京 :
法律出版社, 2021
ISBN 978-7-5197-5350-4

Ⅰ. ①风… Ⅱ. ①张… Ⅲ. ①环境标准－司法制度－
研究－中国 Ⅳ. ①D922.680.4

中国版本图书馆CIP数据核字(2021)第027506号

风险规制中的环境标准制定
FENGXIAN GUIZHI ZHONG DE HUANJING
BIAOZHUN ZHIDING

张　晏　著

策划编辑 周丽君
责任编辑 周丽君
装帧设计 汪奇峰

出版 法律出版社
总发行 中国法律图书有限公司
经销 新华书店
印刷 天津嘉恒印务有限公司
责任校对 杨锦华
责任印制 张建伟

编辑统筹 独立项目策划部
开本 A5
印张 8.625
字数 257千
版本 2021年4月第1版
印次 2021年4月第1次印刷

法律出版社/北京市丰台区莲花池西里7号(100073)
网址/www.lawpress.com.cn
投稿邮箱/info@lawpress.com.cn
举报维权邮箱/jbwq@lawpress.com.cn
销售热线/400-660-8393
咨询电话/010-63939796

中国法律图书有限公司/北京市丰台区莲花池西里7号(100073)
全国各地中法图分、子公司销售电话:
统一销售客服/400-660-8393/6393
第一法律书店/010-83938432/8433
重庆分公司/023-67453036
深圳分公司/0755-83072995
西安分公司/029-85330678
上海分公司/021-62071639/1636

书号:ISBN 978-7-5197-5350-4
定价:56.00元
(如有缺页或倒装,中国法律图书有限公司负责退换)